象征理论

〔法〕茨维坦·托多罗夫 著

王国卿 译

商务印书馆
创于1897 The Commercial Press

Tzvetan Todorov

THÉORIES DU SYMBOLE

Éditions du Seuil, 1977.

本书根据法国瑟伊出版社 1977 年版译出

译 者 序

一

象征是美学和文艺理论里的一个重要问题，它同时还涉及心理学、逻辑学、语言学、符号学等同人类思维有关的许多学科。国内虽时有论及这一问题的文章，但对象征理论从历史方面系统地进行论述的专著却尚未见到。经钱中文先生推荐，并征得了作者的同意，我翻译了托多罗夫的这本《象征理论》。

茨维坦·托多罗夫(Tzvetan Todorov)是保裔法国籍人，1939年生于索菲亚，现为法国国家科研中心研究员，艺术与语言研究中心主任。他60年代初赴法随著名符号学家罗兰·巴尔特学习文学理论，博士论文为《文学与意义》，1967年在巴黎正式出版。托多罗夫在法国以介绍俄国的形式主义文学理论开始出名，他的第一本书《文学理论》(1965年)就是俄国形式主义理论家的文集。早期他还同法国符号学家巴尔特、格雷马斯等人一起研究叙述学，对叙事作品进行结构分析，著有《〈十日谈〉的语法》(1969年)等书。同时他又发表了《诗学》(1968年，收入《什么是结构主义?》一书)、《散文的诗学》(1971年)等著作。1977与1978两年，他连续发表了《象征理论》和《象征表达与诠释》，第一本书着重分析了历史上诸家有关象征的学说，后一本书分为两个部分：第一部分是托多罗夫自己关于语言象征的看法，第二部分是诠释理论，主要介绍古代圣经注释家和语文学家的诠释策略。他在文艺理论方面的著作还有《话语的体裁》(1978 年)、《米哈依尔·巴赫金——对话原则》(1981 年)、《批评之批评》(1984 年)等。1972 年他还与法国著名的语言学家杜克洛(O. Ducrot)合著《语言科学百科词典》。

《象征理论》是托多罗夫的一本重要著作,1977 年由法国 Seuil 出版社出版,收入《诗学丛书》。全书共十章,可分成四个部分:1. 第一章,"西方符号学的诞生"。该章扼要地介绍了从亚里士多德到奥古斯丁在语义学、逻辑学、修辞学和诠释学四个方面对象征现象的阐述,奥古斯丁总结了前人的成果,建立了西方古代符号理论。2. 第二至第五四章分别介绍古典修辞学与古典美学里涉及到象征的内容。3. 第六章"浪漫主义转变期"约占全书的四分之一篇幅,是全书的核心,介绍德国浪漫主义作家在有关问题上的论述。4. 第七至第十章分别从列维-布留尔等人关于原始语言的看法、弗洛伊德的修辞理论、索绪尔的象征学说以及雅各布逊的诗学等四个方面介绍了当代最有影响的几位学者有关象征的论述。事实上,这是一本象征理论史。托多罗夫之所以没有用这个题目,主要是感到材料还不全面。但无论如何,这本书还是论述了历史上许多重要作家在象征问题上的理论,是本历史性的著作。托多罗夫戏称为"虚构的历史",然而任何历史学家在阐述时所作的选择已经反映了自己的立场,这样描写出的历史已不是纯客观的现实,而是历史学家心目中的历史。所以通过这本《象征理论》,我们在掌握西方两千多年以来主要思想家在象征问题上的理论外,也能了解托多罗夫本人对这问题的看法。

二

大多数西方语言里的象征一词来自希腊语的 συμβολον,原义是分成两半后用以辨认持者身份的信物。它一般有两种意义：一种在汉语中可译为“符号”，如化学符号、代数符号等；另一类则译为“象征”，如文学艺术中的一个流派“象征主义”就是从这词派生出来的。现代符号学的两位创始人——美国哲学家皮尔斯（C. Peirce）和瑞士语言学家索绪尔（F. de Saussure）——对这词的理解就不一样。

索绪尔认为符号学的主要对象“是以符号任意性为基础的全体系统”（《普通语言学教程》，中译本，第103页）。他说：“曾有人用象征一词来指语言符号，或者更确切地说，来指我们叫做能指的东西。我们不便接受这个词……。象征的特点是：它永远不是完全任意的；它不是空洞的；它在能指和所指之间有一种自然联系的根基。象征法律的天平就不能随便用什么东西，例如一辆车，来代替。”（同上，第104页）。因此，索绪尔的分类是：

{ 符号（signe）——任意性
  象征（symbole）——理据性

皮尔斯对符号的分类则不同。他根据符号同所指对象间的关系把符号分成三类：icon，index 和 symbol。第一类是以相似性为基础的，我们可以把它译为“肖似符号”，如肖像画、拟声词等；第二类是以邻近性，即某种内在的逻辑（如因果）关系为基础的，如烟与火、风与浪等，可以译成“指示符号”；第三类 symbol 则是以任意性为基础的，即：

{ icon（肖似符号）——相似性
  index（指示符号）——邻近性
  symbol（？）——任意性

显然，这里的 symbol 就等于索绪尔的 signe。要特别强调的是，索绪尔和皮尔斯都把任意符号作为符号学的主要研究对象。

关于 symbol 一词的这两层（截然相反的）意义，有人试图从词源学的角度进行解释：既然它指的是分成两半的信物，从分的角度看，信物断裂处的痕迹全然是偶然的、任意的，所以可以把它看成是任意符号；从合的角度看，除了原先那另一半外，我们无法使这信物同任何其他物体相重合，所以它又可被视作是有理据的符号。

无论如何解释，这种双重意义给翻译带来了一定的困难，也造成了汉译术语中的某种混乱。如 symbol 一词译成"符号"、"象征"、"象征符号"等，sign 一词译成"符号"、"标记"、"指号"等。我认为 symbol 一词除了"象征"和"符号"外，在皮尔斯的术语里可译为"任意符号"，同"肖似符号"和"指示符号"相对立，而不应译成"象征符号"，因为"象征"在汉语里习惯上常指有理据的关系（《辞海》里"象征"条的解释是："指通过某一特定的具体形象以表现与之相似或相近的概念、思想和感情"。——着重号为引者所加），如"火炬象征光明"、"鸽子是和平的象征"（见《现代汉语词典》的"象征"条）。

在皮尔斯的学说里，symbol 是符号学研究的一个主要对象；而索绪尔对 symbole（象征）是否是符号学的研究对象态度一度是不明确的。如他在《普通语言学教程》里说："等到符号学将来建立起来的时候，它将会提出一个问题：那些以完全自然的符号为基础的表达方式——例如哑剧——是否属于它的管辖范围。假如它接纳这些自然的符号，它的主要对象仍然是以符号任意性为基础的全体系统"（中译本，第 103 页）。这里从字面看，似乎索绪尔与皮尔斯在符号学的研究对象上有着截然相反的观点，但实际上他们的看法并没有根本的差异，问题就出在 symbol 这词的两种不同的意义上。

三

托多罗夫并没有在这词的定义上纠缠不清。他一开始就明确地指出:“本书研究理解和确定‘象征’现象的不同方法,因此这里不必一开始就下定义,而只要指出象征联想加在直接意义之上,以及在某些言语应用(如诗歌)中这种联想使用得比别处广泛就行了”(见本书“题解”)。如果我们同意索绪尔的观点,接受符号是所指和能指的结合这个定义,按照托多罗夫的说法,象征就可以看成是一种特殊的符号。我们可以这样表示:

符号 =

所指
能指

象征 =

直接意义	象征意义
能指	

这里我们不禁会想起黑格尔在《美学》一书里的论述:“象征首先是一种**符号**。不过在单纯的符号里,意义和它的表现的联系是一种完全任意构成的拼凑……。作为**象征**来用的符号是另一种……象征所要使人意识到的却不应是它本身那样一个具体的个别事物,而是它所暗示的普遍性的意义”(中译本,第二卷,第10—11页)。狮子象征刚强,狐狸象征狡猾,因为它们都具有这种性质。这就是象征的理据性,用黑格尔的说法,就是形象和意义之间的协调。但是作为象征的形象又不能同意义完全一致,如狮子、狐狸除了有上面所说的性质之外,还有许多其他的性质;另外刚强、狡猾等抽象内容也可以用许多别的形象来表示。这就是形象和意义之间的不协调性,由此就产生了“象征的暧昧性。”

象征的暧昧性可以表现为两种形式:一种是在直接意义与象征意义之间的游移不定。如基督教义认为上帝只有一个,但包括圣父、圣子和圣灵三个位格，所以在基督教的建筑里往往可以看到一些三角形，象征神的三位一体。但当我们在某个不明来历的建筑物上看到三角形时往往无法确定它是否具有象征意义。另一种是在若干种象征意义之间的犹豫。如三角形除了象征三位一体外，对炼丹士来说则象征火，而玛雅人却用它来象征丰收。因此，没有上下文环境就很难确定象征的意义。

托多罗夫利用了语言学里语言和言语的区别，认为象征必须放在话语中来研究。他首先提出了直接意义与间接意义这组对立。如"约翰两小时后来这里"，这句话离开了上下文也可以理解，它指的是：某位名叫约翰的男人在说话人说话后两小时要到说话人所在的地方去。这就是这句话的直接意义。但在具体上下文（话语）里就会出现种种间接意义，如"约翰要来，我们最好在这之前先离开这里"，或者"约翰要来，你最好先打扮打扮"，或者"约翰要来，这下便有好戏看了"，……除了纯客观地报道这件事外，几乎有多少上下文，这句话就会有多少间接意义。我们在阅读中不时会发现直接意义与上下文不协调的地方，这就意味着我们已发现了间接意义的迹象，同时也就开始了诠释的过程。托多罗夫说："我把间接意义这领域称为语言的象征表达，把对它们的研究称为语言的象征研究"（《象征表达与诠释》，法文版，第 11 页）。这句话也许是理解本书内容的一个关键。当然，象征现象并不局限在语言中，因为产生象征现象的心理机制是联想，"而联想这种心理过程并不是语言专有的：人们可以在若干事物或若干行为间产生联想，某种环境也和某个动作一样可以具有象征性"（同上，第 14 至 15 页）。托多罗夫着重研究的是语言的象征表达，因为历史上对语言象征的研究材料比较丰富，另外语言象征有白纸黑字为依据，比较容易研究，再加上它又表现得最为复杂，所以最具代表性。

以上是托多罗夫对象征问题的主要看法，这些观点他在《象征表达与诠释》以及其他一些著作中都有所阐述，在本书的选材和编排里细心的读者也不难看出这些倾向，这就要求读者自己去发现这本书的精髓了。

王　国　卿

1988 年 12 月

目　录

7

深思之后，我认为历史学家必然也应该是诗人，因为只有诗人才能精通这门把种种事件巧妙地前后衔接的艺术。

——诺瓦利斯*

---

* 诺瓦利斯(1772—1801)，德国早期浪漫派诗人。他力图把诗、哲学和科学结合起来，用隐喻来解释世界。——译注(本书的注释有两类：以阿拉伯数字标号的是原注，星号引出的是译注)

9

题　解

象征是本书研究的对象：我指的是象征这个现象，而不是指“象征”这个词。本书不是谈“象征”这词的历史，而是研究曾对现在称之为“象征”的现象作过思考的那些人的观点。另外，因为大多数理论都是针对**语言**象征的，所以一般就把它同符号对立起来。本书研究理解和确定“象征”现象的不同方法，因此这里不必一开始就下定义，而只要指出象征联想加在直接意义之上，以及在某些言语应用（如诗歌）中这种联想使用得比别处广泛就行了。然而这个概念不能孤立地加以研究；下面的章节在谈到象征的同时也要谈到符号与诠释、使用与享受、转义与形象、模仿与美、艺术与神话、参与和类似、凝聚和移置，以及另外一些概念。

如果把“符号”一词当作统称，其中包括了象征（后者反过来也确定了符号的概念），那么可以说对象征的研究属于普通的符号理论，即符号学的范围，而我的研究则属于符号学史的范围。这里还应该马上指出：我们谈的是现象而不是用词。对符号的思考是分散在好几种甚至是互相孤立的传统里进行的，如语言哲学、逻辑学、语言学、语义学、诠释学、修辞学、美学、诗学等。因为各学科间相互隔离，术语又各不相同，所以我们对西方历史上这一最丰富的传统的统一性并不了解。我想揭示出这一传统的连续性，而对曾经用过“符号学”这词的作者只是偶尔才作介绍。

理论这词不能从严格的意义上去理解；它是同“实践”，而不

是同“非理论性的思考”对立的。在大多数情况下,这里说的理论
10 并不属于某一门科学的范围(再说这门科学在当时还不存在),使用这词丝毫也不表示具有严格意义上的“理论”性质。

“理论”一词用的是复数,这才是关键之处。这首先表明谈的是对象征现象的多种描写。但我并没有使用表示“全部”的定冠词,所以我的研究带有局部性:显然这并不是符号学(哪怕是符号学的一个部分)的完整历史,也没有谈到所有的符号理论,也许还没有谈到最重要的符号理论。选择局部既是出于个人的兴趣,也是因为物质上的不可能性:我要研究的这个传统卷帙浩繁,一旦越出一国的界线,涉及到整个西方,即便终生投入也无法穷尽这个问题。我最多也只是写了西方符号学史的几个章节。

是任意几个章节吗?这样说则未免有些虚伪或者天真了。实际上,本书是以 18 世纪这个“转折”时期为中心组织起来的。在这段时期,关于象征的看法发生了根本的变化(尽管这个变化由来已久):许多世纪以来一直统治着西方的一种观点被另一种观点所替代,我认为这后一种观点至今还占有主导地位。这样就可以从这 50 年时间里同时掌握原来的观点(出于方便我常称之为“古典的”观点)和新的、我称之为“浪漫主义”的观点。我就把历史浓缩到这段相当短的时期,并以此作为本书的基点。

这最初的选择就说明了本书的结构。第一章同上述问题无关,而更像是概括大家已知的符号学传统的一份教材。为此,我认为要突出另一个时间(另一个转变期),即在圣奥古斯丁的著作里符号学诞生的时期,并把它作为基点。

后四章探讨了在修辞学和美学这两个具体领域里“古典”学说的各个方面。我没有涉及诠释学的历史,这方面研究的结果也

会大致相同。这四章的第一章里还包括对全书内容的一个概述。

最长的第六章又是全书的一个综合性的概括。它简介了转变 11
期中产生的新学说，并使之系统化。我描写了这种学说的鼎盛阶段，即德国浪漫主义时期。同第一章一样，这章的引文很多；我想最好把自己研究的文章让读者自己来阅读，因为这些文章从未汇集在一起过，而且大多数未被译成法文。尽管本书不是一本文选，但我希望它也可以作为资料来查。

后四章主要涉及浪漫主义转变期之后的作家。但这并不是同一态度的不同表现方式。这里研究的作者选自当代最有影响的人物，在古典主义与浪漫主义两大派的对立中，他们表现出新的变化，并只会使原来的划分更为复杂，而不会使局面趋于明朗。

在每一阶段，我选择研究我认为最能说明问题的方面，所以读起来可能会有支离破碎的感觉。第一章谈符号学，后两章谈修辞，接下去的三章是美学，最后四章则阐述今天属于人类科学的四个学科：人类学、精神分析、语言学和诗学。但是，揭示被不同的传统和术语掩盖的问题的一致性正是本书的一个任务。

研究的理论的多样性使本书具有历史的性质。我更乐于把它称为“虚构的历史”，当然我也知道所有的历史都如此；在这一点上，我的想法同每位历史学家的内心信念是吻合的。历史事实乍看起来纯粹是客观资料，实际却全然是构造出来的。在这也许是不可避免的事实之外，我在写作过程中又增加了两点原先就有的想法。一方面我想重写各种思想鼎盛时的历史，而不是第一次提出这些思想时的历史；掌握每种思想在被*接受*时而不是它们*产生*时的情况；另一方面，我不认为只是从一些思想产生出其他的思想。我不愿涉及我所不熟悉的领域，但我想指出：思想的变迁可以同意识形态和社会的变迁发生联系。

这里应该补充一句:我并不认为自己是一个不偏不倚的历史学家。我是在研究语言的象征现象时遇到古代的象征理论的,就
12 是说以一个当事人的身份来理解这些理论的:我要求它们对我原先感觉到的、然而尚无法解释的现象作出解释。这样,我在过去的作者中选择了我认为最好的,也就是至今仍在起作用的理论。我很可能背叛了这些学者,但可以自慰的是:我认为只有对活着的人才谈得上背叛。

我并不是为学者(那些单纯是学者的人)写这书的。为此,我尽可能削减了注释和参考书目部分(当然在这类著作中,这些不可能全部删除),尽管经过缩减,它还可让读者找到引文的来源或者查到谈及有关问题的其他著作。对那些不是用法语写的著作,我则尽可能引用现有的法语译文,只是为了忠于字面,或者统一术语时才作某些改动。

第一章 西方符号学的诞生 13

单独的传统：语义学、逻辑学、修辞学、诠释学。

圣·奥古斯丁的综合：符号的定义和描写；符号的分类：1. 根据传送的方式；2. 根据来源与用途；3. 根据社会规定；4. 根据象征关系的性质；5. 根据所指称物的性质：符号或事物：a）字母；b）元语言用法。

几点结论。

上面这雄心勃勃的标题使我不得不一开始就要作个限制性的说明。我从什么是符号学这个简单的概念出发。这里有两个内容最为重要：一个是符号学同一种以认识（而不是以诗歌美或纯思辨）为目的的话语打交道，另一个是它的对象是不同种类的符号（而不仅仅是语词）。在我看来，这两个条件在圣奥古斯丁的著作里第一次得到了充分的满足。但是，奥古斯丁并未发明符号学；相反，我们甚至可以说他丝毫也未发明，他只是综合了来自不同领域的观点和概念。因此，我们必须"追本溯源"。这些本源可以在语法理论和修辞学，或者在逻辑学里找到。然而并不要求编写每一门学科直至奥古斯丁时代的历史，再说在符号学发展的其他阶段，这些学科也给过它新的启示。我是从奥古斯丁著作中反映出来的观点来写这些传统的，这样就产生了一种（虚幻的）印象：似乎古代的一切都集中在奥古斯丁一人身上。这显然是错误的，举个例子便可说明：只是因为伊壁鸠鲁学说里的语言哲学同奥古斯丁符号学的关系不大,这里就没有提及。

14 这些考虑说明了本章为什么要采用这样的提纲:一部分用来介绍奥古斯丁以前的学者,为了阐述的一致,我们把他们分成门类,但实际上这些传统并非真是互相孤立的;另一部分则用来研究真正的奥古斯丁符号学。

单独的传统

语义学

请大家原谅,我一开始就要谈到亚里士多德,而且还要在好几部分里提到他。暂时我先主要根据《解释篇》的头几章谈谈他的语言理论。关键的一节就是:

> 嗓子发出的声音象征着心灵状态,书写的语词象征着嗓子发出的语词。正如所有的人并不使用相同的文字,同样,所有的人说出的语词也不相同;但以这些表达方式作为直接符号的心灵状态则对于一切人都是相同的,就如以这些心灵状态作为意象的事物对于一切人也是相同的一样。(16a)

在这短短的一段话里,如果要作对比发挥,就可以看出下面几点。

1. 亚里士多德谈到*象征*,而语词只是其中的一种特殊情况。要记住这个词。第二句里的“符号”是作为象征的同义词来用的,重要的是它并没有出现在开始的定义里;我们马上就会看到:“符号”在亚里士多德的作品里具有另一种技术意义。

2. 直接举的象征的例子是语词;语词被说成是由声音、心灵状态和事物组成的一种三项关系。第二项作为不能直接沟通的

一、三两项的中介，同两个性质不同的项发生两种性质不同的关 15
系。事物总是到处和自己同一的；心灵状态也是这样，它们独立于个人之外：这两项之间由一种有理据的关系连接起来，在这种关系里，就同亚里士多德所说的，一方是另一方的**意象**。相反，声音在不同的民族里各不相同；它们和心灵状态的关系是没有理据的：一个意指另一个，而不是另一个的意象。

这样就又引出了古代关于名词的认知能力，以及由此引起的关系语言的自然起源或约定俗成的争论，最有名的阐述就是柏拉图的《克拉底鲁斯》。讨论的重点是认识或来源问题（这不是我们这里关心的问题），并且只涉及语词而不是所有的符号；然而我们应该记住符号的分节，因为可以说（很快就会谈到这个问题的）符号不是自然的就是约定的。亚里士多德在这场争论中同意约定俗成的假设。这观点在他的著作中经常出现，也正是由于这点才可能区分言语和动物的叫声，后者也是出声的，也是可以解释的。他写道："**约定的意义**，就是指任何东西都不能靠其本性就可以是一个名字，而只是在成为象征时它才能是一个名字，因为有些不分节的声音，如畜牲的叫声，也意指某种东西，然而它们都不能构成一个名字"（同上）。因此，象征可以分为"名字"（约定的）和"符号"（自然的）。关于这点，亚里士多德在《诗学》（1456b）里又从另一个基础上来区分人的声音和动物的声音：那就是后者不能组合成更大的表意单位。但这种观点在古代作家中并没有引起反响（而它同双重分节的理论却是一致的）。

还要补充一句：亚里士多德主张声音与意义之间的无理据关系，所以对多义和同义问题极为敏感，并用它们来说明自己的观点。如在《辩谬篇》（165a）或在《修辞学》第三部分（1405b）里他多次谈到过这点。这些讨论明显地突出了意义与参照物间的不一致。“布利逊[*]认为:既然这样说而不那样说表达的意义都一样,那就不会有猥亵的语词了。这种看法并不确切,这是个错误,因为有的词可能会更确切、更逼真、更恰当地把事物展现在人们的眼前”(1405b,请参看《物理学》里的另一个例子,263b)。在某些文
16 章里,logos[**]这个词更经常,但也更复杂地表示语词所指的意义,以同事物本身相对立。如《形而上学》(1012a)就说:“由名字意指的概念便是事物的定义。”

3. 语词是直接用来作为象征的最好例子,但象征不单单包括语词(正在这一点上,亚里士多德的文章超越了纯语言学的语义学这个范围);所举的第二个例子是文字。这里我们不再强调与声音相比文字是第二位的这个观点。自雅克·德里达[***]的著作发表以来,这个观点已是尽人皆知了。只是要提出:象征可分成声音——心灵状态——事物三个部分,很难想象如何才能把这三分法用在文字这样一种特殊的符号上;这里只谈了两个因素:书写的语词与说的语词。

4. 关于这里描写的核心概念——心灵状态,我们还要指出一点。首先要注意这是一个精神实体,它并不存在于语词之中,而存在于运用言语的人的头脑里。第二,作为精神现象,心灵状态完全不是个人的:它在所有人的头脑里都一样。因此,这一实体属于社会“心理学”,甚至普通“心理学”,而不属于个人“心理学”的范围。

---

* 布利逊,希腊哲学家,毕达哥拉斯的弟子。

** 希腊语,原意为“话”,一般译成“逻各斯”,也可译成“道”。

*** 德里达,法国当代哲学家,他在《书写语言学》等书中对文字从属于口语的观点表示了异议。

还有一个问题我们这里只能提出而无法进行研究：这就是“心灵状态”与《诗学》里出现的意指之间的关系问题。该书把名词确定为“表意的合成音”(1457a)。似乎(但我不作任何明确的肯定)可以说有两类言语状态：《诗学》里所谈的潜在状态，里面找不到任何心理学的观点；以及《解释篇》里谈到的行为状态，这里意义变成了亲身经历的意义。不管怎样，意指的存在一般来说限制了意义的精神属性。

这就是我们掌握的第一批成果。几乎还不能说有符号学的概念：象征确实被说成大于语词，但亚里士多德似乎并没有严肃地考虑过非语言象征问题，也没有想要描写语言象征的多样性。

在斯多噶派的思想里我们看到对符号进行思考的第二阶段。大家知道要了解他们的思想极为困难，因为我们只掌握一些著作的残篇，而且常常是从反对斯多噶派的作家那里摘录下来的。我
们只好满足于这些简单的材料。最主要的残篇是塞克斯都·恩披 17
里柯[*]的《反数学家》，第八卷，第 11 至 12 节：

> 斯多噶派说有三样东西联系在一起：所指、能指和事物。其中能指是声音，如“Dion”[**]；所指就是揭示出来的、依赖我们的思想而存在并被我们掌握的事物；野蛮人虽能听到发出的声音，却不能理解它的意义。而事物就是外界的存在，如狄翁这个人。三件东西里有两件是有形体的：声音和事物；一件是无形体的，这就是表示的意义实体，或表达的意义(lekton)，

---

* 塞克斯都·恩披里柯，公元 3 世纪时的希腊哲学家和历史学家。

** 狄翁，西西里叙拉古的僭主狄奥尼修斯的妻舅，柏拉图的莫逆之交。

它只能是真实的或虚假的。

我们再强调几个要点。

1. 可以看到这里出现了“能指”和“所指”(要指出的是索绪尔用它们表达的意义并不相同),但没有“符号”这词。很快就可以看到,这并非出于偶然。所举的例子是个语词,确切地说是个专有名词。没有任何迹象表明要涉及其他种类的象征。

2. 同亚里士多德一样,这里三个范畴也是同时提出的。可以看到在两段文字里,事物尽管是语言外部的东西,但对下定义却是不可少的。两段文字在阐述第一和第三个因素,即声音和事物时,并没有明显的差别。

3. 如果有差别,那就是在 lekton,即表达的意义或所指里。现代的专题著作对这个实体的性质谈得很多,但因为讨论并无结果,所以我们就保留了这个希腊词。首先要指出:在斯多噶派坚定的唯物主义哲学中,这种“无形体的”说法是绝无仅有的。这就意味着不能把它看成是一种精神上的印象,哪怕是约定俗成的印象:这种印象(或者“心灵状态”)在斯多噶派看来仍是有形体的;而“事物”也不一定属于感官能够感知到的范围,它们既可以是物质的,也可以是精神的。lekton 并不在说话人的精神之中,而在言语本身。提到野蛮人是很说明问题的:他们听到声音,并且见到了人,
18 但是不懂 lekton,即不懂声音就指那件事物。lekton 是第一个因素指示第三个因素的能力;因此,用一个专有名词来作例子是非常说明问题的,因为与其他语词不同,专有名词并没有意义;但同其他语词一样,它也有指示能力。lekton 依赖思维,但又不与之相混;它既不是一个概念,更不像有人说的是一种柏拉图式的理念,而是思维起作用的地方。这下,三个项的内部分节就与亚里士多德所

说的不一样了：两种截然不同的关系——表意关系与意象关系——不复存在，lekton 成了把声音同事物联系起来的纽带。

4. 塞克斯都最后说 lekton 可以是真实的或者虚假的，我们可以把这看成是一个命题；然而举的例子（一个孤立的单词）却起了相反的作用。这里，塞克斯都或第欧根尼·拉尔修*所引的其他残篇能帮助我们看清这问题。

一方面，lekton 可以是完整的（命题），也可以是不完整的（语词）。下面是第欧根尼的说法："斯多噶派区分完整的 lekton 和不完整的 lekton，后者是些表达不全的 lekton，如'写'。我们会问：谁写？另一类则是意义完整的 lekton，如'苏格拉底写'"（《著名哲学家的生平、学说和格言》，第七卷，第 63 节）。这个区别在亚里士多德的著作中也存在，并导致了语法理论里的词类划分，对此这里不作介绍。

另一方面，命题不一定不是真实就是虚假的：只有陈述句才如此，然而还有命令、疑问、宣誓、诅咒、假设、呼唤等句式（同上，第 65 节）。这又是当时的一种老生常谈。

像对亚里士多德的著作一样，我们不能说这已是一种明确的符号学理论，因为暂时只涉及到语言符号，仅此而已。

逻辑学

把"语义学"和"逻辑学"分成独立的两类未免有些武断，因为古代作家并不作这个区分。但这样对各篇文章的独立性看得更为

---

* 第欧根尼·拉尔修，公元 3 世纪的希腊作家，著有关于希腊哲学史的《著名哲学家的生平、学说和格言》十卷。

清楚,而从后世人看来,它们谈及的却是些相互联系的问题。我们
19 还是回顾前面提到的那些作家。

亚里士多德是在《分析前篇》和《修辞学》里谈到符号的逻辑理论的。这里先引一个定义:“一种存在物的存在或产生导致另一种事物的存在或产生,则不论后一种事物出现的早晚,前者都是后一种事物产生或存在的符号”(《分析前篇》,70a)。他所举的、并一直被人沿用的例子是:这位女人有奶是她生育过的符号。

先应该把符号这概念置于当时的环境中来说明。对亚里士多德来说,符号是一个省略三段论,即少了个结论。前提中的一个(另一个前提也可省却,这在以后再谈)作为符号;所指是结论(省略了)。这里先要纠正一种说法:亚里士多德认为,这个例子组成的三段论同一般的三段论(如“所有人都是要死的……”)毫无区别。今天大家知道情况并非如此。传统三段论描写命题内部谓词间的关系(或邻近命题中出现的谓词间的关系),而这里举的例子却属于命题逻辑,而不是谓词逻辑的范围。谓词间的关系与问题无关,起作用的只是命题间的关系。古代逻辑用“假言三段论”这个字眼来描写这类现象时却掩盖了这种事实。

这里主要是从一个命题(“这位女人有奶”)转到另一个命题(“这位女人生育过”),而不是从一个谓词转到另一个谓词(从“要死的”到“人”),因为一下就从实体转到了事件;这就大大地突出了非语言的象征现象。另外,我们已经知道,亚里士多德的定义里谈的是东西而不是命题(在其他文章里也有过相反的情况)。因此,发现亚里士多德现在明确地谈到非语言符号(确切说是视觉符号,见70b)就不会感到奇怪了。设想的例子是:巨大的爪子可以是狮子勇敢的象征。这里亚里士多德考虑的角度更多是认识

论的，而不是符号学的：他思考了从这类符号出发获得知识的可能性；根据这种观点，他区分了必然符号（tekmêrion）与纯或然符号。我们仍然不谈这方面的问题。

另一种分类考虑的是谓词在每个命题中的内容。“符号里有一种表示从个别到一般的关系，另一种表示从一般到个别的关 20
系”（《修辞学》，第一卷，1357b）。生育过的女子这例子属于后一种情况；前一种情况的例子是：“表现博学者都正确的符号就是苏格拉底既博学又正确”。这里又可发现混淆谓词逻辑和命题逻辑的危害：如果苏格拉底对一般概念（博学、正确）来说的确是个别概念，相反，那位女子有奶和她刚生育过却是同一逻辑层次的两件事：对“如果一位女子有奶，就是她刚生育过”这个普遍规律来说，这里两个都是“个体”。

从言语角度看，符号是以命题作为基础的。但是亚里士多德提醒我们：作为基础的命题并不都是由“符号”表示的。实际上，有些暗含命题或者来自集体的记忆，或者来自词汇的逻辑（“如说某人是人时，也就是说他是动物，他是有生命的，他是两足动物，他具有理智和知识。”《正位篇》，112a）；换言之，就是有着综合命题和分析命题。有符号，就除了这个暗含的意义外还应有某种别的东西，然而亚里士多德并未明确究竟是什么。

任何时候，逻辑符号理论都没有和语言象征理论（后面还可看到，也没有和修辞转义理论）结合在一起。连术语都不相同：一边称符号，另一边则称象征。

斯多噶派的情况也一样。下面是塞克斯都·恩披里柯转写的一段话：

> 斯多噶派在介绍符号的概念时说:符号就是作为大前提里的前件、并帮助发现后件的那个命题……。他们把始终都是真实的三段论大前提里的第一个命题称为前件,它帮助发现后件,如在“如果一位女子有奶,她就怀过孕”这个三段论大前提里,命题“一位女子有奶”就表示另一个命题:“她怀过孕”。(《皮浪主义纲要》,第二卷,第十一章)

这里又看到了亚里士多德分析时的许多因素,直至关键的例
21 子。符号理论与论证理论结合起来了,斯多噶派作者感兴趣的又是人们从中得出的认识的性质。唯一的不同——但很重要——在于斯多噶派从事命题逻辑而不是分类逻辑,并且意识到这种推理的逻辑属性。优先重视命题产生了意外的后果:正是为此才对我们所说的非语言符号开始给以经常性的注意(在谈亚里士多德时我们已看到了这一点)。亚里士多德的分类逻辑“适合于一种实体的和本质的哲学”(布朗歇);命题逻辑却抓住了作为事件的事实的演变。然而,大家正是把事件(而不是实体)作为符号的。这样,认识对象的改变(类——命题)就扩大了研究的内容(在语言之外又增加了非语言部分)。

由于用语相近,这种理论同前面的理论(言语理论)之间的互不衔接在这里就更显得突出了。我们看到,斯多噶派在语义理论里没有谈到符号,而只谈了能指和所指,但是其间的联系是十分明显的。怀疑派塞克斯都当然指出了这点。他的批评阐明了把不同的符号理论结合起来的必要性,这就向创立符号学迈进了一大步。塞克斯都竭力想相信两种情况涉及的是同一种“符号”;不过,把能指/所指和前件/后件这两对概念进行比较时,他发现了好几处不同点;这就促使他发表了下述异议:

1. 能指与所指是同时的，而前件与后件是先后的：怎么能用同一个名词去称呼这两种关系呢？

前件并不能发现后件，因为同符号相比，后件就是所指的内容，所以它应是同符号一起被掌握的……。如果符号不在所指的内容之前被掌握，它就不能发现同它一起，而不是在它之后被掌握的东西……。（《皮浪主义纲要》，第二卷，第十一章，第 117 至 118 页）

2. 能指是“有形体的”，而前件作为命题是“无形体的”。

能指有别于所指。声音指意，而 lekton 是所指，包括在命 22
题里都一样。既然命题是所指而非能指，符号就不能是一个命题。（《反数学家》，第 264 节）

3. 从前件到后件的过渡是一个逻辑活动；但是谁都可以解释他所观察到的事实，即使动物也能。

如果符号是推理，是有效大前提中的前件，那么对推理毫不了解、并从未学过逻辑技巧的人就决不会解释符号了。但情况并非如此，因为不熟悉逻辑定理、目不识丁的舵手和农夫往往会出色地解释符号：舵手解释海洋符号，预见到阵风和暂静、暴风雨和好天气；农夫会解释农场里的符号，预见收成和旱雨。再说何必光谈人呢？有的斯多噶派甚至认为非理性的动物也能理解符号。因为狗在沿着足迹追逐一只动物时确实也在解释某些符号，但它不会作出这样的判断：“有足迹便有动物”。马也一样，在脚刺或鞭打时会跃起疾驰，但它不会在前提里作出这样的逻辑推理：“如果人甩鞭子，我就该快跑。”因此，符号不是用真实大前提作前件的一种推理。（同上，第 269 至 271 节）

应该承认：尽管塞克斯都的批评经常纯粹是形式上的争论，但在这里还是很有分量的。把两类符号对等起来的确很成问题。设想塞克斯都不是去挑斯多噶派学说的毛病，而是去研究两种理论的关系，他的反对意见就会变成许多建设性的批评，用我们的话说就是：

1. 同时性和相继性是一个更基本的区别产生的结果：在语言符号（语词或命题）的情况下，能指直接表示所指；在逻辑符号的情况下，前件作为语段有着自己的意义，而且也将保持这意义，只
23 是第二步才表示别的东西，如后件。这差别就是直接符号与间接符号之间的差别，或与亚里士多德的用法相反，就是符号与象征之间的差别。

2. 直接的符号由异质成分组成：声音、无形体的 lekton、事物；间接的象征则由同质的实体组成：如一个 lekton 表示另一个 lekton。

3. 间接的象征既可以是语言的，也可以是非语言的。在第一种情况里，它们采取两个命题的形式；第二种情况则取两个事件的形式。后一种形式不但逻辑学家，就是没有文化的人，甚至动物都能解释。象征的实体并不能预示它的结构。另外不要混淆能力（推理）和谈论的可能性（逻辑学家的话语）。

如果我们再次想把 lekton 分成完整的和不完整的两类，就可发现我们能够画出一张表，其中有一格是空位：

	语词	命题
直接	不完整的 lekton	完整的 lekton
间接	?	符号

这个空位十分奇怪(可能是由于传到我们手上的斯多噶派的著作残缺不全引起的),因为是斯多噶派创立了诠释学这个传统,而这个传统又恰恰是建立在语词的间接意义(即讽喻)的基础上的。但这已把我们引到另一门学科的范围里去了。

在结束斯多噶派的逻辑理论之前,我们还要指出另一个问题。塞克斯都说他们把符号分成追忆的和显示的两类。这种分类是预先把事物分成范畴的结果,如把事物分成明确的和不明确的,后一类又可细分为永远不明确的、偶然不明确的或本质上就是不明确的。前两类,即明确的和永远不明确的东西不会产生出符号,后两类却能够,并成为两类符号的基础:

> 一时不明确或本质上不肯定的事物可以成为符号,当然 24
> 不是同一类符号:前者是追忆符号(或回顾符号),后者是显示符号(或指示符号)。某种符号以前已和它所意指的事物一起被我们明显地观察到过,当它又被我们感知时,不管那事物如何隐晦,即使那事物不再能被我们明显地观察到,符号还是促使我们回忆起以前同它一起被感知的事物。这种符号就叫追忆符号。烟与火的关系就是如此。根据斯多噶派的说法,显示符号从未同事物一起被明显地观察到过,但是它出自本质和结构就指示它作为符号的那个事物,如身体动作就是心灵的符号。(《皮浪主义纲要》,第二卷,第十章,第 99 至 101 节)

这些符号的其他例子:伤疤对伤口,刺穿心脏对死亡都是追忆符号;汗对皮肤上的毛孔就是显示符号。

这一区分似乎没有运用符号的真正符号学结构,而只是提出了一个认识论问题。然而在批评这一区分时,塞克斯都把问题引向同我们更为接近的领域:因为他并不相信有显示符号。他先改变了两个类的关系，把一个（追忆符号）上升到属，把另一个（显示符号）下降到种；再说，他根本就不相信后一类符号的存在（《反数学家》，第143节）。因此，他的批评就涉及到另外两组对立：多义符号与单义符号、自然符号与约定符号间的对立。争论可这样来概括：塞克斯都反对有显示符号的存在，认为它们不能使人肯定地了解任何东西，因为一个事物可能象征无数其他事物；因此，这并不是什么符号。对此，斯多噶派反驳说：然而，追忆符号（塞克斯都曾经承认它存在）也可能是多义的，并可能同时表示多种事物。塞克斯都承认这个事实，但指出两者的基础并不一样：追忆符号只是出于约定俗成才可能是多义的。不过，显示符号从定义来看就是自然的（它们在得到解释之前就作为事物而存在）；追忆符号却可以是自然的（烟之于火就是如此），但这时它们是单义的；它们也可以是约定的，那时它们也许是单义（如语词），也许是多义的（如点燃的火把一次宣布朋友来了，另一次却宣布敌人来了）。下面就是塞克斯都的原文：

> 有些人对追忆符号作出结构，并举了火把或钟声（可以宣布肉市开张或者必须冲洗街道）的例子。对此，我们可以表示这样的意见：这类符号能同时宣布几种事物并不荒唐，因为这些符号是法定的，让它表示一件事物或几件事物是我们权力范围里的事。但既然认为显示符号主要表示所指的事物，它就必然是只表示一件事物。（《反数学家》，第200至201节）

塞克斯都批评的有趣之处不仅在于证明了完美的符号应该只有一种意义，以及他对约定符号的偏爱这两点。大家还看到自然——约定这组对立以前只用于词源，而且必须在两个解决办法中选择一个（或在两者之间来个折衷），塞克斯都却把它推广到所有的符号(语词只是其中的一个特殊类别),而且他还设想自然符号和约定符号可以同时存在。这个区别是根本的。这样,他就具有了纯粹符号学的观点。后者需要某种(这里是塞克斯都式的)折衷主义才能得到发展,这难道是出于偶然吗?

修辞学

大家看到,如果亚里士多德是在修辞学的范围内研究他所说的符号的,他的分析却纯粹属于逻辑学的范围。现在,我们不再研究“符号”,而来研究间接意义,或者说转义。

我们再一次从亚里士多德开始,因为最使我们感兴趣的本义—转义这组对立起源于他。但开始时这组对立并不像以后的那
个样子,不仅亚里士多德的描写里没有任何符号学的观点,而且这 26
组对立也不起我们经常看到的那种重要作用。移用,或者隐喻(在他的著作里这词指所有的转义),并不是包括言语表达在内的象征结构,而是只包括某种语词的象征结构:一种其所指不同于一般所指的语词;它出现在至少有八个项的词类表里;它是新词的一个补充类别,或者是能指上的更新。说真的,现有的定义都有些含糊。《诗学》里说:“移用就是把属于别的事物的名词借来运用”(1457b);《正位篇》里还有一段类似的话(但那里没有出现隐喻——转义——这词):“还有违反习惯的用法:用属于别的事物的名词来称呼这个事物(如把法国梧桐称作人)”(109a)。《修辞学》里则把转义活动说成是“在称呼时所没有称呼出来的东西”(1405a)。可以看到,亚里士多德在两种关于隐喻的定义中犹豫不决,或者用这种重复的方法来给隐喻下定义:它或者是词语本义之外的一个意义(借用、违反习惯的用法),或者是表示一种意义

的非本义的表达法(属于别的事物的名词,避免原来称呼的一种称呼)。不管怎样,隐喻仍然是一个纯语言的范畴,甚至还是词语的一个子类。选择一个隐喻而不选择非隐喻语词和选择一个同义词不用另一个词一样都出于同样的考虑:人们总是寻找恰当合适的表达方式。下面一段话就是要说明这个意思:

> 若要赞扬某个对象,就该选择同属隐喻中的最高雅者;如要指责,就选同属中的低下者。因为相反的词都归在同一个属里,所以我在一种情况下说乞讨者是在求人,在另一种情况下却说求人即乞讨,因为两种行为都是请求,这就是做了我们刚才说的事。(《修辞学》,第三卷,1405a)

移用是文体学诸手段之一(即便是亚里士多德最为喜欢的手段),而不是必须同直接意义分节的意义的一种存在方式。原义
27 并不是直接意义,而是恰当的意义。大家知道:在这种条件下,还不能在移用理论中找到通向符号分类的途径。

事情并未停留在这一步。在亚里士多德的弟子,如泰奥弗拉斯托斯*时代,修辞格开始起越来越重要的作用。大家知道这一运动只是随着修辞学的消亡而停止,那时修辞学已经变成了一门"辞格学"。术语之多本身也很说明问题:除了总是用作统称的"移用"外,还出现了**转义**和**寓意**,出现了**讽刺**和**形象**。它们的定义同亚里士多德的相去不远。如伪赫拉克利特写道:"说一种事物,但表示所说事物之外的另一种事物,这种修辞格称为寓意";特里封**说:"转义是对本义的一种转弯抹角的说话方式。"这里把

---

* 泰奥弗拉斯托斯(约公元前372——前287),古希腊逍遥派哲学家。

** 特里封,纪元初的希腊语法学家,著有关于转义、同义叠用等专著30余种。

转义和它的同义词说成是第二种意义的出现,而不是一个能指代替另一个能指。但是转义的位置和总的作用在慢慢地改变,变得越来越接近表意的一个极(另一个极为直接表达);如在西塞罗的著作中,这一对立比在亚里士多德那里远为强烈。

让我们简单地看一下古代修辞学的最后一个环节,那位对这门传统学科作出综合的昆体良*吧。就如在亚里士多德的著作里一样,这里我们也没有发现他从符号学的角度来研究转义。他的论著卷帙浩繁,最后他在书里也写进了许多这方面的想法,但由于不够严谨,所以未能清楚地阐述这些问题。亚里士多德把间接表达和其他词汇手段放在一起,昆体良则倾向于把它说成是两种可能的言语方式之一:"我们更愿意让人领会事物,而不愿直接说出来"(《雄辩家的培训》,第八卷,AP. 24)。他想把"说"和"让人领会"这组对立通过本义和移用义两个范畴理论化,但没有成功,最终连转义也成了本义:"贴切的隐喻也称为本义"(同上,第八卷,第二章,第10节)。

一个奇怪的现象是象声词也归在转义类里。如果局限在转义的定义就是意义的变化(或者是对一个非本义能指的选择,因为这两个观点都在昆体良的著作中出现过),那就很难理解这种归类。唯一可能的解释便是转义的符号学观点,即转义是一种有理据 28
的符号:这是隐喻和象声词之间唯一的共同点。但是,昆体良并没有表达出这种思想;要等到18世纪这种观点才由莱辛陈述出来。

昆体良用很大的篇幅来谈寓意;但是这种数量上的重要性并没有导致理论上的相对重要性。同在西塞罗的著作中一样,寓意

---

* 昆体良(约35—96),古罗马修辞学家,著有《雄辩家的培训》等书。

被说成是一系列的隐喻(或长隐喻)。有时这会产生问题,如关于例举的定义就是这样:例举和隐喻不同,它保留了自己原来的表达法的意义,然而昆体良却把它和寓意放在一起。但是这个问题(间接符号内部的分类)并未引起人们的注意,就像转义和思想修辞格间的界线一直不清楚一样。

修辞学领域本身并不包含符号学理论。然而,因为它对间接意义这现象十分重视,所以在为符号学理论做着准备。全靠修辞学古人才熟悉了本义—移用义这组对立(尽管对它们的内容尚有拿不准的地方)。

诠释学

诠释学这传统实在浩如烟海,形式多样,让人特别难以捉摸。它的对象似乎早在远古时期就已经确定,哪怕形式上只涉及到两种言语状态间的对立:直接与间接、清晰与晦涩、逻各斯(logos)与神话(muthos),并由此产生了两种接受方式的对立:对前者来说是理解,对后者则要诠释。赫拉克利特描写德尔斐神谕*的那段著名残篇就说明了这一点:"那位在德尔斐发神谶的大神不说话,也不掩饰,只是暗示。"人们还引用毕达哥拉斯的类似说法:"当他同熟人谈话时,他或者发挥他的思想,或者使用象征,以勉励他们"(波菲利**)。这组对立将保留在后世的著作里,然而并没有人设法论证。下面哈利卡纳苏斯的狄奥尼西奥斯***的这段话就是个例

* 德尔斐神谕,德尔斐为古希腊城市,有阿波罗神庙,以它的神谕出名。

** 波菲利(234—305),叙利亚出生的新柏拉图主义哲学家,曾著毕达哥拉斯传记。

*** 哈利卡纳苏斯的狄奥尼西奥斯,公元前1世纪的希腊历史学家和修辞学教师,著有《罗马考古》、《论古代演说家》、《论摹仿》等书。

子:“某些人竟然说转义形式在话语里是不允许的。按照他们的意见,要么简单地说,要么干脆不说,而不许再用暗示”(《修辞艺 29
术》,第九章)。

在这个极为笼统的概念框架里却写下了无数的注释,我们可以把它们分成完全不同的两个系列:文章**评注**(首先是荷马史诗与圣经)和形形色色的**预言**(占卜)。

我们看到预言竟也列入诠释学的实践或许会感到惊奇;然而,问题正是要在没有意义的事物中发现意义,或在其他事物中发现第二种意义。先看一下——这是构思符号学的第一步——作为诠释基础的物质的多样性吧:从水到火,从鸟类的飞翔到动物内脏,一切都似乎可以成为符号,因此就可以诠释。另外,可以肯定这类诠释同间接言语方式——即寓意——要求我们做的诠释相似。这里可以举两位作者来说明这一全然异质的传统。

首先是普鲁塔克*。他在设法描写神谕的言语特征时不可避免地把这种言语同间接表达进行了比较。他说:

> 随着神谕越来越明确,舆论中发生了同其他变化一致的演变:以前它们古怪离奇、模棱两可和转弯抹角的风格使人相信它们是神授的,人们对它们赞扬不已,并充满了敬畏之情;但是后来大家了解事情时喜欢明确简单、喜欢既不夸张又不虚构,所以就责怪神谕里的诗文妨碍了解真相并在神的启示里混杂了晦涩难懂的内容;大家甚至已经怀疑:隐喻、哑谜和双关语是在为预言准备退路和避难所,以便预言家在说错话

---

* 普鲁塔克(约45—125),希腊传记作家和伦理学家,主要作品有:《希腊罗马名人传》和《道德论丛》。

时有法脱身和找到地方藏匿。(《关于德尔斐城女祭司的神谕》,25,406F—407B)

这里,神谕里的言语与诗人的移用而晦涩的言语被相提并论了。

第二位证人:以弗所的阿尔米多鲁斯*,赫赫有名的《释梦入
30 门》的作者;他概括了这个已经很丰富的传统,并且使它系统化。首先,他经常把释梦同解释语词联系起来,有时是因为两者类似:

> 就像教孩子的语法教师,在教完了字母之后就教他们如何把字母拼在一起,我也在刚才讲过的内容之外再加上几条可以遵循的简单指示,以使各位都能容易地从此书得到教益(第三卷,结论)。

有时是因为两者邻近:

> 当梦残缺不全,所以无从着手时,那就要圆梦者自己巧妙地加上些东西;特别是在梦中看到一些没有完整意义的字母,或是同事物无关的某个语词时,圆梦者就要进行换位、改变或增加字母或音节。(第一卷,第 11 节)

另外,阿尔米多鲁斯开宗明义就提出要区分两类梦,区分的来源十分明显:"有的梦是**定理性**的,有的则是**寓意性**的。梦的实现同梦里所见完全类似的就是定理性的梦……相反,有的梦要通过别的事物才能表达出某种意义,这一类就是寓意性的梦"(同上,第一卷,第 2 节)。这组对立很可能模仿了本义与移用义这两个修辞范畴间的对立;但这里是用在非言语的物质上。另外,我们发现亚里士多德或许也在无意地把梦境同修辞转义相比。他一方面

---

* 阿尔米多鲁斯,公元 2 世纪时的古罗马占卜家,著有《释梦入门》一书。

认为:“要运用好隐喻,须能看出事物的相似之点”(《诗学》,1459a);另一方面又说:“最能干的释梦者就是善于看出事物相似之处的人”(《论睡梦中的预言》,第2节)。阿尔米多鲁斯也写道:“释梦不是别的,就是比较两个相似的事物”(《释梦入门》,第二卷,第25节)。

现在我们再回到诠释学的主要活动——文章注释——上来。开始,这是一项不涉及任何具体符号理论的实践,并更像是大家称之为诠释策略的东西,而且各个学派之间的方法很不相同。要到 31
亚历山大的克雷芒*时,诠释学传统的内部才有朝符号学方向发展的尝试。克雷芒先是非常明确地阐述了象征领域的同一性(这种同一性也表现在“象征”这词一直得到系统的使用上)。下面就是他列举各类象征现象的一个例子:

> 罗马人的这些礼节就表示遗嘱,就如天平与小钱表示公正,获得自由的仪式表示财产分配,摸摸耳朵表示请人调解一样(《杂集》,第五卷,第五十五章,第4节)。

这些和间接言语一样也都是象征:

> 斯基泰人的国王阿忒阿斯**对拜占庭人说:别妨碍征税,否则我的骏马将去喝你们河中之水。这个蛮子用象征的言语宣布要把战火引到他们的家园。(同上,第五卷,第三十一章,第3节)

如果说这里非语言象征与语言象征已经同化,相反,在象征言语与非象征言语(间接言语与直接言语)之间却还保持着明显的区

---

* 亚历山大的克雷芒(约150—215),公元2至3世纪间的希腊基督教作家。

** 斯基泰人,也称西徐亚人,居住在波斯一带的古代民族,以游牧为生。阿忒阿斯是公元前4世纪时斯基泰人的国王,约死于公元前339年。

别:《圣经》里有用象征言语和非象征言语书写的段落,但由不同的专家:一方面是注释者,另一方面是教师,来教授我们阅读方法。

克雷芒也对埃及文字发表过若干感想,并对后世埃及文字的解释起了深刻的影响;他善于用相同的术语处理不同的实体,特别是把修辞学的术语用在其他各类象征现象(这里是视觉象征现象)上,他的这些想法就是一个很说明问题的例子。克雷芒肯定埃及人有好几类书写法,其中之一就是象形的方法。下面就是他的描述:

> 象形体一部分通过初级字母本义地(cyriologiquement)表
> 达事物,另一部分则是象征的。在象征方法中,一类通过模仿
> 32 本义地表达事物,另一类可以说是用转义的形式书写,第三类
> 运用某些哑谜,则完全是寓意的。如埃及人想写“太阳”这个词时就画一个圆圈;他们画一个月牙形表示月亮;这些就属于本义那一类。他们也用转义的方式书写,为了表现出某种关系而绕过意义和移用符号。在一部分情况下,他们用一些符号代替另一些符号;在另外的情况下,他们用不同的方式改变符号。如他们想以宗教神话的形式表达对国王的赞颂,他们就把这些话刻在浮雕上。下面是第三种象征,即使用哑谜的例子:他们把其他的天体画成蛇形,因为它们的运行轨道逶迤曲折,却把太阳画成一个甲虫,因为后者推着牛粪滚成圆球。(同上,第五卷,第四章,第20、21节)

在这段有名的文字中,有好几点需要记住。首先是透过不同的实体找到相同结构的可能性:言语(隐喻和哑谜)、文字(象形文字)、画(模仿)。这种统一已朝着建立符号学理论前进了一步。另一方面,克雷芒建议对整个符号领域进行分类。但他没有深入

发挥,我们只好根据假设进行某种重建。可以这样来概括他的分类方法:

- 象形文字
  - cyriologique(本义的)
  - 象征的
    - 通过模仿(cyriologique)
    - 转义
    - 通过寓意和哑谜

在这种分布中,有两点显然会造成困难:一是本义方法(cyriologique)出现在这张表的两个不同地方;另一个是寓意在修辞学上被看成是一种转义,在这里却另成一类。为了保持全文的协调,我们可以根据引用的例子提出下面的解释。首先,本义类和本义象征类既有共同点,也有分歧点。共同的是两者都表示**直接** 33
关系:字母指声,就同圆圈指太阳,并无转弯抹角,而且两者早先都不具有其他的含义。然而它们也有区别:字母和声音间的关系是**无理据**的,而太阳同圆圈的关系是**有理据**的;这一区别也可能来自某些这里并未说出来的原因。所以本义和象征两类间的区别是无理据和有理据的对立;而在象征类内部的本义类与其他类间的区别是直接与间接(移用)的对立。

另外,转义写法的译码包含两个步骤:图画文字(通过直接模仿)代表某一事物,后者又通过相似、参与或反对等方式表示另一事物。克雷芒称为哑谜或寓意的东西却包含有三种关系:在图画文字与甲虫间是直接模仿关系;在甲虫与粪球间的是邻近关系(借代关系);最后在粪球和太阳之间是类似关系(隐喻关系)。转义与寓意间的差别在于链的长短:前一种情况只有一次转变,后一种情况却有两次转变。修辞学已经把寓意说成是一个长隐喻,但对克雷芒来说,这种延长并不在文章的表层进行,而从某种意义上说是在原地深入进行的。

如果大家同意转义写法与寓意写法间的区别是两个或三个关系的区别，本义象征写法的位置就明确了：它占了第一位，因为它只要求组成一种关系：圆圈与太阳、形象与意义的关系；这种关系没有转弯抹角。这就解释了克雷芒的分类，同时也指出了分类的基础是符号理论。

即便不算这个主要的（但是假设的）理论贡献，克雷芒仍然是一位重要人物，因为他在两个要点上为圣奥古斯丁扫清了道路：一是他肯定了象征体系物质上的多样性，并且它能够表示任何意义（可以是语言的，也可以不是语言的），而不影响它结构的统一性；二是他认为象征与符号的关系就像移用义与本义的关系一样，所以修辞学的概念可以应用在非语言的符号上。

34 奥古斯丁的综合

符号的定义和描写

圣奥古斯丁并没有成为符号学家的雄心；他的著作都围绕着一个性质完全不同的目标——宗教的目标，只是为这另一个目标的需要他才顺便阐述了符号理论。然而，他对符号学问题的兴趣比他所说的，或者甚至比他所想的都要大得多：事实上，他一生中不断地谈到这类问题。在这方面，他的思想并不是一成不变的，我们在研究时要看到它的发展。我们认为他最重要的著作有：《辩证法原理》或《论辩证法》，这是一篇年轻时写的论著，有时被看成是伪作，写于 387 年；《论基督教教义》，从各方面看都是一本核心著作，同我们有关的那部分写于 397 年；还有《论三位一体》，写于 415 年。但在许多别的著作里也有精辟的论点。

在《论辩证法》中，我们可以读到下面的定义："符号是把自己展现在意义之前，并且除自身之外还给精神指示出别的内容的那种东西。说话就是借助发出的声音提供一个符号"（第五章）。从这个定义中可以看出好几个特点。首先，这里出现了一个以后将起很大作用的符号性能：这就是符号对自己的非同一性。它的根据是符号一开始就具有可感知和可理解的双重性质（亚里士多德对象征的描写同这没有任何相似之处）。另一方面，他比过去更强调了语词只是符号的一个种类。这个观点在奥古斯丁的后期著作中更为明显，而正是这一观点构成了符号学的基础。

第二句重要的话是《论辩证法》第五章的头一句话："语词是事物的符号，当它被说话人发出时可以被听话人听懂。"这又是一个定义，但是个双重定义，因为它突出了两种不同的关系：第一种是符号与事物间的关系（这属于指称和表意的领域），第二种是说话人和听话人间的关系（这是交际的领域）。奥古斯丁把它们放 35
在一句句子里，似乎这种共处不会产生什么问题。强调交际这个方面是个创新：这在斯多噶派的著作里从未见过，他们谈的是纯粹的表意理论；在亚里士里多德的著作里对此也远没有这样肯定过。他确实说到了"心灵状态"，因此也涉及到了说话人，但对交际的环境他却丝毫未加提及。这里奥古斯丁符号学的两个主要倾向——兼收并蓄和心理主义——已略见端倪。

并列好几方面的考虑在这里引起了模棱两可，但在把符号分析成若干组成部分时（在论著特别晦涩难懂的一页里）他又重复了同样的错误。"有四样东西需要分清：语词、可表达的内容（dicibile）、表达（dictio）和事物。"从下面的解释（因为奥古斯丁举的“事物”的例子是语词,所以就不好懂了)里,我摘录了有关区分dicibile和dictio的内容。下面是两段有关的引文:

> 在一个语词里,所有不是被耳朵、而是被精神所感知,并被精神保留下来的东西叫做dicibile,或可表达的内容。当口中吐出语词,不是意指语词自身,而是意指某个别的事物,这就叫做dictio,或表达。

另一段是:

> 假设一位语法学家这样问一个孩子:arma(武器)这词是什么词性?这里说的arma意指它自身,也就是一个单纯用来指词本身的词。下面的:“这词是什么词性”不是为自己,而是为arma这词而加上的。语词被精神理解或被嗓子发出:如果在表达之前它就被精神理解和掌握,这就是dicibile,可表达的内容;根据同样的理由,如果这词被嗓子表达出来,它就变成了dictio,即表达。这里arma只是个词,当它被维吉尔说出来时就成了表达。说出它确实不是为了它本身,而是要指埃涅阿斯进行的战争,或者指伏尔坎为埃涅阿斯制造的盾牌和其他武器*。

36 在词汇方面看,这个四项组成的系列显然是个大杂烩。J.丕平指出:dictio表示词汇,dicibile与lekton完全相同,res(拉丁语:事物)可能是用来代表tughanon(参照物),这就用拉丁文表示了斯多噶派关于能指、所指和事物的三项式。另一方面,res和verba(话语)间的对立大家是熟悉的,可以在西塞罗和昆体良的修辞学

---

* arma一词在拉丁文中可以引申为战争。伏尔坎为罗马神话中的火神和锻冶之神。关于埃涅阿斯的故事可参阅维吉尔的《埃涅阿斯纪》,人民文学出版社,1984年版。

里看到。两套术语相互渗透就产生了一个问题,因为这时就有了两个术语——dictio 与 verbum*——来表示能指这个概念。

奥古斯丁可能想通过把这组混乱的术语同我们已经遇到过的另一个含糊不清的术语——同时属于交际过程和指称过程的意义——结合起来以求解决问题。一边多了个术语,另一边有一个双重概念:这下 dicibile 就专门用来表示“经历过的意义”(这里同斯多噶派的术语就不一致了),dictio 则趋向于表示“参照的意义”。dicibile或者被说话人经历过(“表述之前就被精神理解和掌握”),或者被听话人经历过(“被精神所感知”)。相反,dictio 不是表示对话双方之间,而是表示声音与事物之间关系的意义(同 lekton 一样),这里语词的表意独立于所有的使用者。这样,dicibile 就属于相继的过程:先是说话人设想的意义,然后发出声音,最后受话者先感知声音,再感知意义。dictio 却是同时的:参照意义和发出声音同时实现:语词只有在“它被嗓子表达出来”时才成为 dictio。最后,dicibile 表示抽象的命题,而 dictio 属于命题的每次具体表述(用现代逻辑学的术语来说,参照是在**殊型**命题,而不是在**类型**命题里完成的)。

同时,dictio 并非单纯属于意义的范围:这是具有指示能力的、表述出来的语词(能指),这是“口中吐出的语词”,是“被嗓子表达出来”的东西。相反,verbum 并不像大家可能想像的那样只是单纯的声响,而是代表语词的语词,是言语的元语言用法;这是“为己所用的语词,是就语词自身询问或讨论时用的语词……我称之为verbum的是个语词,并且就意指一个语词。”

---

* verba 的单数。

但在几年后写的一篇著作(《论秩序》)里,他换了一种折衷的说法:指称变成了交际的一种工具:

> 37 人没有言语的帮助就不能同人发生牢固的关系,而通过言语他就在某种程度上把自己的心灵和思想转移到他人身上。理智使他懂得应该给事物命名,就是给它们某些带有意义的声音,这样在人不能感知精神的情况下,为了把心灵交织在一起,就用意义来作为自己的表达者。(第二卷,第十二章,第35节)

在《论辩证法》的第七章里,奥古斯丁又一次表现出综合的才能。他讨论了语词的所谓力量(vis)。力量是对表达的质量负责并使它被受话人感知的东西:“它同语词在听者身上产生的印象成比例。”有时,力量和意义被看作是两种类型的表意:“我们观察的结果是:一个语词以两种方式表意,一种是为了陈述事实,另一种是为了考虑恰如其分。”可以看出,这里是把修辞上的清晰与优美这组对立糅合到表意理论里来了(然而这种糅合是有问题的,因为语词的表意并不能同它的形象性或感知性混在一起)。这种“力量”的类别也使人想起修辞学这背景:力量通过声音、通过意义或通过两者的结合表现出来。

我们还可以在389年写的《师说》里看到他对同一主题进行的发挥。这里,两类“表意”似乎一个成了能指的属性,另一个成了所指的属性:前者的功能是作用于感官,后者的功能是保证诠释。“一切由嗓子发出的、带有意义的声音……传到耳朵里就可被感知,传到记忆里就可被认知”(第五章,第12节)。他用一种伪词源学的推理来阐明这种关系。“是否可以说,在这两样东西里,语词的叫法来自前者,而名词的叫法则来自后者呢?因为语词可能来自

‘打’(verberare—verbum*),而‘名词’可能来自‘认识’(noscere—nomen**)。因为第一个词同耳朵发生关系,第二个词同心灵发生关系才有那样的名称的”(同上)。在这两个程序中,感觉从属于理解,因为只要我们一理解,能指对我们来说就是透明的了。“这就是规律,它当然很有力量:人听见了符号后,他的注意力就转向所指的事物了”(第八章,第24节)。《师说》这部专著里的第二种说法同《论辩证法》里的说法相比似乎后退了一步,因为奥古斯丁 38
不再认为所指也可以有能感知的、吸引注意力的形式(“力量”)。

现在来谈他的核心论著《论基督教教义》。鉴于它在本书中的重要地位,介绍一下它的主要内容还是必要的。这是一本阐述有关基督教著作的诠释理论——附带也谈这方面的表达理论——的专著。介绍围绕几组对立进行:符号—事物,诠释—表达,来自歧义或来自晦涩的困难等。可以用图表的形式来介绍这个提纲,表中的数字指论著的四个部分(第三部分的结尾和第四部分是在427年,也就是在写前三部分之后的30年才完成的):

- 事物(1)
- 符号
  - 诠释
    - 晦涩(2)
    - 歧义(3)
  - 表达(4)

这里,我们就不停留在奥古斯丁对理解和表达话语的方式的看法上面(H.-I.马露已指出了它的独创性);我们主要想谈从提纲里就已经看得出来的综合方法。奥古斯丁开始的计划是谈诠释学,但他又加上了关于表达的部分(第四部分),这部分就成了基

* verberare,打击、鞭打;verbum,语词。这两个都是拉丁词。

** noscere,了解;nomen,名词。两个都是拉丁词。

督教的第一本修辞书。另外,他把这些都放在关于符号的普遍理论里去阐述,纯粹的符号学方法包括了我们前面说的"逻辑学"和"语义学"两个部分。这本书比任何其他的书更应该被看作是第一本真正的符号学著作。

现在我们再来看书中阐述的符号理论。如果把它同《论辩证法》一书里的内容相比,我们会发现这里只剩下了经历过的意义。这样,方案里的前后不一致处就减少了。更奇怪的是"事物"(或参照物)消失了。确实,奥古斯丁在本书中谈到了事物和符号(在这一点上,他忠实于从西塞罗以来的修辞学传统),但他不再把事物看成是符号的参照物。世界根据感知的对象是否具有及物的价值而分成符号和事物。事物是作为能指,而不是作为参照物才具有符号性质的。在深入阐述之前,让我们先注意一点:这个总体上
39 的考虑被另一种说法冲淡了:"是通过符号人们才了解事物的"(第一卷,第二章,第二节)。然而这只是个抽象的原则,而不是符号固有的特性。

符号与事物的分节同两个主要的过程——使用与享受——的分节是一致的。实际上,第二个区分存在于事物内部,但是供使用的事物同符号一样是及物的,而供享受的事物却是不及物的(然而,这就是一个能把事物与符号对立起来的范畴):

> 享受确实就是由于对事物本身的喜爱而依恋它。相反,使用却是把使用的事物引向喜爱的事物,如果后者的确值得喜爱的话。(第一卷,第四章,第4节)

这种区分对神学有很重要的影响:归根结底,除了上帝,任何事物都不值得我们去享受,都不值得我们为这事物本身而去钟爱。奥古斯丁在谈到人可能对人产生的爱时发挥了这一思想:

> 问题是要知道人是为他本身还是为了别的才应该被人爱。如果是为了他本身，我们就能得到享受；如为别的东西，我们就只能使用。不过我认为他应该是为了其他原因才被爱的，因为幸福属于上帝，只有他才能因自身而受到爱戴。尽管我们不能实际上得到这个幸福，但得到它的希望就能使我们在尘世受到安慰。谁要把希望寄托在人的身上就应受到诅咒（第一卷，第十七章，第五节）。然而，仔细思考之后，任何人都不应该为自己而得到享受，因为他的义务不是为了自己，而是为了大家都应该享受的主去自爱。（第一卷，第二十二章，第 20 至 21 节）

因此，唯一绝对不是符号的（因为是最好的享受对象）就是上帝；这就在我们的文化里反过来给所有最终的所指（不再意指别的事物的所指）染上了神圣的色彩。

符号与事物间的关系就是这样分节的。下面就是符号的定义："符号是这样一种东西：它能让我们超越它自己在我们感官上产生的印象而联想到别的事物"（第二卷，第一章，第 1 节）。这同《论辩证法》里下的定义相去不远，只是用"思想"代替了"精神"。
另一种说法更为明确："我们表意——即使用符号——的唯一原 40
因就是把使用符号者精神上的东西显示出来，并把它移注到另一个人的精神里去"（第二卷，第二章，第 3 节）。这就不再是符号的定义，而是对表意活动的原因进行描写了。同样说明问题的是：这里谈的完全不是指称关系，而单纯是交际关系。通过符号引入思想的是经历过的意义，即表述者精神里存在的东西。表意就是表露。

后来又有几篇著作确定和阐明了这个交际模式。在《教理入门》（405 年）里，奥古斯丁谈到言语比思维慢的问题。他发现自己

经常对表达思想的方法不满,并对此作了这样的解释:

> 原因主要在于直觉的想法像闪电一样充斥了我的心灵,而我的话语却是又慢又长,并同思想迥然不同,加上在我说话时原来的想法已经隐藏起来了。然而,幸好它还在记忆里奇妙地留下了某些印记,这些印记在我们短暂地发出音节时仍然存在,并帮助我们琢磨称作言语的那些音响符号。这言语可以是拉丁语、希腊语或希伯来语,这些符号可以是在头脑里思考的、也可以是由声音表达出来的。但那些印记却既非拉丁语、希腊语或希伯来语,也不属于其他任何一个民族。(第二章,第3节)

奥古斯丁在考虑意义尚不属于任何语言时的状态(在普遍的意义之外是否还存在拉丁语的、希腊语的,以及其他语言的所指?这点尚不完全清楚;很可能答案是否定的,因为言语的描写仅仅在语音的维度上才得以实现)。情况同亚里士多德的描写没有很大的区别:双方都认为心灵状态是普遍的,而语言却是各别的。但是亚里士多德却用参照对象对自身的同一性来解释心灵状态间的同一性,而奥古斯丁的著作并没有谈到参照对象问题。我们也要指出"思想形成"的同时性和话语必须的时间性(线性),更广泛地说,就是必须考虑到言语活动具有时间维度(标志就是印记的作
41 用)。这些都是交际过程的特点(这一整页里显示出十分细腻的心理分析)。

《论三位一体》中的符号理论又是对《教理入门》和《忏悔录》第十一卷里的理论的进一步阐述。里面还是纯交际理论的模式。

> 我们要对别人说话吗?因为"话"是内在的,我们就运用言语或可感知的符号,通过感性联想,在我们对话者的心灵上

诱发出同我们说话时心灵里所有的"话"相似的一种"话"。（第九卷，第七章，第12节）

这种描写仍同《论基督教教义》里介绍的对表意行为的描写十分相近。另一方面，奥古斯丁在这里更明确地区分了在语言分化之前的所谓的"话"和使我们了解"话"的语言符号。

> 由占据一定时间长度的若干音节——不管是将它们发出，或只是在脑子里想——组成的"话"的意义是一回事，而同任何认识对象一起印在心灵里的"话"的意义则是另一回事（第九卷，第十章，第15节）。确实，这后一个"话"并不属于任何语言，不属于任何我们称之为民族语——我们拉丁语就是其中的一种——的语言……由我们已经了解的东西组成的思想就是在心灵深处发出的"话"，这种"话"既不是拉丁语，也不是希腊语，它不属于任何的自然语言。但是，在需要让对方了解时，我们就求助于某个符号以便让他听见。（第十五卷，第十章，第19节）

词并不直接指示东西，而只是表达。它们表达的不是说话人的个性，而是语言表达前的内心的"话"。后者是由其他因素（可能是两个因素）确定的：一个是认识对象在心灵中留下的印记；另一个是内在的认识，其来源只可能是上帝。

> 我们就应该追溯到人的这种"话"……它既不由声音发 42
> 出，又不是以声音的方式去想；所有的语言都必然会涉及到它，但它的存在先于传达它的一切符号，它产生于心灵的内在知识，这种知识是用内心的话原封不动地表达出来的。（第十五卷，第十一章，第20节）

人的这个表达和指意过程从整体上看同上帝的"话"相似，但后者的外部符号不是语词，而是世界。两个认识的来源最后集中到一个，因为世界只是神的言语。

> 发声于外部的“话”是发光于内部的“话”的符号，后者比任何别的东西更应该称之为“话”。我们嘴里说的只是“话”的声音表达：如果我们称这个表达为“话”，乃是因为“话”承受着它并把它传达到外部。因此，我们的“话”在某种程度上就成了物质的声音，它保证声音以能感知到的形式把自己传达给人：就像上帝的“话”成了肉体，并保证通过肉体把自己传达给世人一样[*]。（第十五卷，第十一章，第20节）

这样就形成了统治中世纪的关于普遍象征系统的理论。

简而言之，我们可以画出下面的线路（它以相反的方向在说话人和对话人之间反复）：

上帝的威力 → {内在知识 / 认识对象} → 内心的“话” → 思想着的外部的“话” → 表达出的外部的“话”

大家看到在语词—事物这组关系中先后经过了多少中介。

另外，在符号学理论方面，建立在分析指称基础上的斯多噶派的唯物主义学说逐步地，然而是坚决地被奥古斯丁的交际理论代替了。

43 符号的分类

奥古斯丁主要是在《论基督教教义》中对符号进行分类的，因

---

* 这里的“话”也可以译成“道”，是基督教借用希腊哲学里“逻各斯”（logos）一词的意译。《圣经·约翰福音》第一章里有“道成了肉身，住在我们中间”的话。后世神学据此，说“话”或“道”即三位一体中的第二位的圣子：他降生世上，取肉身而成为人，便是耶稣基督。

此他在书里也调整了一下符号的概念;其他的著作还可帮助我们了解一些细节。奥古斯丁的分类一上来就令人惊讶,因为分出的数目很大(即使经过归并,至少还要剩下五组对立),而且各类之间缺乏真正的协调:这里奥古斯丁同在别的问题上一样,表现出一种理论上的合一思想,把原本可以分层次的内容都并列起来了。下面我们逐项介绍这些分类以及作为分类基础的几组对立。

1. 根据传送的方式

这种分法以后成了分类的准则,它已经表明了奥古斯丁的综合思想:既然能指应该是能感知的,那么我们就可以根据感知它们的感官来作出区分。亚里士多德的心理学理论就同符号学描写结合起来了。这里有两点值得注意。首先,通过视觉和听觉外的其他感官感知的符号起的作用有限:奥古斯丁之所以提出这些符号的存在,显然是出于理论上的原因,但他马上就设法降低了这些符号的重要性。"在人类用于相互交流感受的符号中,某些依靠视觉,大多数依靠听觉,靠别的感官的则很少"(《论基督教教义》,第二卷,第三章,第4节)。只要举一个例子就可以说明其他的传送途径了:

> 主通过脚上抹的香膏的香味作为符号(见《约翰福音》,第十二章,第3至7节)。他把身体和血作为圣体,并自己第一个先尝,以此来表达他的愿望(见《路加福音》,第二十二章,第19至20节)。他赋予那个女人的手势一个意义:那位女人摸了他的衣裳穗子,就痊愈了。(见《马太福音》,第九章,第21节)(同上)

这些例子可以表明依靠嗅觉、味觉和触觉的符号的特殊性。

《论三位一体》却只谈到通过视觉和听觉这两种传达符号的方式。奥古斯丁还强调了它们间的类似之处。

44 符号多数为声音,有时是手势:前者传给耳朵,后者传给眼睛,以便把我们精神里的东西用有形的符号传达给也是有形的感官。用手势表达一个符号,实际上难道不就是用可见的方式说话吗?(第十五卷,第十章,第19节)

乍一看,视觉与听觉这一对立就可把语词置于符号之中(这里倒是第二点使我们感到兴趣)。确实,奥古斯丁认为:言语本质上是声音的(以后还要谈到对文字的描写)。因此,绝大多数的符号都是声音的,因为绝大多数的符号是语词。“使人们发现他们思想的无数符号都由语词组成”(《论基督教教义》,第二卷,第三章,第4节)。显然,语词只是在数量上占有特殊的位置。

2. 根据来源与用途

一种新的区分方式引出了两组不同种类的符号,但就像奥古斯丁自己那样,我们可以把它们合并到一个范畴里来。《论基督教教义》的第一卷提到了这种区分方式。书里的这一部分先划分出符号与事物。但这一区别刚提出就被取消了,因为符号并不同事物对立,而是事物的一部分(“事物”指最广泛意义上的所有存在的东西)。“任何符号也都是一种东西,否则它就会什么都不是了”(《论基督教教义》,第一卷,第二章,第2节)。这组对立只能在另一个层次——即功能层次,而不是物质层次——来进行重建。的确,一个符号可以从两个方面来考虑:作为事物,或作为符号(这是奥古斯丁书里的顺序):

写到事物时,我事先曾提醒大家只要注意它们是什么,而

> 不必注意在自身之外它们还意指什么。反之，说到符号时，我又指出不必再注意这些事物是什么，而只须注意它们代表什么符号，也就是它们意指些什么。（第二卷，第一章，第1节）

对立不在于是事物还是符号，而在于是纯事物还是能作符号 45
的事物。尽管如此，有些事物之所以能存在，纯粹因为它们能用作符号，这显然是那些最接近纯符号的东西（这一点是不能完全达到的）。就是因为符号具有把作为事物的性质放在次要地位这种可能性，奥古斯丁才能提出他的新分类方式。

他确实把自然符号与意向符号（data）对立起来。大家经常对这组对立产生误解，认为这只是古代通常说的自然与约定的对立。J.恩格斯的一篇文章正确地指出了这一点。奥古斯丁写道："符号有的是自然的，有的是有意向的。自然符号是那些既无意向，又无表意愿望，但除了事物自身之外还能自动地让了解别的东西的符号"（第二卷，第一章，第1节）。自然符号的例子是：烟之于火，动物的踪迹，人的脸。"意向符号指所有生物用来尽可能地相互表达心灵活动，即他们所感到或想到的东西的符号"（第二卷，第二章，第3节）。意向符号的例子主要是人的符号（语词），但也包括表示发现食物或只是表示发出符号者的存在的动物叫声。

大家看到，自然符号与意向符号这组对立是怎么同事物与符号这组对立联系起来的。意向符号是为了用作符号而产生（来源）并仅仅用作这个目的（用途）的事物；换言之，这是些作为事物的功能已被尽可能地缩小了的事物。这就是最接近于（并不存在的）纯符号的东西。意向符号不一定就是人类的符号，自然性或有意向性同它们的传达方式并没有必然的联系（对传达方式的分类是在谈到意向符号时进行的，但我们看不出这样做的原因所在）。我们还要记住：语词是意向符号，除了语音性外，这就是它们的第二个特性。

在这组对立中，我们可以看出前面论及的亚里士多德的一段话（《解释篇》，16a）里所说的那组对立的影响。然而，两段文字都举到的动物叫声这例子却被分在对立的两类里，这就更好地说明了奥古斯丁的立场。亚里士多德认为这些叫声不需要任何规定，
46 这就足以把它们算成“自然”符号了。相反，奥古斯丁认为：只要证明具有表意的意向就可以把它们归入意向符号之中：意向并不等于约定。我们可以认为这种区分是奥古斯丁特有的：它的基础是意向这个概念，这同奥古斯丁的总的设想是一致的；大家已经看到，他的设想是心理的，并是倾向于交际的。这种区分也便于超越塞克斯都对斯多噶派的批评，即符号的存在并不一定意味着具有产生它的逻辑结构：某些符号直接存在于自然之中。大家也可发现，在奥古斯丁的前人的著作里完全分开的两类符号在这里被合并在一起了：亚里士多德和斯多噶派的符号变成了“自然符号”，亚里士多德的象征和斯多噶派的能指与所指的结合变成了“意向符号”（再说举的例子也总是相同的）。“自然”这个说法有些让人难办，如果把作为事物的**现成**符号与**专门创造出来**用于表意的符号对立起来可能会更清楚些。

3. 根据社会规定

在术语问题上如此小心翼翼显然是必要的，因为奥古斯丁在他这本著作的别的章节里又引进了另外一个大家更为熟悉的区分，即符号（普遍符号）与制定的符号（约定符号）。第一类符号本能地、直接地就能理解，第二类则需要经过学习才会使用。实际

上，在《论基督教教义》里，奥古斯丁只考虑了制定的符号这一种情况，而且是在谈到一个表面上看是相反的例子时说的：

丑角边跳舞边做的手势符号如果来自自然而不是来自人们的规定和认可就不会有意义。否则，当哑剧演员开始跳舞时就不需要一个人向迦太基的公民高声解释跳舞者所要表达的内容了。许多老人还记得这一情节，我们就是听他们告诉的。我们应该相信他们，因为直至今天，一个人对这些简单的东西不了解就去剧场，要是没有旁人告诉他演员手势的意义，他即使全神贯注地观看也会是徒劳无益的。（第二卷，第二十五章，第38节）

哑剧初看是自然符号，但它也有一套约定的程式，所以也需要 47
习得。这样，奥古斯丁的分类法又利用了习惯上用于说明语言起源的那组对立（塞克斯都在他之前就这么做了）。

这组对立并不比前两组对立能更好地同其他对立进行分节。可以认为：奥古斯丁之所以在这里没有举自然符号（从刚才讲的意义上的自然符号）的例子，乃是因为他的这本著作是明确谈意向符号的，而自然符号只可能存在于现成的符号之中；专门创造的符号意味着习得，所以也意味着规定。但是，所有现成符号是否就是自然符号，也就是说不经约定就可以理解呢？奥古斯丁没有肯定这一点，我们倒很容易想起一些反面的例子。另外，他在《教理入门》中描写了一个自然符号，而这个符号在《论基督教教义》中却同非意向符号列在一起。

印记是精神的产物，就像脸部是身体的表情一样。事实上，“怒气”这词在拉丁语里是一个样，在希腊语里是另一个样，在别处又是别的样，因为语言各不相同。然而，发怒人的

> 面部表情却既非是拉丁的,也不是希腊的。所以当有人说:Iratus sum(拉丁语:我发怒)时,除了拉丁人,没有一个民族会懂得这句话。但是,如果他心灵的怒火涌上心头,并改变了脸部的表情时,所有见到的人都会作出判断:"这个人发怒了"。(第二章,第3节)

在《忏悔录》里也有同样的说法:

> 手势就像是所有民族的自然语言,它由脸部表情、眼色和四肢的动作组成,也由表达追求、占有、放弃或逃避等心灵感情的语气组成。(第一卷,第十三章,第13节)

自然符号(但我们认为举的例子值得商榷)同心灵的印记——上面已谈了它的特性——一样是通用的。奥古斯丁在这一点上同亚里士多德的观点相近,也把语词与思想间的关系看作是任意的(约定的),而把思想与事物间的关系看成是通用的,因此是自然的。

强调语言必定具有约定俗成的性质使我们能想象到奥古斯丁
48 不会在理据性问题上抱有很大希望:在他看来,理据性并不能代替对约定方式的了解。

> 所有人都想在表意方式中找出同事物的某些类似之处,以便使符号尽可能地重现表达的事物。然而一件事物能以多种方式同另一件事物相像,所以这类符号要对大家都有确定的意义就必须要取得大家一致的同意。(《论基督教教义》,第二卷,第二十五章,第38节)

理据性并不排斥约定性;这里有一句话的观点在《师说》里大大地得到了发挥。奥古斯丁指出:如果不借助语言说明,即借助语言这个规定的东西,我们永远也无法确定某个手势的意义。这样,奥古斯丁就否认了自然——约定(或任意)这组对立所起的决定性作用。18 世纪时有人试图在这基础上建立起符号(任意的)与象征(自然的)这组对立,后来黑格尔和索绪尔也曾朝此努力,但奥古斯丁在当时已超越了这种设想。

这种"符号的任意性"自然会导致多义现象。

> 既然事物可以从多方面相像,所以不要以为某个事物在某处由于某一点上的类似而意指了某个东西,就会一成不变地永远意指这个东西。实际上,耶稣在说"要防止法利赛人的酵"(《马太福音》第十六章,第 11 节)时,他是以责备的口吻用"酵"这个词的;但当他说"天国好像酵面,有妇人拿来,藏在三斗面里,直等全团都发起来"*时,却是赞美的意思了。(《论基督教教义》第三卷,第二十五章,第 35 节)

4. 根据象征关系的性质

在意向/非意向和约定/自然这两种分类之后,奥古斯丁又一次研究了同样的现象,得出了又一种不同的分节:本义符号与移用符号(translata)。显然,这组对立来自修辞学,但奥古斯丁——同他之前的克雷芒一样,但说得更为明确——把修辞学里谈到的语词意义部分推广到符号学里来了。

请看他是如何引入这组对立的:

> 实际上,符号要么是本义的,要么是移用的。当它们用来 49
> 指称专门创造的事物时就是本义的。例如,当我们想着所有说拉丁语的人(同我们一样)都用这名词称呼的动物时,我们

---

* 《马太福音》,第十三章,第 33 节。

就说 bos(拉丁语:牛)。当我们用本义称谓的那些事物被用以指别的事物时,符号就是移用的。如当我们说 bos 时,通过这音节我们懂得是指大家习惯于用它来称呼的那种动物。但是相反,这动物却让我们想起福音书的著者,因为根据使徒的解释,《圣经》里是用这样的话来指这著者的:"牛在场上踹谷的时候,不可笼住它的嘴"。(《哥林多前书》,第九章,第 9 节)(《论基督教教义》,第二卷,第十章,第 15 节)

本义符号同意向符号的定义一样:它们是作为符号使用才被创立的。但移用符号的定义则不是完全对称的;它们不是"自然"符号,即不是在被用作符号之前就存在的符号。确定它们的因素通常是它们的二次作用性:当一个符号的所指变成了能指时,这个符号就称为移用符号;换言之,本义符号是建立在一种关系,而移用符号是建立在先后两次作用的基础上的(我们看到这个观点在克雷芒那里就已经出现了)。

其实,我们一开始就谈的是意向符号(因为奥古斯丁只研究这类符号),是在意向符号内部再涉及到区分它们的程序的:本义符号既是专门用来表意而创立的、又是本着初意使用的符号。移用符号也是意向符号(所举的例子都是语词),但并没有按照最初的目的使用,而是转向第二用途——就像事物成了符号一样。

这种结构上的类似——而不是相同——说明了移用符号(然而是语言符号)与非意向符号("自然的"非语言符号)之间的相似之处。如果举的两种符号的例子是相通的,这也并非出自偶然:牛之存在并不是因为它要用作符号,但是它也能指意,因此它既是自然符号,又是移用符号(的一个可能的成分)。从形式上看,研究这同一现象的第三种方法是最令人满意的:这里不再借助不可靠

的经验来区分符号(现成的或专门创立的,一下就能理解或通过 50
约定俗成才能理解的),代替它的是结构的不同:简单象征关系或双重象征关系。这下,语言在符号中就不再是特别的种类了:一部分语言符号(间接表达式)同一些非语言符号分到了一起。我们可以认为:提出这种建立在形式,而非建立在物质上的对立是奥古斯丁符号学的最重要的理论成就。同时,我们还要注意一点:这种分节有助于部分消除两类现象间的差别,这两类现象在亚里士多德那里(象征对符号),在斯多噶派那里(能指—所指对符号),或者在克雷芒那里(直接言语对象征)都是截然分开的。

本义—移用义这组对立源自修辞学;但是奥古斯丁与修辞学传统间的区别不仅在于从语词扩大到了符号,而是更新了“移用义”这个定义:不再是语词改变了意义,而是某个语词指某个事物,而这事物本身又包含着另一层意义。这种描写的确适合于他举的例子(就像牛、福音书著者等),这类例子并不像修辞学上的转义。但是下一页里奥古斯丁举了另一个移用符号的例子,它却完全符合修辞学上的定义。这并不是奥古斯丁混淆了两类间接意义,而可能是他想扩大移用义这范畴,以便把基督教的寓意也包括进去。在谈到阐释时出现的困难时,他谈到同这两种形式的间接意义相应有两种类型的困难。在《论三位一体》里,这组对立说得就更清楚了:奥古斯丁根据语词或是事物,设想有两类寓意(即移用符号)。这一区分的来源许是克雷芒说过的一句话,但克雷芒自己却认为这是同一概念的两个交替的定义。

在移用义内部进行的另一种分类导致了以后关于《圣经》的四种意义这著名学说。是否是奥古斯丁提出的这个学说,至今还是众说纷纭。这里有几组文字。第一组由《论信仰的益处》的第

3、第5节和完全一致，但略为短些的《“创世记”评注，初稿》的第2节组成。我们从中可以清楚地看到四个项：历史、原因论、类比和寓意。但严格说来这些算不上是意义，确切地说，这只是阐释时的
51 不同程序。特别是类比，这是求助另一篇作品来解释一篇作品的方法。原因论的地位很成问题，它要寻找作品里谈到的事件、事实的原因。这是一种解释，所以也是一种意义，但它是否确实属于分析的作品呢？这还不如说是评论者所作的补充。于是只剩下了两类意义：历史意义（字面意义）和寓意意义。从奥古斯丁为后一种意义所提供的例子可看出，他并不像后世那样区分各类寓意。这些例子包括：约拿在鲸鱼腹中代表基督在墓中（后世传统的分类）；对出埃及的犹太人加以惩罚以使他们不犯罪（转义）；两位女子象征两个教会（类比）。这里还要补充一点：奥古斯丁也不区分宗教意义与移用意义（他对双方下的定义都一样）。同圣托马斯确定的后世的传统比较，我们可以看到下面的分布情况：

<table>
<tr><td></td><td>本义</td><td>移用义</td><td>宗教意义</td></tr>
<tr><td>圣奥古斯丁</td><td>本义</td><td colspan="2">移用义</td></tr>
<tr><td>圣托马斯</td><td colspan="2">字面意义</td><td>宗教意义</td></tr>
</table>

一句话：对奥古斯丁来说，只有一种两分法（本义—移用义）是实质性的，其余的都无关紧要。

但是，另外有一段文字需要在这里研究一下，它在《“创世记”评注》的第一章第1节里。奥古斯丁谈到《圣经》各书的内容。他说：有的书谈到永生，有的只是叙述一些事实，另一些预言未来，还有的提出了行为的准则。这里没有明确肯定这段话里谈了四种意义，然而这个理论却已经在酝酿中了。

在极力确定移用符号的地位时,奥古斯丁还把它们与两种有关的语义现象——歧义与谎言——相比。他曾长期注意过歧义问题:在《论辩证法》里,他已经把交际的困难分成来自晦涩和来自 52
歧义(亚里士多德的著作里已经这样划分了)。歧义里包括来自移用义的歧义这个子类。在《论基督教教义》里又出现了这种逐层分节法:“《圣经》的歧义或者来自用作本义的语词,或者来自用作移用义的语词”(第三卷,第一章,第1节)。所谓来自本义的歧义指的不是语义方面的原因,而是由语音、书写或句法引起的歧义。语义的歧义单纯指因为移用义而产生的歧义。没有提到一词多义引起语义歧义的可能性。

移用符号作为“歧义”里的一个类别,应当同谎言严格区分开来,尽管从字面来看,两者都未说实话。

> 上帝保佑我们不要称它们(《圣经》里的寓言和形象)为谎话。否则,对那一系列的修辞格,特别是隐喻,也都应该加上这个修饰词了。隐喻之所以有其名,就是因为它把一个语词从它原来本义指称的事物移到它非本义指称的事物上去*。的确,当我们说到波浪起伏的庄稼、珍珠般的葡萄、如花似玉的年轻人、雪白的头发时,在所说的事物里并没有波浪、珍珠、花朵或白雪。那么能否把使用这些语词的移用称作为谎言呢?(《反谎言论》,第十章,第24节)

奥古斯丁很快就解释了两者的区别:这就在于出现了一个移用意义(这在谎言里是不存在的),是它帮助恢复了转义的真实性。“这些话和行动……是为了让我们了解它们所参照的事物才

* 隐喻,metaphora(拉丁语),来自古希腊语,表示“移用”的意思。

完成的”(同上)。还有一段:“用引申义所做的事和所说的话都不是谎言。对那些能理解意义的人来说,所有的话都能归到它所指的东西上来”(《反谎言论》,第五章,第7节)。谎言从字面看不是真实的,而且它还没有移用意义。

53 5. 根据所指称物的性质:符号或事物

移用符号的特点是:它们的“能指”已经是完整的符号了。现在我们可以考虑一种补充现象:不是能指,而是所指成了完整的符号。我们在这一栏里把两种情况合并在一起,而在奥古斯丁的著作里它们却是分开的。这就是文字(语音的符号)和言语的元语言用法。两种情况都指符号,但第一次涉及到它的能指,第二次涉及到它的所指。

a) **文字**

关于文字,奥古斯丁总是坚持亚里士多德的说法:文字是语音的符号。在《论辩证法》中,他这样写道:

> 写下来时,这就不是语词,而是语词的符号了;后者把文字展现在读者面前,让他心里知道应如何读出声来。的确,如不是为了让人看到,为了把语词展示给人的心灵,那文字还能做什么呢?(第五章)

在《师说》里也有同样的话:

> 书写的语词……应当理解为语词的符号。(第四章,第8节)

还有在《论基督教教义》里:

> 言语并不是通过自己、而是通过它们专有的符号展示在

人们的眼前的。(第二卷,第四章,第5节)

以及在《论三位一体》里:

> 文字是语音的符号,就像说话时语音是思想的符号一样。(第十五卷,第十章,第19节)

但是,我们还可看到奥古斯丁指出的关于文字的另外几个附加特征。在《论辩证法》里读到的第一个特征是个悖论:文字是声音的符号,但并不是所有声音,而只是分节声音的符号;因此,分节声音就是那些可以用文字表达的声音。“我把那些能用文字代表 54
的声音称为分节声音”(第五章)。既然唯一的不变量就是文字,我们也许可以认为文字是建立在暗含的音位分析的基础上的。从更广泛的意义上说,“文字”对言语来说也是不可或缺的:《教理入门》里说的由语词来表达的“印记”也同样如此。

奥古斯丁在《论基督教教义》里强调文字的持续性,而声音却是转瞬即逝的:“声音一传到空中马上就消失了,它们不会比响的时间延续得更久,于是我们用文字把表示它们的符号固定了下来”(第二卷,第四章,第5节)。这样,说话只能限于“现在”,而文字却可以不受这个限制。在《论三位一体》中,奥古斯丁在这方面发挥得更充分了:文字不仅可以面对“过去”,而且可以面对“别处”。“这些人体符号,以及其他类似的符号要求有人在场,要他们看着我们、听着我们,我们是在对他们说话;相反,文字的发明使我们甚至可以同不在场的人说话”。(第十五卷,第十章,第19节)文字的特点就是它能同缺席者沟通。

b) 元语言用法

奥古斯丁从来也没有重视这样一个事实:文字的特点在于表

示其他符号(声音)。然而他是了解这种状况的,因为他一直关心语词的元语言用法问题。在《论辩证法》中,奥古斯丁说语词或者可以用作事物的符号,或者可以用作语词的名称。在《师说》这整篇著作中,他都使用了这种区分,并提醒大家注意不要混淆这两类不同的言语用法。

也还是在《论辩证法》中,奥古斯丁顺便指出了:“不借助语词,我们就无法谈论语词”(第五章)。在《论基督教教义》里,他又把这种观点推而广之,说道:“把这些符号简单归类时,我只有借助语词才能叙述清楚,但语词却无论如何不能用这些符号来叙述”(第二卷,第三章,第4节)。语词不仅有元语言作用,而且也只有它们才有元符号学的用法。这个观点意义重大,因为它可以帮助确定语词在符号中的特殊地位。很遗憾的是,在奥古斯丁的
55 著作中这个观点是孤立的,并未得到理论化。他在任何地方都没有想把它同已经提出的其他分类进行分节。大家可以考虑,是否所有的语言符号(本义的和移用的)在这方面具有同等的能力,或者使语词能起这种作用的属性是什么?这里,奥古斯丁又一次只满足于观察和罗列,而没有完成理论上的分节。

几点结论

现在就这一章的双重目标——圣奥古斯丁和符号学——作出几点结论。

首先,我们看到了奥古斯丁的确切立场是什么。在研究符号学时,他一直倾向于把符号问题放在交际的心理理论范围里去研究。这种变化十分令人吃惊,因为它同奥古斯丁原来的立场,即斯

多噶派的符号理论形成了对比。但是他的观点并不完全是独创的,亚里士多德已经主张心理学的观点了。然而奥古斯丁比他以前的任何作家都更进一步地发展了这种倾向。大家可以这样解释:这是因为他想把符号理论用到神学和《圣经》注释上去。

但是,如果说奥古斯丁在细节上的独创性很有限的话,他在综合方面的"独创性"——或者说他包罗万象的能力——却是十分突出的,这使他在西方思想史上第一次创立了可以称之为符号学的科学。下面我们提一下这个包罗万象的组织里的主要构件。奥古斯丁是职业的修辞学家,他先把自己的知识用到对特殊的作品(《圣经》)的诠释上去,这样,诠释学就吸收了修辞学的长处;另一方面,他也依靠符号的逻辑理论,结果是从结构滑到了物质:大家看到,他用意向符号和自然符号代替了亚里士多德的"象征"和"符号"。这两个方面又在《论基督教教义》里汇合在一起,从而产生了关于符号的普遍理论,或符号学。在这门学科里,来自修辞学传统(中间曾一度变成诠释学传统)的"符号",即"移用符号"找 56
到了自己的位置。

这种奇特的综合能力(尽管在兼收并蓄方面奥古斯丁不乏前人,但他的这种能力却并不因此而降低了价值)向奥古斯丁生活的历史环境——古代传统向中世纪过渡的集散地——是一致的。这种能力对许多别的领域也很敏感,有些并涉及到我们的研究课题:《论辩证法》的好些段落就是这样。意义的历史演变在里面(在此书谈及词源的部分)用修辞学上关于转义的术语来描写;那样,历史就成了投射在时间轴上的分类。另外,在亚里士多德《论记忆》的第二章里谈到的,根据联想方式(类似、邻近、反对)进行的分类首次被用于描写众多的意义关系,包括共时关系和历时关系。

正是在这里,我们要抛开奥古斯丁个人的命运来考虑为了符号学的产生人类认识所付出的代价。鉴于言语的存在,即使不从本体论而只从经验的角度来看,一切符号学的首要问题就是:语言符号在所有符号中占有什么地位?只要我们局限于考虑语词的语言,我们就不能跳出语言科学(或语言哲学)的圈子;只有冲破语言的框架才能谈到建立符号学。奥古斯丁开创的正是这样一个事业:别人以前在修辞学和语义学的范围里谈到语词问题,他却把它扩大到符号方面,而语词在其中只占有一席之地。但是什么样的地位呢?

在设法回答这个问题时,我们可以考虑为符号学的诞生所付出的代价是否过于昂贵。在一般的叙述中,奥古斯丁只把语词(语言符号)放在两项分类里。语词一方面属于听觉符号,另一方面属于意向符号,这两个范畴的交叉点就是语言符号。奥古斯丁这样做的时候并没有发觉:除了使用频率之外,他已无法把语言符号与别的“意向听觉符号”区别开来了。下面这段话在这方面最能说明问题了:“我已经说过,属于听觉的符号数量最大,特别是在言语里。军号、长笛和齐特拉琴的确也经常发出声音,不光是悦
57 耳的而且是表意的声音。然而所有这些符号同语词相比却少得可怜”(《论基督教教义》,第二卷,第三章,第4节)。在宣布进攻的军号(举一个意向明确的例子)和语词之间,区别难道只是后者使用得更频繁些吗?然而这是奥古斯丁的符号学里明确谈到的所有内容,从中我们可以看到:声音这个成见是如何导致作者对语言的性质问题产生了盲目性的。一定要把语词同某种“感官”联系起来就反而掩盖了语词的特点(把语言等同于文字,认为语言纯粹是“视觉”符号的观点也会遭到同样的批评)。奥古斯丁在综合方

面的天赋反过来损害了他自己:斯多噶派和亚里士多德一样,都不愿用同一个名词称呼"自然"符号(在斯多噶派的著作中等于推论)和语词,这恐怕也并非出于偶然。只有在综合不掩盖差别时综合才是有益的。

实际上我们也看到,奥古斯丁指出了语言还具有某些无法用意向——听觉这性质来解释的属性,特别是它的元符号学能力。但是,他没有向自己提出这个问题:是语言的哪个属性使它具有这种能力的呢?而且只有回答了这个根本问题才能解决由此引出的另一个问题:创立符号学的"代价"问题,也就是说,在符号这个概念内部把具有元符号学属性和不具有这种属性的两类东西放在一起是否有好处(注意:这个新问题里循环地包含着"符号学"这个词)?但这种好处在了解语言符号——非语言符号这组对立起什么作用之前是无法估计的。因此,奥古斯丁的符号学——以及15个世纪之后的索绪尔的符号学——是在不了解(如果不说拒绝了解的话)语词与其他符号的区别的情况下产生的。这就使符号学存在的本身也成了问题。

然而,奥古斯丁也隐约地看到了摆脱这一困境的可能性(尽管很可能他既没有意识到这种困境,也没有意识到这种可能性),这就是把本义——移用义这个修辞范畴扩大到符号领域。因为这个范畴既超越了语言——非语言这组实体性的对立(这范畴在语言和非语言中都存在),也超越了实用的和偶然的对立:意向符号—自然符号,或者约定符号—通用符号,所以有助于对两类主要的指称方式进行分节。这两类方式今日颇可用两个不同的名 58
称——意指和象征——去称呼。从这点出发,我们就可考虑去区分两者,而两者的区别又间接地说明了有没有元符号学能力的原因。换句话说,只有在语义和象征已经分节时去创建符号学,这样符号学才有权存在下去。这就是圣奥古斯丁的开创性事业尽管有些不足之处,但还是受到我们赞赏的原因。

书 目 简 介

读者可以另外参考我用过的几门不同学科的历史,如:

R. H. 罗宾斯:《语言学简史》,伦敦,1969 年(法译本,巴黎,1976 年)。

W. 和 M. 涅尔:《逻辑学的发展》,牛津,1962 年。

R. 布朗歇:《逻辑学及其历史》,巴黎,1970 年。

C. S. 鲍德温:《古代修辞学与诗学》,格洛斯特,1924 年。

G. 肯尼迪:《希腊的说服人的艺术》,普林斯顿,1963 年。

G. 肯尼迪:《古罗马的修辞艺术》,普林斯顿,1972 年。

J. 库辛:《昆体良研究》,巴黎,1935 年。

J. 丕平:《神话与寓意》,巴黎,1958 年。

亚里士多德的著作除了《工具论》和《形而上学》的引文来自特里科的法译本外,其他引文都根据 Budé 或 Garnier 出版社的双语版。

对奥古斯丁符号学的最全面的研究是达雷尔·杰克逊的《圣奥古斯丁〈论基督教教义〉里的符号理论》,原载《奥古斯丁研究学刊》第十五期(1969 年),第 9 至 49 页。该文收进 R. A. 马库斯出版社出的《奥古斯丁》,纽约州,加登城,1972 年,第 92 至 147 页。该书中还有以前发表的专著的篇目。我们还可加上 J. 丕平的《圣奥古斯丁与辩证法》,比拉努瓦,1976 年。相反,可以不读 R. 西蒙纳的《奥古斯丁符号学》，载于《符号学杂志》，第六期（1972 年），第 1 至 31 页。我未能查阅 C. P. 梅厄的《关于奥古斯丁年轻时的思想发展和他的神学里的符号》，维尔茨堡，1969 年。所引奥古斯丁的文章都出自奥古斯丁文库的译文。

59 # 第二章　修辞学的兴衰史

修辞学的第一次危机大约在纪元初期。塔西佗在小有名声的《演说家对话录》里作了介绍。该书的第一句话就谈当时修辞学的衰败情况："前几个世纪里著名的演说家才华横溢、人才济济；而到我们这年代，演说之风一落千丈，凋零衰败，大家都几乎已忘了尚有演说家这一称号"（第1页）。

如果把这种说法只看成是简单的今不如昔的感慨，那我们就完全错了；因为塔西佗的分析，以及对当时修辞学演变的考察都说明那是一个转折时代。

"前几个世纪"的修辞学是什么样的呢？一个众所周知、使人习惯了的说法是：修辞学就是说服别人的艺术，或者像亚里士多德在《修辞学》开始所说的："修辞学就是在一定的场合通过思辨发现适当的说服别人的方法的能力"（第一章，第二节；1355b）。修辞学的对象是雄辩，而雄辩的定义是能在他人身上起作用的有效言语。修辞学不把言语作为一种形式——它并不去单纯关心话语本身——，而把言语作为一种行为。语言形式成了总的交际行为里的一个成分（说服对方是交际行为中最典型的一个类别）。修辞学考虑的是言词的功能，而不是它的结构。持续不变的因素是那个要达到的目的，即说服人（或后来所说的：传意、动情和愉悦）；对各种语言手段的重视程度要根据它们能否达到这一目标而定。

修辞学研究的是能够达到既定目标的手段。所以当大家发现

在修辞学里总用表示目的与手段关系的隐喻来说明这门学科也就不足为奇了。大家把修辞学有时比作医生的技术,有时则比作军 60
事战略家的韬略。亚里士多德就说过:

> 显然,修辞学……是有用的,它的真正的功能不是说服人,而是研究各方面包含的说服人的方法;任何其他技艺也一样,如医学研究的不是使病人恢复健康,而是使他们在康复的过程中尽可能取得进展;所以我们也可以对某些不再能恢复健康的病人进行应有的治疗。(《修辞学》,第一章,第1节;1355b)

《赫雷涅斯修辞学》里是这样说的:

> 这种安排演说的方法就像在战场上布阵,只是以说代替了战斗,能使我们很容易就获得胜利。(第三卷,第十章,第18节)

大家看到,修辞学的实质是实用主义的,所以也是不道德的:不管什么情况,无论为了捍卫什么事业,一定要能达到目的。固然,在修辞学建筑的入口与出口也有几句原则的声明,说是只许捍卫正义的事业,但这几句声明决不能制止雄辩的演说家用自己的技艺为那种只有他自己才认为是正义的意图去服务。修辞学不会偏爱一种话语而忽视其他话语,只要能达到目的,就一切都是好的:只要用于适合的目标,任何话语都能有成效。我们还记得书里罗列的那些考虑到一切可能情况并包治百病的"正位"方法:

> 出身:赞扬时,谈祖上;如名门望族,就说他不辱家门或超越祖辈;如出身低微,则说一切均来自他个人,而不是靠着祖上的品质。批评时,出身名门,就说他玷辱了祖先;出身低微,则说甚至对他的祖先来说都是个耻辱。(《赫雷涅斯修辞

学》，第三卷，第七章，第 18 节）

61 修辞学教人运用适合各种具体情况的话语。

修辞学里关键的概念就是合适、恰当（prépon，decorum）。

阿尔贝·荣曾明确地指出：“把‘合适’只作为选词用词的一个章节完全是任意的简单化，实际上‘合适’是支配整个说话艺术的指导原则。”“合适”是有效的基础，因此也是雄辩的基础。西塞罗写道：

> 雄辩者特别应该十分聪明，以便根据情况和对象见机行事。确实我认为不应该在任何时候，在任何人面前，反对或赞同任何人或对任何人用同样的方式说话。只有让自己的言语适合每一种情况的人才是雄辩者。（《演说家》，第 35—36 页，第 123 节）

言语的应用在于它的功能性；然而有功能就意味着要合适。

这就是危机前的修辞学。是否能从这里开始去追本穷源，寻找危机的原因呢？能的，只要我们愿意循着塔西佗的分析，把修辞学直接同政治和社会因素联系起来。在他看来，只要雄辩真起作用，只要它是一个有效的工具，那么它就能发展；然而，这只有在言语尚有力量，也就是说在一个自由和民主的国家里才可能。

> 雄辩之术，宛如烈火，它需要物质才能维持，需要运动才能再次燃起，并在燃烧中才发出光亮。（同上，第 36 页）

然而，在民主国家里，提供这个物质的是人民的命运。

> 我们切莫忘记被告者的高贵身份，也不要忘记诉讼的重要，这些条件本身对辩才来说就是一种有力的刺激……事关重大，则才干就会倍增；如无相称的动机，也就发表不出明晰有力、出类拔萃的演说。（同上，第 37 页）

只有有了不受地位和身份的限制去谈论一切的自由，并有了“批评最有影响的人物的权利”（同上，第40页）之后，这种活动才能得到保证。只有在一个体制的限制极小和评议会的权力很大——这就是民主的基础——的国家里这才可能。塔西佗是这样来描写前一阶段的特点的： 62

> 在普遍混乱和**缺乏出色的领袖**的情况下，一位演说家的才干就要看他对**群龙无首**的人民能起多大影响了。（第36页）我们的城市也如此，只要它因没有领导而漂泊不定……就可能产生更加有力的雄辩术，就像未种过庄稼的地里会杂草丛生一样。（第40页。着重号为托多罗夫所加）

民主是雄辩发展的必不可少的条件，反过来，雄辩是民主国家里个人的高级品质：两者都不能离开对方而存在。雄辩是“必要的”：下面是它的主要特点，也是它取得成功的原因。

> 古人深信：不善雄辩，任何人都不能在国家里取得或保持显著突出的地位（第36页）。在那个时代，要没有些辩才，任何人也不能具有大的影响力。（第37页）

雄辩术既然在这种情况下曾经光彩夺目，大家也就不难猜测什么样的变化会使它一蹶不振了：一句话，就是缺少自由，用法律健全、领导专横的强有力的国家排斥了民主制度。这就是罗马的具体情况（“庞培第一个限制了这种自由，约束了雄辩术的发展”，第38页），这也是塔西佗明白无误地说出来的普遍规律：“任何一个民族，只要受到严格管辖的约束，就不会再产生雄辩术”（第40页）。如果民主消失，如果代替它的是一个不再需要公众讨论的强权政府，雄辩又有何用呢？

> 既然**公民中的精英**已很快取得了一致，我们又何必在元

63 老院发表意见呢？既然公民利益都由一个最聪明的人，而不是由外行和群众来讨论，又何必在人民面前滔滔不绝地演说呢？（第41页。着重号为托多罗夫所加）

再说，是否应该为这种情况表示遗憾呢？根据对话中作出这个诊断的人物——马泰努斯的说法，根本不必为此感到遗憾，因为自由和民主威胁到每个人的和平与安逸：当一个人能高兴地不生病时，难道会为缺少有效的药物而感到遗憾吗？

如偶然发现一个国家，那里任何人都不犯错误，这些无可指责的人就不需要演说家，就像在身强力壮的人那里不需要医生一样。（第41页）

为往昔的雄辩术付出的代价太昂贵了：公民生活的不安宁就是民主体制的直接后果。

以前伟大光荣的雄辩术是放纵的产物，只有傻子才把它称为自由……；既不顺从，又不严肃，顽固又轻率，狂妄而傲慢，雄辩术并不产生在法制健全的国家里……格拉古兄弟尽管能说善辩，但共和国并不值得为此而接受他们的法律*；西塞罗虽然下场不妙，但共和国为他的雄辩名声付出的代价也实在过高**。（第40页）

结论：

既然没有人能同时享有盛名和安宁，那就应该利用当时

---

* 格拉古兄弟，公元前2世纪的罗马政治家，曾提出一系列法案以缓和社会矛盾和加强奴隶制国家，后遭豪门贵族所杀。

** 西塞罗是罗马最伟大的演说家，也是一位维护罗马共和制度的政治家，作为演说家他名垂史册，作为政治家他却在导致了罗马共和国灭亡的内争中惨遭杀戮，两者并无内在的联系。塔西佗把共和国的灭亡归因于西塞罗的辩才却不免有欠公平。

的有利条件,而不必去批评旁人。(第41页)

我们先把价值评断放在一边,剩下的就是对事实的分析。雄辩的繁荣是同一定的国家形式——民主制——联系在一起的,随着民主制的消失,雄辩就必然要衰落了,或者甚至还会消失。教授如何善辩的修辞学的命运也一样,除非雄辩术改变方向。如果那样的话,修辞学也要随之改变对象。而在纪元零年时,修辞学并没有消亡,而且事实正好相反;那就可能发生了上面所说的变化,而且果真发生了这样的变化。

在民主国家里,言语可能是有效的;在君主制度下(说得简单些),它就不再有效了(权力不再属于议会,而是属于政府机构),它的理想也得改变:现在最好的言语就是大家觉得美的言语。 64
《演说家对话录》在讨论修辞学衰败的原因之前有一篇谈话,其中阿佩尔和梅塞拉比较了老的和新的雄辩术的优点。阿佩尔维护新的雄辩术,认为它具有作为工具的雄辩术所无法想象的优点:他喜欢现在"杰出的"、"卓越的"、"漂亮的"演说,而对它们是否有效却并不关心。古人的演说"就像是一座粗糙的建筑,墙倒是结实耐用,但并不平整光洁。然而,对我来说,演说家就像个有钱而高雅的一家之主,他的住房不仅要能躲避风雨,还要使人悦目赏心;他的家具不仅要能满足日常需要,还要金玉装点,让人乐于常去抚弄和观赏"(第22页;我们可以看到,工具性的隐喻已经转向装饰性的隐喻了)。西塞罗是古代派中的最后一位,又是现代派中的第一位,他的演说里有的特点就是属于后面一派的。"的确,他是第一位在风格上下功夫,第一位注意选词并注意词汇排列艺术的人"(第22页)。在风格上下功夫的必然结果就是演说词越来越漂亮,但并不能更好地起到它们的(过去的)作用,即说服人、有功

效。阿佩尔的对话者这样反驳他的观点:“经验告诉我们:在形式上的过分雕琢必然会反过来损及我们自己……”。(第39页)

新的雄辩术同老的的区别就在于它不再是为某个外部目标服务的一种能力,它的理想是追求话语的内在质量。说实话,以前的修辞学里有许多概念一开始就可以成为这种雄辩的基础。但在这个转变期里,或者这些概念的意义更明确了,或者它们的作用显著地扩大了。如大家看到,ornatio(拉丁语:修饰,名词)、ornare(拉丁语:修饰,动词),这概念就成了新的修辞学建筑的核心:“ornare 的最初意义就是供给、装备,离修饰这意义并不太远。正是在这意义上 ornatio 才成为雄辩学的特性”(阿尔贝·荣)。这词的两种意义在西塞罗——真正的过渡性人物——那里都可以找到例子;然而,这两种意义同时又相当于两种修辞学观念:古代的和新的、工具的和修饰的。

65 更突出的是 figure(skhéma, conformatio, forma, figura[*])一词。并非在泰奥弗拉斯托斯或德米特里[**]和昆体良之间,这词的意义有什么变化:每次给辞格一词下定义时总是求助于它的同义词“形状”(forme),或者同身体的动作和姿态进行比较:就像身体必定要采取一定的姿势,总要保持一定的形态,话语也总有一定的组织和样子。西塞罗就说:“希腊人把辞格叫作 skhéma,就像话语也有一定的‘姿态’一样”(《演说家》,第二十五章,第83节)。这样下定义的一个严重后果就是:如果按字面理解,所有的话语都是辞

---

* figure,法语,形象,也指修辞格。skhéma,希腊文:形象、姿态;conformatio,拉丁文:构形;forma,拉丁文:形状;figura,拉丁文:形象。

** 德米特里(约公元前350—前283),古希腊演说家和哲学家,泰奥弗拉斯托斯的学生。

格的。昆体良马上指出了这一点。他给辞格又下了个同样的定义:“辞格就是赋予思想的某种形式,就像身体按适当的方式具有不同的姿态一样”(第九卷,第一章,第10节);“这词既适合于手势,也适合于姿态”(第九卷,第一章,第12节)。接着他下结论说:“这样说就意味着所有的言语都有它的辞格……所以,从原来最广泛的意义上来说,没有非辞格的言语”。(第九卷,第一章,第12节)

因此,辞格经常被说成是大家能感受到形式的话语。以前,辞格只是分析话语的成千上万种方法里的一种,现在这种自身目的性的概念就变得十分合适:因为所有话语都开始“因其自身”而受到了欣赏! 在当时的修辞学里辞格的作用就不断扩大,大家知道,最后修辞学竟然就成了单纯的辞格列举。

但从西塞罗之前的旧修辞学到他之后的新修辞学,在这门学科的内容组织上还产生过一个更为重大的变化。大家知道,修辞学由五个部分构成:两部分关于表述,三部分关于话语:创造(inventio)、组织(dispositio)和表达(elocutio)。老的修辞学从工具论出发,原则上把这五部分放在同等的地位(尽管有的作者明显偏爱某些部分):它们同言语行为的五个方面相对立,而这五个方面又都服从一个外部的目标:说服听者。现在外部目标消失了,遣字造句(即形象、修饰)就起越来越大的作用,因为必须通过这一步才能最好地实现新的目标:艺术地说(或写),创造出优美的话语。下面是西塞罗(依靠词源上的一个证据)对这种变化所作的介绍:

> 我们应该塑造出完美的演说家和高级雄辩术的典型。只 66
> 有通过这唯一的途径,即风格,这种典型才能名符其实地形成,对其他的东西则应不予置理。因为大家并没有用“发明者”(来自 inventio)、“组织者”(来自 dispositio)或“行动者”

（来自 actio，拉丁文：行动）来称呼这些集诸功能于一身的人，而是在希腊文里用“演说家”，在拉丁文里用“雄辩者”来称呼他们，这两个名称都来自“表达”一词。确实，从演说家这词所包含的种种内容来看，上述几个方面都同它有关；但是，言语的最大威力，即表达，却是演说家所特有的。（第十九章，第 61 节）

这样，创造，或寻找思想观点的过程就慢慢地被排除出了修辞学的范围，表达成了这门学科的唯一研究对象；这是一种模棱两可的胜利：表达在修辞学内部的争斗中取胜了，但在整个战争中却失败了；就是由于这次胜利，整个学科却大大地降低了地位。这样，原来的手段与目的这对范畴就被形式与内容所替代；修辞学同形式打交道，以前同“语词”一样作为手段的“思想”现在却起了“目的”这种外部的和主导的作用。

然而，因其内在的品质，因其形式和优美而受到欣赏的话语在罗马时代早就有了；但不是他们一直称之为雄辩的东西，而是今天我们所说的文学。在塔西佗的对话录里，阿佩尔清楚地意识到了这种细微的变化：“现在，大家甚至在演说里要求诗里的修饰，当然不是被阿克齐乌斯或帕库维乌斯[*]用滥了的修饰，而是从贺拉斯、维吉尔和卢卡努斯[**]的神殿里借来的修饰”（第 20 页）。的确，原来大家就是这样把诗同演说相区别的：后者主要考虑及物的有效性；前者则由于语词都经过了推敲，所以它自身就受到了欣赏。因此，西塞罗在区分演说家与诗人时说后者“更多注意用词，而不是思想”。（《演说家》，第二十章，第 68 节）

---

* 阿克齐乌斯（公元前 170—公元前 86 年），古罗马最伟大的悲剧诗人。帕库维乌斯（约公元前 220—公元前 132 年），古罗马最古老的剧作家之一。

** 卢卡努斯（公元 39—65 年），古罗马诗人，著有史诗《法尔萨利亚》。

新的雄辩术同文学毫无二致;修辞学的新目标同文学的目标不谋而合。以前所说的雄辩指它是否有效,现在大家所赞赏的却是无效的、不起作用的言语。我们最后再读一下塔西佗的对话录。它一开始就是一段讨论,但还不是阿佩尔与马特努斯之间关于雄辩与诗歌的价值的那段。尽管双方的意见相左,两位演说家在有 67
一点上却是一致的:即雄辩能有用,而诗歌却无用;不同的是他们对用途的解释。如就雄辩来说,支持者认为它"有助于赢得友谊、保持友谊、维系行省"(第5页);攻击者则认为它让演说家"每天都要为人效劳,并可能在效劳之后还使对方感到不满"(第13页)。而关于文学,一方认为"诗歌……既不能给创作者带来荣誉,也不会使他们增加财富!……马特努斯,在你书里阿伽门农和伊阿宋的漂亮的话语又有什么用呢?他们救出了哪个人,又有谁对你感恩戴德呢?"(第9页);另一方认为:"维吉尔所说的'温柔诗神'让我远离不安和忧虑,使我不必每天去做违心事,把我带到她们的神圣的殿堂,带到她们的水泉旁,我就不必久久地领教疯狂的集市上的危险,也不必去醉心于对盛名的追求"(第13页)。

一方责怪诗不起任何作用;另一方却为此感到高兴。诗人同世界没有接触:应该为此感到高兴还是遗憾?阿佩尔是这样说的:

> 诗人若真要工作和创造就应该息交绝游,放弃罗马的娱乐,扔下一切琐事,退隐到山林之中;用他们的话说,就是形影相吊,孑然一身。(第9页)

但是,某些人犯愁的事却使另一些人为之高兴。马特努斯就说:

> 至于阿佩尔不喜欢的山林孤寂,我却从中汲取无穷的乐趣;诗人能躲开熙熙攘攘的环境,不必像辩护人一样坐在门口或同穿得破破烂烂、整天哭哭啼啼的被告一起进行工作,我认

为这正是诗歌的最大优点。他们的心灵必须退隐到纯净无邪之处,享受那圣洁的生活的乐趣。(第12页)

不管各人对文学取何种态度,大家都同意它没有用处。昆体良也持这种观点:

68 如文学脱离了行动,脱离了功能,并能因为自身而受到欣赏,它就更为迷人,更为纯洁了。(第二卷,第十八章,第4节)诗人的唯一目标是使人愉悦。(第八卷,第六章,第17节)

就是这种无用无效的言语竟成了修辞学的研究对象,这门学科成了研究因为本身而受到欣赏的言语的一种理论。当然也有人呼吁恢复有效性,如奥古斯丁就希望基督教的传教士至少在口才上要不亚于他们的敌人。

谁说在真理面对谬误时它的捍卫者应该解除武装呢?什么?那些极力让人相信谬误的人一张嘴就能赢得听众,得到他们的信从,难道真理的捍卫者反倒做不到这点吗?……既然言语艺术可以起正反两方面的作用,它兼有使人信恶或使人信善的巨大说服力,当坏人把它用于非正义和谬误以使邪恶与欺骗得逞时,正派人为什么不去积极地获得这种能力来为真理服务呢?(《论基督教教义》,第四卷,第二章,第3节)

但是,他忘了塔西佗书里对话双方都已知道的事实:雄辩需要自由,要是根据某种国家的或宗教的信条强行给它规定一个目标,要求它"为**唯一的**真理服务"时,它就不能得到发展。雄辩术并不只是在真理需要说明时,而是在它需要发现时才能繁荣起来。

修辞学的第二个重要阶段从昆体良到封塔尼埃*(因为这门

---

* 封塔尼埃,法国19世纪语文学家,生卒年代不详。他的主要作品《话语的辞格》是修辞学的经典著作。

学科的进展极慢,所以这样概括是可能的,而且也是合理的。昆体良和封塔尼埃如果能超越漫长的世纪来进行对话,两人一定会互相心领神会的)。这阶段的主要特点是:修辞学忘却了话语的功能;一下子,诗歌作品成了最喜欢举的例子。《赫雷涅斯修辞学》在描写各种辞格之后还天真地描写了它们的效果。后来的修辞学著作则先是把功能分开处理,然后是在最后一章统一谈辞格的功能,最后就干脆把它们弃置不顾了。当封塔尼埃考虑辞格与转义 69
的效用时,他想到的不再是对他人所起的作用,而是表达与思想,形式与内容之间的关系:这却是言语的内部功能了。

> 大家会问我们:研究和了解辞格是否有用?我们的回答是有用!对愿意了解言语的精髓、窥探风格的奥秘并要在各方面都能掌握表达同意念(或思想)之间的真正关系的人来说,没有任何事情能比这更有用、更必要的了。(《话语的辞格》,第67页;参阅第167页)

辞格的三个功能(传意、动情、愉悦)中就剩下了最后一个,这后一个功能还毫无根据地被一分为二:

> [辞格的]一般作用应该是:1. 美化言语;2. 通过美化使人愉悦。(同上,第464页)

修辞学的第一次大转变似乎就圆满地完成了:既然不可能自由地运用言语,那就像马特努斯所说的,只好到"纯洁无邪之处"去潜心沉思了;既然了解话语的功效的奥秘已没有用处(再说话语也不再有用了),那就干脆把修辞学变成研究自为的言语,研究引人注目、令人回味、处于外加的讨厌任务之外的言语的一门知识。这就把修辞学变成了一场盛会,一场言语的盛会。

一切都已准备齐全,然而这场盛会并未到来。从昆体良到封塔尼埃，甚至没有一位修辞学家“得意”过；修辞学史上的这段漫长的时期（几乎延续了1800年）至少在总体上是一段逐渐没落和衰败，沉闷而内心不安的时期。修辞学接受了新的对象——诗，纯语言——，然而它是违心的。在理解这种不安的心情之前，先找出几段当时修辞学家所说的话吧。

首先在修辞现象的划分上可以看出这种心情。就拿昆体良来作例子。他认为总的修辞范畴建立在说什么（res）和怎么说（verba），即思想（或事物）和语词的对立之上：这组对立本身极为
70 平常，但它的特点是不能同时突出两个项。让我们再仔细地研究一下。这组对立表达得很明确：“一切话语都由所指和能指，即思想和语词组成”（第三卷，第五章，第1节）。这上面又加上好几种分节，首先是修辞学各部分的分节：“对思想来说，应该考虑到创造；对语词则要考虑表达；对两者还都要考虑组织”（第八卷，前言，第6节）。这几个部分都同话语的功能发生联系：传意和动情主要取决于“创造”和“组织”，但愉悦则只同“表达”有关。“‘传意’意味着阐述和推论；‘动情’需要贯彻始终的激情，但主要在于一头一尾；‘愉悦’尽管同思想和语词都有联系，却有着自己的领域：表达”（第八卷，前言，第7节）。（有人可能已经注意到：这些话语功能尽管表面上只同听话人有关，却使人想起比勒[*]和雅各布逊[**]的模式里的基本功能：“传意”指向参照物，“动情”指向听话人，“愉悦”则指话语本身。有意思的是缺少了指向说话人本身

---

* 比勒（1879—1963），德国精神病学家、心理学家，因研究思维过程而著名。

** 雅各布逊（1896—1982），20世纪杰出的语言学家，斯拉夫语学者，布拉格学派的奠基人。他根据交际的六个要素（说话人、听话人、信息、参照物、信息渠道和信码）提出了关于言语的六个功能的理论。

的表达功能:话语只是到了浪漫主义时代才开始表达——或系统地表达——主体)。与这组对立一致的还有关于三种风格的著名理论:朴素风格用于传意,普遍风格用于愉悦,高雅风格才用来动情(第十二卷,第十章,第58至59节)。

这种三分法的基础是一个二歧式(语词—思想),再加上一个折中项(组织),或者说在这个二歧式上附加另一个二歧式:概念与情感(后一个二歧式是“传意”与“动情”这组次要的对立,以及附属于这组对立的东西的基础)。但是昆体良并不局限于把它们并列,而是有时明确、有时隐晦地突出“说什么”这个项;这样一来,“怎么说”以及所有同这个项有关联的东西就都要重新进行分析,这种分析又是环绕着“说什么—怎么说”这个轴心来进行。依靠语词的表达就成了研究风格性质的领域。因为列举的方法不同,列出的性质也不尽相同,但第八卷里的系统介绍归纳出了两个主要性质:话语应该清晰(perspicua)和优美雅致(ornata);语词能使我们理解要说的事物就是清晰,当我们能对它们表示赞赏则就是优美了:清晰与优美的关系就是事物同语词的关系。这种对立又反过来支配其他的对立,如本义与移用义(隐喻就是其中之一)的对立:“清晰主要要求使用语词的本义,优美则要求使用它们的 71
移用义(translatis),这种讲法是完全正确的”(第八卷,第三章,第15节)。这样又引出了历史风格,甚至不同语言间的对立,如雅典语言风格与亚洲语言风格之间的对立:

> 当希腊语渐渐推广到邻近的亚洲城邦时,有些尚未掌握好这种语言的当地居民想显得能言善辩,常常不用本义词而用一些迂回代用语,并且一直坚持这种习惯。(第十二卷,第十章,第16节)

希腊语和拉丁语间也存在这种对立：

> 我们语言的突出缺点是大量的事物没有适当的词去表达，所以不得不拐弯抹角或用迂回代用语。（第十二卷，第十章，第 34 节）

最后再重复一次这种做法，把现在从属于"怎么说"的移用义这个项拿来分析，以便再从中发现语词与思想的对立。确实，在各种转义里，"有的是为了意义，有的则为了优美"（第八卷，第六章，第2 节）。因此，在转义的使用中，又可以发现有的转义主要用来表示思想和事物，有的则是为了让人欣赏自己。可以用以下方法来表示这个过程：

- "说什么"$_1$（创造与组织 / 传意与动情 / 风格朴素与高雅）
- "怎么说"$_1$（表达 / 愉悦 / 普通风格）
  - "说什么"$_2$（清晰 / 本义 / 雅典语言风格 / 希腊语）
  - "怎么说"$_2$（优美 / 移用义 / 亚洲语言风格 / 拉丁语）
    - "说什么"$_3$（意义的转义）
    - "怎么说"$_3$（优美的转义）

72 这样分节有个矛盾的地方：即使是昆体良本人也认为修辞学的真正研究对象主要是"怎么说"，而不是"说什么"，但是"怎么说"的范围却像轧花草一样，在修辞学家的愿望面前越缩越小了。修辞学本应是对语词的琢磨，但它却不断受到限制，因为修辞学家声称只欣赏有助于了解、没有任何无用的修饰并尽可能不引人注目的话语，简言之，就是不属于修辞学范围的话语。因为要求相互矛盾，这就产生了一种不可避免的后果：修辞学家并不改变职业，但今后却不心甘情愿地从事这一职业了。

然而昆体良并不满足于隐晦地指责，而是把一切都明说了出来。他坚定地声称：他更喜爱希腊语和雅典语言风格而不是拉丁语和亚洲语言风格，即更注重意义而不是优美。

> 大家欣赏话语里的语词，那是因为光有思想还不够（第八卷，前言，第31节）。对我来说，首要的性质是清晰，是用词的妥切（第八卷，前言，第22节）。应该相信……，用雅典风格说话就是完美无缺地说话（第十卷，第十章，第26节），等。

昆体良无法让修辞学参加言语的盛会，因为他认为这不是一场盛会，而是恣意放纵。如再分析一下修辞学家用来指修辞学的那些转义，或更确切地说，处于修辞学的研究中心的转义，昆体良的这种观点就不仅得到了支持，而且还得到了发展。我们还记得：以前（从亚里士多德到西塞罗），修辞学里的隐喻参照了手段—目的这组关系。现在事物已起了变化：这组关系被形式—内容这另一组关系代替了，或者说，从此，由于外—内这组矛盾，修辞学就开始贬值了。思想或事物是内部，只是外面加了一层修辞包装。大家看到，言语不断地被同具有行动姿态的人体比较，修辞装饰就是人身上的饰物。

这样比较意味着两方面的内容，每个方面我们都可以举出许多例子：使用隐喻就等于把身体掩饰起来；理解隐喻则是把它揭露出来。西塞罗就已经提出了内外的关系，只是同上面的说法略有不同：身体本身只是另一种东西的外壳："要说的内容就像身体里 73
的灵魂，找到和决定内容才是重要的事"（《演说家》，第十四章，第44节）。在塔西佗的对话录里，阿佩尔描写了新的雄辩术；他也在人体内进行挖掘,只是朝着物质方面进行:"话语就像人体一样,如果青筋外露、瘦骨嶙峋,那就无所谓美了;但当纯净而健康的血液充满了四肢,注入到肌肤,皮色鲜艳、体态丰盈时,话语才真是美的"(第21页)。思想就像骨骼和血管,话语则是肌肉、体液和皮肤。

下一步就是遮盖身体的东西:饰物或服装。这已成了典型的比喻了。亚里士多德在谈到隐喻时就说过:

> 鲜红的颜色适合于年轻人,同样也应该研究什么颜色适合于老年人,因为同一件服装不会对两者都合适。(《修辞学》,第三章,1405a)

西塞罗这样说:

> 就如装束自然妥帖的女人,这种确切的风格不加修饰就招人喜欢:在这两种情况里所做的事就是既要富有魅力,又要不让人察觉。这样便要避免珠宝这类招眼的饰物,甚至连烫发钳都不必使用;至于脂粉之类,则应全部排除:只留下高雅和清晰。(《演说家》,第二十三章,第78至79节)

塔西佗书里的一个人物则在几种服装中进行挑选:

> 就风格而言,哪怕穿件粗糙的长袍,也不要穿妓女穿的招人注目的衣服。(第23页)

大家能感到:这些比喻都充满了道德上的贬斥:修饰过的话语就像举止轻浮、涂脂抹粉的女人。应该欣赏自然美,欣赏纯洁的肉
74 体,也就是不要修辞！直到在康德的作品里,我们还能看到这种比较的痕迹:愉悦,修辞学的最杰出的功能,是女人的事(适合男人的功能则是动情……);优美是女人的事,智慧才是男人的事(《关于优美感和崇高感的考察》)。

到昆体良时,这种道德上的贬斥达到了登峰造极的地步。他认为:话语是男性的,因此修饰过的话语便是男妓:阴阳颠倒的恶癖外加贪婪的性欲。从这种斥骂中,大家只可能看到一个开脸扑粉的相公的形象。

> 另一些人被外表所迷惑,见到那些开脸艳抹、烫发插簪、矫揉造作的家伙就感到比自然的造物更有魅力,以致身体的优美似乎同风俗的败坏完全一致。(第二卷,第五章,第12节)

他又说:

> 健康的身体、纯洁的血液,加上了锻炼,同力量一样会产生美感,因为他们面色红润、身体修长、肌肉发达;但设想把这些身体女性化,拔去毛发,涂上脂粉,那么想要美丽结果却是奇丑无比……有些演说家的花哨外露的用词就是如此:他们把这些语词所包含的思想女性化了。(第八卷,前言,第10至20节)

还有:

> 我再重复一遍:话语的优美应是男性的,有力而纯洁的;不要追求女性的矫饰,也不要涂满脂粉的外表,要通过血液和力量使得话语出色。(第八卷,第三章,第6节)

西塞罗因为亚洲语言风格遭到批评,马上在性生活上也成了怀疑的对象:有人责怪他"亚洲风格……缺乏和谐、变化无常而且(十足的恶意中伤!)几乎是女人气的"(第十二卷,第十章,第12节)。这样,拔除男性的毛发就变得奇形怪状:

> 在肉体和言语上,有人都喜爱畸形变态的东西。(第三 75
> 卷,第五章,第11节)

话语应该引起“赞赏和愉悦，当然不是对怪物的赞赏，也不是病态的愉悦（voluptate），而是优美和高尚引起的愉悦”（第八卷，前言，第33节）。

修辞上的装饰使话语改变了性别。即便不是明眼人也能看出昆体良是决不主张阴阳差错的。大家毫不奇怪地看到：昆体良以前曾把辞格说成是言语的体态，这种说法意味着言语的价值在于它自身。然而昆体良却并未一成不变；后来他放弃了这种说法，给辞格下了另一个定义，这后一个定义就成了欧洲修辞学传统中的标准。他认为辞格的第一个定义过于空泛，应该另下一个取而代之，“这一个就是所说的真正的 skhéma”：即“对意义或语词离开了一般的、简单的途径故意作出的改动”（第九卷，第一章，第11节），或者是“把一般的、简单的表达方式转变成诗意的或演说用的说法”（第九卷，第一章，第13节）。这样就出现了把辞格看成是偏移的定义，这种定义统治了整个西方的传统，然而它却几乎蕴含着某种贬斥的意义。

如果说修辞表达有着装饰和穿着的性质，解释使用这些手法的本文则像J.丕平所说的属于脱衣这动作，而具有这种动作包含的所有愉快感觉。因为古典诠释学就像皮卡尔*的脱衣舞表演，整个过程越长，越困难，就越有价值（但要大家肯定能最后看到肉体）。圣奥古斯丁的文章在这里特别说明问题（在他的作品里，修辞学变成了诠释学）。下面的宗教说法证明了这是个自觉的原则：“[基督]不告诉大家并非为着隐瞒[真理]，而是为了通过隐瞒更激起大家的愿望”（《训戒集》，第五十一章，第4节，第5段）。或是：

---

* 皮卡尔，巴黎的著名红灯区。

> 谁也不否认使用比喻会使人更乐意了解事情，而寻求时
> 越困难，发现时就越愉快。事实上，人若不能一下子找到它所 76
> 寻求的事物，就会产生一种饥饿感；相反，对于唾手可得的东
> 西却会感到厌烦。（《论基督教教义》，第二卷，第六章，第 8
> 节）

在这一阶段末期的 18 世纪时，我们又遇到了这类比喻，只是被瑞士人布赖丁格*变换了一下：

> 隐喻和其他辞格就像盐和调料：菜里放得太少则会淡而无味，而在不需要的地方乱放那就无法吃了。做菜时不适当地放入过量的调料说明主人的富有和慷慨，但同时也暴露出他的嗜好反常。（《关于类比的性质、目的和使用的批判论述》，第 162 页）

通常，这里并不是掌握好分寸的饥饿感，而恰恰是利比多。我们还是举圣奥古斯丁著作里的几个对比：

> 事物越是被隐喻式的表达所掩盖，一旦真相大白，它们就越有吸引力（《论基督教教义》，第四卷，第七章，第 15 节）。用辞格表达真理乃是为了维持爱的火焰……因为这样表达的真理较之没有任何意味深长的意象，赤裸裸地表示的真理更能燃起爱的烈火（《书信集》，55，XI，21）。然而，为了避免显而易见的真理让人厌烦，就把它们罩上一层面纱，但它们的实质并无变化；这样，它们就成了追求的对象；既然被追求，从某种意义上说它们就变得年轻了；一年轻，它们进入人的心灵时

---

* 布赖丁格（1701—1776），瑞士文艺评论家，著有《评诗歌艺术》、《关于类比的性质、目的和使用的批判论述》等书。

就会使人感到甜蜜(suaviter)(同上,137,v,18)。如真理被辞格的外衣所掩盖,乃是为了使那些虔诚地探索着的灵魂能得到锻炼,并免得因为毫无遮盖,过分易得而使它们在世人眼里贬值……因为不能直接得到,我们就会对他们更强烈地去追求(desiderantur ardentius);因为追求,我们发现它们时就会感到更加愉快(jucundius)。(《反谎言论》,第十章,第24节)

对圣奥古斯丁的隐晦的欲念(这种欲念说是超越了物质与肉
77 体的原意而转向精神方面的第二意义,所以我敢说就更令人回味无穷了)感到高兴是徒劳无益的,他同其他的修辞学家和《圣经》注释者一样,仍然认为外衣不如肉体:这只是应该剥去的一层外壳(即使对这种做法感到富有乐趣也罢)。经常同妓女作比较也说明了这点,不过现在是遵循着相反的方向(由于不断地被剥去衣服,女人变得精赤条条,并且只有一种职业可干了)。马克罗比乌斯*就是这样叙述新毕达哥拉斯派的哲学家努曼纽斯**的不幸遭遇的(《对斯齐皮奥之梦的评注》,第一卷,第二章,第19节):

哲学家努曼纽斯过分好奇地探求种种神秘事物,梦中得知他因为在解释厄琉西斯的祭典***时把它们泄露了出去,所以得罪了神祇:他以为看到了厄琉西斯的女神们穿着妓女的服装正在妓院门前委身于人;他感到惊讶万分,马上询问同她们神的身份如此不相称的堕落行为的原由,她们怒冲冲地回答说是他强把她们从廉耻的神殿上拉了下来,并把她们出卖

* 马克罗比乌斯,公元5世纪的拉丁语法学家和哲学家。

** 努曼纽斯,公元2世纪时的希腊哲学家。

*** 厄琉西斯的秘密祭典:古代雅典附近厄琉西斯城每年9、10月进行的密教祭典,参加者必须发誓不泄露所见所闻。

给所有人的。

这些比喻和它们所包含的价值判断在修辞学历史的整个第二阶段，即从西塞罗到封塔尼埃一直传了下来，并成为组成当时文化的一个特征：这种文化受到基督教的影响，总是突出思想而忽视语词，而且坚定地相信“字面可以杀人，内容却给人以活力”。这里我再引最后一个例子，因为作者赫赫有名，所以它也特别具有说服力：这例子就在洛克的《人类理解论》里，作者抨击了修辞学（因而也抨击了雄辩术与言语），把它说成是对思想的乔装打扮。

> 我亦承认，在各种话语中，我们如果只想追求让人高兴和消遣，而不追求教授和完善人的判断，则这些从辞格那里借来的妆饰物亦真算不了什么错误。但是，如果要原封不动地介绍事物，则我们必须承认，修辞学的一切技巧（秩序和明晰除外），以及根据演说术所发明的规则对语词中造作和引申的用法，都只能暗示错误的观念，都只能够动人的感情，都只能 78
> 够迷惑人的判断，所以，它们完全是一套欺骗。因此在演说中，这些把戏虽是可赞赏的；但在一切旨在指导人、教益人的话语中，则无疑应该绝对避免这些东西。因为在涉及到真理的一切领域里，这些把戏委实可以说是言语本身的缺点，或应用这类言语的人的过错……不过我不得不指出一点：人类对于真理的保存和发展，实在太不关心、太不注意了，因为大家鼓励这些骗人的技巧，并把它们置于头等重要的地位。我们分明看到：人们是既爱骗人而又爱受骗的，因为所谓修辞学，虽是错误和欺骗的一种最有力的工具，可是它竟然有专研究它的教授，并且公然受人传授，而且在世上常能得到很大的名誉……雄辩术就如美女一般，它的魅力太强大了，你是很不容

> 易攻击它的。人们如果真觉得被欺骗是一种快乐，则即便揭露那些骗人技艺的毛病也枉然。（第三卷，第十章，第34节）

现在可以再来分析原因，并重新提出“为什么”这个问题。为什么这段时期里不可能产生成功的修辞学呢？为什么不可能为言语而欣赏言语？为什么盛会没有到来呢？

如果政治自由，即言论自由的消失伴随着一切社会道德的消失，成功的修辞学是可能出现的，因为这样就会使原则上是个人的、对每段话语本身的欣赏变为合法。然而，事实却正相反。不管是在罗马帝国还是在后来的基督教国家，都没有把个人的乐趣和自我满足这价值树立成样板。我们在圣奥古斯丁的作品里就发现了这点：大家越来越坚定地相信自己了解什么是**唯一的**真理；根本不允许各人欣赏自己的真理并因为单纯的和谐与优美而喜欢某些事物（如言语作品）。诗的乐趣就是对无用言语的欣赏，所以在这种社会秩序里是不可接受的。

如果新修辞学的理想不可能实现，新修辞学为什么又能延续
79 了几乎2000年呢？那是因为不愿放弃话语的规范化。使过去的修辞形式消失的那个原则——有效的雄辩术——又使修辞学作为一套规则存在下来。整个社会必要的价值体系取消了言论自由，但保留了规则。使雄辩术（同时也使修辞学）没落的因素也帮助它继续存在下去。面对这种矛盾的要求——修辞学只管话语的优美，但又不能对此过于看重——就只能采取一种态度：无可奈何（我甚至想说：精神失常）。修辞学勉勉强强地在完成它的工作。

在修辞学以后的历史中，这种状况似乎得到了证实。我们先

约略地看看这段时期的情况。事实上,历史并不是到封塔尼埃就停止了;或者说只有修辞学的历史到那时才停止,而社会与文化的历史却仍在继续。18 世纪末发生的变化导致了修辞学的第二次危机,这次危机比第一次更为严重。第一次危机时,把修辞学判处死刑的原因又使它苟延残喘下来了。现在,它一下子被宣判无罪,被释放了,但同时它却真是被处死了。

那是因为这个世纪(18 世纪)第一次实现了从塔西佗时代起就在修辞学内部酝酿的变革:把言语本身作为享受的对象。这个世纪第一次把美放到了摹仿(对外部的附属关系)之上。美被说成是事物内各部分之间组合时的协调性,是一种自我完成。的确,在那个时代每人都声称同他人享有同样的权利,并有着自己的审美与价值标准。“我们不再生活在被普遍接受的形式所统治的时代了”(诺瓦利斯)。作为所有人的共同准则的宗教完蛋了,拥有先定特权的等级——贵族——完蛋了!人们不再欣赏为他人的服务(因为没有共同的服务目标),而每人都愿意第一个享受别人的服务。莫里茨*、康德、诺瓦利斯和谢林**把美、艺术和诗都说成是自足的东西;大家知道,首先这样做的并不是他们,然而他们的话却是首先受到人们注意的,因为他们发出的信息传到了知音的耳中。

那么修辞学呢?可以说它已摆脱了那种无可奈何的心情,这 80
次真正成了言语的盛会了。但是,消除那种无可奈何心情的浪漫主义浪潮却带来了远为深刻的影响:它也取消了话语规范化的必

* 莫里茨(1757—1793),德国作家、美学理论家,后期同歌德过从甚密。

** 谢林(1775—1854),德国哲学家。

要性，因为现在每人都可根据个人的灵感，既不按照一定的技巧，又不遵循原有的规则来生产出令人赞赏的艺术作品；思想与表达不再分离，甚至连区别也没有了；总之，不再需要修辞学了。诗可以摆脱修辞学。

只要根据下面的情况就可诊断出第二次危机：修辞学著作从物质上消失了，这方面的所有理论问题也被人遗忘了。此外，还可找到很说明问题的见证。康德的《判断力批判》一书里就有个例子。诗的存在理由在它的内部，而同诗相比，修辞学却是一种被奴化的言语，它不仅处境低下，甚至不配存在。先是谈诗：

> 在诗里一切进行得诚实和正直。它自己承认是一运用想像力提供娱乐的游戏，并想在形式方面和悟性的规律协调一致，而不想通过感性的描写来控制和迷惑悟性。

（我们好像听到塔西佗对话录开始时的马特努斯在讲话。）下面谈修辞：

> 雄辩术，在我们了解它是说服人的艺术范围内，这就是运用美的假象来欺骗人的技术，并不单纯是说得好（有辩才和文词美妙），它是一种辩证术，它从诗里只借用那么多，以便能够笼络人心，使人们在评判之前就对辩者有好感，从而剥夺了他们的评判自由。

康德仔细地分出两个系列：一方面是诗，它纯粹是形式的组合，并是真正的雄辩术，即优美而有特色的说话艺术；另一方面是演说术，它让同样的语言手段服从于外部目的，从作者所用的词大家可以看出它同魔鬼有着联系：“控制”、“迷惑”、“欺骗”、“笼络
81 人心”。大家知道，康德批判的是西塞罗之前的修辞学，它旨在说服别人，而不是说得优美。他在一条注释里进一步表达了对传统

修辞学的敌意：

> 我必须承认：一首美丽的诗总能给我纯粹的愉快，而在阅读罗马演说家或现在议院里和讲坛上的演说家的最好演讲词时，我总是时时夹杂着不满的情绪，并反对他们的欺骗人的技巧。他们想在重大事件里把人当作机器，诱使人们作出某种判断，而一旦经过冷静的思考，这种判断就会在后者眼里变得一文不值。雄辩和优美地说话的艺术（合起来就是演说术）属于美的艺术；但巧辩的演说家的技巧却在于利用人类的弱点来服务于他的目的（不管这些目的在演说家的心里或在客观上确实是好的），它丝毫也不值得尊重。所以不论是在雅典或在罗马，都是当国家走向没落，真正的爱国思想已经消失时，这种技巧才达到鼎盛时期的。（第一部分，第二章，第53节）

除了已经提到的有用、不纯和无用、无保留的欣赏对象之间的两歧式外，这段文字还突出了典型的资产阶级的价值：个人独立和国家自治（爱国主义）。被奴役的话语不配受到尊重，修辞学亦然；在浪漫主义价值观的一统天下里，没有修辞学的地位。[①]

我们可以干脆抛开历史，就目前的理论问题考虑在多大程度上事情仍然是老样子，在多大程度上我们仍然生活在康德时代。如果说一方面缺乏社会道德仍然同当时一样，言语的重要性却可能越来越大了。塔西佗说过：“古人深信：不善雄辩，任何人都不 82

---

① 另一位浪漫主义者歌德在康德的这本著作中最为欣赏的就是对修辞学的抨击：“如果你想读点他［指康德］的著作，我介绍你读《判断力批判》。书中他非常出色地谈到了修辞学，谈诗谈得也不错，就是谈造型艺术有些欠缺”（《同爱克曼的谈话》，1827年4月14日；法译本，巴黎，1949年版，第171页）。

能在国家里取得或保持显著突出的地位。"这像是对遥远过去的回忆。然而,当今由于大众传播工具,特别是电视的普及,社会活动家的一言一行会马上传播到国家的每一角落。是否可以想象"没有辩才"而继续占据重要职位呢?最近发生的许多事里有两件事或许能证明这是不可能的。美国总统屡次违反他国家的法律,这在公众的眼里似乎并不那么有罪,但当他暴露出……他说话的毛病时就不同了:发表私人谈话录音本来是为了证明他在法律上无罪,但是这却产生了极为消极的效果:美国人突然发现尼克松不会讲话,同他们讲得一样差,他不时咒骂,而且满口土话。在这之后谁还敢说政治家不需要"辩才"呢?另一个例子来自法国的政治生活。根据专家们的意见,1974 年新总统的选举在很大程度上取决于在电视上的一次面对面的辩论,那时两名候选人辩论了一个半小时。谁还认为他们的修辞能力,他们掌握言语,以及传意、动情和愉悦的艺术对观众所作的选择不起作用呢?一位社会活动家不应该说不好话。今天是舌头底下出政权;言语——电视屏幕播送的言语,而不是审议议会上听到的言语——又成了一件行之有效的武器。

我们可能正处在修辞学第四阶段的初期,此时的雄辩术要显身手既不缺乏"题材",又不缺乏"动力";这种言语的力量能战胜体制的力量吗?我们不去瞎猜,但是可以看到——尽管这可能只是一个巧合——大约 20 年来(即从我们的世界进入大众传播媒介的时代以来),西欧国家又恢复了对修辞学的研究。

是否会像希腊罗马早期一样,重新出现心满意足的修辞学家呢?我们还不敢下断言,而只能(难过地)满足于指出:在世界刚经历过的 2000 年里从未有过这样的人。

除非我们搞错了历史；除非我谈到的那些人物（西塞罗、昆体良、封塔尼埃）纯属子虚乌有，他们的作品都是骗人；除非真正的 83
历史同公元 7 世纪时一位名叫语法学家维吉尔的图鲁兹公民说的一样。他讲过下面这件事：

“先是在特洛亚有位名叫多纳的老人，据说他在那里生活了 1000 年。他去晋见罗马城的奠基者罗慕路斯，受到隆重的接待。他在那里连续住了 4 年，创办了一所学校，并写下了不少著作。

“在这些著作中，他提出了这一类问题：我的孩子，什么东西把它的乳房给无数的孩子吮吸，而且越挤乳房乳汁就越多？这就是科学……

“在特洛亚还有一位维吉尔，是多纳的学生，善于写诗。他写了七十卷关于格律的著作和一封给亚细亚的维吉尔的解释言语的信。

“第三位维吉尔就是我……

“在埃及还有一位格里哥利，他精通古希腊文字，写了 3000 册关于希腊历史的书籍。在尼肯米底亚*附近还有位巴拉普西杜斯，最近刚刚谢世；他按我的命令把有关我们学说的书籍译成拉丁文，当然我读的是希腊文……”

还有亚细亚的维吉尔，他声称每个词在拉丁语里都有 12 种说法，可以根据场合适当使用。

还有第三位维吉尔的老师埃涅阿斯，他教维吉尔一种高雅而又有用的技巧：分割语词，把所有相同的字母集中在一起，根据旧词在其中只取一个音节来组成新词。

---

* 尼肯米底亚，古希腊地名，即今土耳其西北部城市伊兹米特。

那时有过……

那时有过心满意足的修辞学家。[1]

---

① 我在本章里参考的现代著作有:A. 荣作序的西塞罗的《演说家》,巴黎,文学出版社,1964 年版,第 35—196 页(《修辞学》);J. 丕平:《圣奥古斯丁和寓意的规劝功能》,《奥古斯丁研究》,巴黎,1958 年,第 243—286 页。图鲁兹的维吉尔的话转引自 D. 塔尔底的《图鲁兹的维吉尔作品简编》,巴黎,1928 年。

第三章　修辞学的终结 85

普通语义学理论。
转义及其分类。
辞格:理论与分类。
几点想法。

从19世纪以来,古典修辞学就不存在了。在消失之前,它作了强于以往任何时候的最后一次努力,像是要同即将来临的死神较量一番。它在一系列问题上进行了全面的思考,其细致程度甚至连后人也无法相比。对这首天鹅之歌可以从两方面去进行考察:一是从理论角度(因为这些思考仍有现实意义);二是从历史角度:这样终结的方式的确意味深长。

我们是在法国,所说的时代恰好有100年。它开始于1730年,当时杜马塞发表了一本修辞学专著,这本书在他本国产生的影响超过了以前所有的著作;它结束于1830年,是年封塔尼埃修订完那本《经典教材》的最后一版。书前他写了这么一段话,但他并未想到这竟成了一种预言:

> 这部著作已尽可能得到了完善,这当然不是指作品本身,而是相对于作者的微弱能力而言;作者宣布已对它作了最后的润色,剩下的工作就是把它托付给负责出版的印厂,并希望在印刷中不要出错。(《话语的辞格》,第22页)

修辞学的尸体已经抹好了防腐香料,就只等着埋葬了。

这一系列修辞学作者分布在100年里,可以分成三代。下面就让我们同他们结识一下吧。

第一代只有恺撒·谢诺·杜马塞(1676—1756)一人。《论转
86 义》是他早期作品之一,但已不是年轻时所写。他一辈子就是个穷教员,发明过一种教授拉丁语的新方法(这是他最注重的工作),到75岁时却接受了第一件受人尊敬的差使:负责《百科全书》的语法修辞部分的编写。这工作对他相当适合:杜马塞首先具有写作(如果不用"普及知识"这词的话)的天赋;另外他不求标新立异;他兴趣极为广泛,读书很多,并有"哲学"头脑;他对系统、严密性等不太在意,所以也吃了几次亏。再说他参加《百科全书》编写的时间不长,他谢世时才刚写完《语法学家》这个词条。

我们认为第二代是由两位很不相同的人组成的。第一位是接替杜马塞负责《百科全书》语法修辞部分的尼古拉·博泽(1717—1789),他是军事学院的教授。他一直坚持到把《百科全书》编完(1772年);在这期间,他于1767年出版了一本综合性的著作:二卷本的《普通语法》,里面收进了百科词条中的某些内容。博泽同杜马塞完全不一样,是个条理性很强的人;他的兴趣主要在语法,而不是修辞。当然两者不能缺一,所以他的《语法》里也涉及到有关辞格的某些关键内容。从1782年到1786年,终于出版了三卷《有条理的百科全书》,收入了《百科全书》里关于"语法和文学"的全部条目。还是博泽负责修辞部分的修改,这样他就有机会注释、评论和补充了杜马塞撰写的词条。

这一代的第二位代表十分出名,我就不在这些细节上多费笔墨了。他就是艾蒂安·博诺,即孔狄亚克教士(1714—1780)。他同杜马塞一样是位教员,在1758至1765年间写过一本修辞学,后

来收入《帕尔玛亲王的学习课程》(1775 年)之中。孔狄亚克是杜马塞和百科全书派的朋友,但并不完全是他们圈子里的人。他的《论写作艺术》一书只限于附和当时的气氛,而没有公开同前人与同辈进行争论。这些修辞学家的共同特点是他们同时又是语法学家,因为当时的语法带有"哲理性",所以他们的修辞也是"普通的和推理的"。

第三代修辞学家同前两代有段距离(中间没有直接的联系), 87
代表人物是皮埃尔·封塔尼埃,奇怪的是我们对他几乎一无所知。他可能在中学用杜马塞的教材教过修辞学;因为对书中许多前后不一之处感到不满,他就决定自己编写一本来代替它。但鉴于杜马塞的威望,他就采取了一种极为复杂的战略:他先在 1818 年发表了《论转义》的新版本,但附上了一卷他写的同样厚的《推理评注》。然而这本评注超越了他原定的目标:不仅杜马塞,而且博泽、孔狄亚克和其他一些人都被牵扯到一场不是关于雄辩术,而是真正关于修辞学(这是一本元修辞学著作)的争论中去了。这也是该书的独特之处。道路扫清之后,封塔尼埃就在 1821 年发表了他的《学习转义的经典教材》(我已说过它的第四版定稿本在 1830 年出版);1827 年的版本里增加了第二部分:《论转义之外的话语辞格》。

今日来读这些论著、这些文章,大家不会感到作者有什么非凡之处,甚至说这些著作平淡无奇也并不为过。孤立起来看,每页都写得非常一般。我们面前是一位老人(修辞学),他从来也不敢背离年轻时的理想(由西塞罗和昆体良实现的理想——当然他们当时也已是老态龙钟了,只是方式不同而已),也看不到周围世界发生的变化(封塔尼埃晚于浪漫主义,至少晚于德国浪漫主义)。然而，这位老人也有出色之处：他一点也没有忘记自己2000年的生活历史，而且在七嘴八舌的争论中，各种概念、定义和关系都得到了确定，并远比过去要来得细致。奇怪的是这些平淡无奇的章节凑在一起，成为一个整体后，却给人一种光彩夺目的印象。

现在我们来读读这篇多声部合成的作品里的几个片段①。

普通语义学理论

可以毫不夸张地说，杜马塞的这本书是最早的语义学著作。只要看书的全名就可以有所觉察:《论转义，或一种语言里同一语词可能有的不同意义》;当我们读该书的第三部分时就看得更清楚了。杜马塞的兼收并蓄在这里既产生了最好的，也产生了最坏的结果。

---

① 本书所引版本:杜马塞:《论转义》,1818年,1967年日内瓦 Slatkine 出版社再版;他的其他著作引自1797年迪肖札尔与米荣编订的《杜马塞作品集》(七卷本)。博泽:《普通语法》,1767年;词条引自《有条理的百科全书:语法和文学》三卷本,1782、1784、1786年(简称《百科全书》)。孔狄亚克:所有引文均出自乔治·勒鲁瓦编订的《孔狄亚克哲学著作》三卷本,巴黎,1947年;《论写作艺术》在第一卷。封塔尼埃:《对
88 杜马塞"论转义"的推理评注》,1818年,1967年 Slatkine 出版社再版(简称《评注》);《话语的辞格》,《学习转义的经典教材》和《论转义之外的话语辞格》两篇论著的合集,巴黎,1968年。在引文中我一律改用现代法语拼写。下列文章对本章研究的修辞理论作了简短的评论(一般都未联系历史背景,也未注意它们之间的关系):热奈特:《形象一集》,巴黎,1966年,第205至222页。托多罗夫:《文学与意义》,巴黎,1967年,第91至118页。热奈特:为 Slatkine 出版社再版《论转义》写的前言,1967年;为1968年再版《话语的辞格》写的《前言:辞格的修辞学》,第5至17页。J.科恩:《辞格理论》,载于《交际》杂志第16期,1970年,第3至25页。热奈特:《形象三集》,巴黎,1972年,第21至40页。M.夏尔:《辞格的话语》,《诗学》杂志,1973年第4期,总第15期,第340至364页。P.利科:《话的隐喻》,巴黎,1975年,第63至86页。G.萨林的出色的论著《杜马塞》(巴黎,1928年)对杜马塞在修辞学方面的工作却着笔不多。

最好的结果是因为多方面的知识使他发现了原先不知道的相邻关系。这部分实际上就是一一列举语词可以表达的转义之外的种种“意义”。有的来自语法传统:可以不是名词、形容词或副词而用作“名词”、“形容词”或“副词”,这就产生了词汇意义之外的某种语法意义。同样,还可以有确定意义或不确定意义,可以有主动、被动或中性意义:大家发现,这又是把语法范畴移到了语义领域。另一些范畴来自逻辑学;杜马塞很了解这传统,再说他还写过一本《逻辑学》。这里就有绝对与相对,集合与个别,复合与分离,抽象与具体等“意义”,这些概念都来自波尔·罗亚尔逻辑[*]。有
些还可以在研究文字游戏的传统中找到来源:如歧义与晦涩义,还 89
有“借用”义(滑稽模仿、集句诗等)。最后,杜马塞采取了一条同13个世纪以前另一位博采广引的好手圣奥古斯丁完全对称的途径:奥古斯丁把修辞学包括在诠释学里面,而他却列举了《圣经》的四种意义(这是中世纪《圣经》注释的遗产),并把它们扩大到宗教的或非宗教的所有话语中去,用接受与产生、诠释学与修辞学的对立来说明宗教与世俗的对立。

这样,通过简单的并列,杜马塞对建立语义学作出了贡献。但也是在这里暴露了由于他缺乏系统性而产生的极为可悲的后果。他只是堆砌,而没有设法去分节。最笨拙的结构是第三部分的词条九:《字面意义、精神意义》。第一部分已把本义(=原义)同辞格意义对立起来,本义被说成是自然意义(“自然的,就是说首先有的”,《论转义》,第27页)。现在字面意义被说成是“自然地在

---

* 波尔·罗亚尔,法国天主教隐修院,17世纪的神学家阿尔诺在此与尼科尔合著《逻辑或思维的艺术》,后人称之为“波尔·罗亚尔逻辑”。

头脑中出现”的意义(《论转义》,第292 页):这时大家认为它是“本义”的同义词。然而到下一页,“字面意义”却分成了两类:

> 1. 有严格的字面意义,这就是某个语词的本义…… 2. 第二类字面意义是我们所说的那些辞格表达法在熟知这种语言者的头脑里自然产生的意义,这是带辞格的字面意义。(《论转义》,第 293 页)

把字面意义分成本义的与带辞格的是基督教诠释学的习惯做法,至少在圣托马斯之后是如此;借助这种区分就可以把诗人用的辞格从精神意义,即神的作品中排除出去。然而,要是这种区分在杜马塞的世俗语义学里能起他想赋予它的作用(即把字面意义变成包括本义和辞格意义的一个范畴),那早就应该有人把它提出来了(具体说在给辞格意义下定义时)。但杜马塞没有把各方面的考虑统一起来,而只是一一加以罗列。

我们姑且接受这种新的方针。但当我们要细分精神意义时,问题就又复杂起来了:根据《圣经》注释中研究圣师著作的传统,
90 这类意义中应有寓意意义。然而《论转义》的读者对寓意却早已熟悉了:它已在书中关于转义的第二部分中出现过,而转义只是辞格意义的几个种类。寓意怎么既属于字面意义,又属于精神意义呢? 这样,精神意义又同辞格意义混同起来了。杜马塞可能发现了前后不一致的地方,但他对此并不在乎,而只满足于在寓意意义的定义后面加上了:“我们已经谈到过寓意”(《论转义》,第 303 页)。这倒不假,但当时谈的是别的问题。

所以,杜马塞留给后人的并不是一种语义理论,而是完整的一个领域。这当然不是没有用:博泽就据此对几个基本概念进行了分节。他并不先谋求解决不同类型的意义问题,在这方面,他仅满

足于对杜马塞列举的内容进行概述。他的兴趣在于语义的不同存在方式,而意义只是其中的一种。根据博泽的分法,存在三种不同的范畴:词义、义项和意义。

词义是语词的一种基本意义,是不同用法的一个公分母;它存在于一切用法之外,即在作为语词汇编的词汇之中。

> 每个语词先有一个原始的基本词义,这词义来自使用时的反复判断,在词典里以及在两种语言间进行字面翻译时,它是要确定的主要对象……词义是作为原始符号的语词在使用中一致决定的总的概念。(见《百科全书》,第三卷,第 375 与 385 页,词条"意义";大家看到,博泽两次从历时的角度转向共时的角度)

义项也在同一平面上;但一个词义可以包括好几个义项:一个语词(通过同音异义关系)可以有好几个所指,还可以在元语言里作为表示自身的名词。总之,这仍是词典里看到的意义,但这时是逐个列举,而不是作为一个整体来对待了。"一般说的语词,或具体说的不同种类的语词拥有的所有义项仅仅是原始的基本词义的不同侧面而已"(同上,第 376 页)。

而意义却完全不同:它不是语词在词典里的词义,而是它们在 91
句子里取得的词义。词义是句子意义产生的基础和起点。产生意义的具体方法就是转义(并不只是抽象概念在具体条件下的简单表现)。博泽认为(后面还要谈到这点):一切真正的句子都是带辞格的,因为它不再是一个抽象的结构了,这可以从语法和语义两个方面来看。

> 意义是同最初的词义不同的另一种词义,它或者同前者相似,或者附属于前者,它主要不是靠语词本身,而是靠它同

> 组成句子的其他语词间的组合来表示的。所以大家说某个词的意义或某句话的意义,但不说某句话的词义或义项。(同上,第 385 页)

意义是通过类同或关联,通过隐喻或转喻,由词义衍生出来的;在真实的话语中,我们只同意义打交道,从语词的聚合角度看,词义只是在词汇中才有。唯一能体验到的现实是意义;词义则在“深层”,而不在“表层”。

暂时先不讨论一切意义都是“辞格的”这个问题;可以肯定的是语言的语义学不应该同话语的语义学混淆起来,因为词义与意义之间,词汇意义与话语意义之间并没有同一性。博泽只满足于提出原则,而没有设法利用这原则。

封塔尼埃分别重新考虑了博泽和杜马塞两人提出的理论问题。“意义”与词义还是加以区分,但区分的原则却略有不同。词义是语词在语言里离开了任何具体的使用者时表示的意义;而意义却是对话双方对词义所有的个人心理形象。

> 一个语词的**意义**是它通过**词义**让我们了解、想到和**感到**的东西;它的**词义**则是它意指的东西,即它作为符号表示的东西,它示意的内容……**词义**涉及的是就自身而言、作为符号的语词,而**意义**则涉及在心灵上产生作用、按应该的方式得到理解的语词。(《话语的辞格》,第 55 页;参阅《评注》第 381 至 382 页)

92 这就不是词汇意义与话语意义间的对立,而是语言中的意义与经历过的意义(设想的意义或感受到的意义)之间的对立;词义是语言的,意义则是心理的(这同圣奥古斯丁在《论辩证法》里所说的 dictio 和 dicibile 这组对立的某个方面很近似)。

从这里开始，封塔尼埃转向了杜马塞所忽视的意义分类。他在评注里的态度一开始就十分严峻："杜马塞非常清楚地区分了语词的不同意义，分开来看，他把每种意义的特征描写得非常出色。但是应该承认，他并没有费心去进行分类，我们甚至可以说他几乎把所有问题都留给别人去解决了"（《评注》，第325页）。封塔尼埃马上就开始了他最喜爱的分类工作。第一步，他先区分出三类意义：客观意义、字面意义和精神意义，每类都能包括若干子类。下面就是它们的定义。

> 命题的客观意义就是命题具有的关于所述客体的意义。（《话语的辞格》，第56页）

这就是我们今天所说的参照意义。杜马塞搜集的大多数子类（名词—形容词，主动—被动等）都包括在这类意义里。

> 字面意义取决于语词的字面，取决于根据习惯用于一般意义的语词：因此，它是在懂这语言的人的头脑里立即出现的意义；只取决于单个语词的字面意义，后者要么是原始的、自然的和本义的，要么可以说是衍生的，以及转义的。（《话语的辞格》，第57页）

这里有双重的对立。一方面，字面意义与客观意义对立：在客观意义中，意义对它所指的事物来说是透明的，大家不会在意义上面停留，也不会为它本身作什么文章。相反，在字面意义中，大家感觉到意义本身，所以在某种程度上它是不透明的。另一方面，它现在还会同精神意义产生另一组对立：字面意义是孤立的语词的特性。

最后，"一组词的精神意义、迂回意义或辞格意义就是字面意义在精神中产生的意义……它之所以称为精神意义，乃是因为它全然是头脑里的东西,可以说是精神借助字面意义组成的或找到的意义”(《话语的辞格》,第 58 至 59 页)。相关的对立是语词与
93 语词组合间的对立;另外,精神意义就像衍生的或转义的字面意义一样总是迂回的意义。

如果把同其他两类意义都对立的客观意义放在一边,我们发现这里有两组相互独立的对立:语词—语词组合间的对立和直接—间接的对立。我们可用下图表示这些关系:

	语词	语词组合
间接	本义	?
间接	衍生意义(转义)	精神意义

封塔尼埃没有专门的说法指语词组合的本义(似乎他也没有意识到后者的存在)。虽然他没有明说把衍生意义与精神意义统一起来(“间接”这个范畴就意味着包涵两者),但在包括这两种意义的辞格意义这个项里,这种统一就表现得十分明显了。

最后还须指出:在杜马塞的著作里,精神意义这个说法已经在相当程度上摆脱了宗教的内涵,而在封塔尼埃那里,这种内涵就更少了:“我们这里把精神的几乎完全理解成是智力的,而不像杜马塞或大家一般的习惯,把它理解成神秘的”(《话语的辞格》,第 59 页)。最后的宗教痕迹也从这个概念里被排除了。修辞学对诠释学进行了彻底的报复。

从这场讨论中,我们不仅要记住意义与参照意义(字面意义与客观意义)之间的对立,还要记住两类间接意义间的对立。事实上,关于间接意义的形式问题在封塔尼埃之前就有作家提及。这里应该谈谈杜马塞已经非常了解的情况:即从圣奥古斯丁经过

可敬的比德*到圣托马斯这些《圣经》注释者设想的间接意义。根据这种设想,存在着两类间接意义,有人把它们分别称作语词的寓意(allegoria in verbis)和事物的寓意(allegoria in factis);转义代表前一类里的各种间接意义,后一类与转义不同,并不意味着语词意 94
义的转变,而是语词本义所指的事物还表示第二种意义。大家已看到,圣托马斯就是利用这组对立把辞格意义("字面意义"的子类)同精神意义对立起来的。①

杜马塞在设法区分隐喻和寓意时记起了这些概念,但他并不拘泥于这些概念。

> 寓意是首先以本义形式出现的一种话语,它的表达形式和需要让人理解的内容截然不同,它只是作为比喻使人理解一种没有表达出来的意义。隐喻则把作辞格的语词加在某个本义词上,如"您眼中的火焰"里"眼"是本义;相反,寓意中每个语词都先有一个辞格意义,也就是说,表示寓意的一句话或一段话语里的所有语词先形成一种字面意义,但要让人理解的却是另外一种意义……。(《论转义》,第178至179页)

让我们把这段话明确地转述出来:在隐喻中,语词只有一种意义,即辞格意义。之所以有这种意义的转变,乃是因为非这样周围语词的已知意义就无法让人接受。这里"眼"只有一个意义(原义),"火焰"也只有一个意义(这里是辞格意义)。而在寓意中情况却不同了:这时所有的语词都一样处理,它们似乎完全形成了第一个字面意义;而到第二阶段,大家发现尚须寻找第二种意义,即

---

* 可敬的比德(672—735),英国神学家与历史学家,著有《英格兰教会史》。

① 关于这组对立,请参看《语言的象征表达》,该文载于《知、行、希望:理智的局限》第二卷,布鲁塞尔,1976年版,特别是第593至603页。

寓意意义。对立在于隐喻里只有一种意义,而在寓意里却有双重意义。

在《论转义》的后面部分,杜马塞多次参照了这个两歧式。“寓意式的谚语先有一种真实的本义,但这并不是主要让人理解的意义”(《论转义》,第184页)。这种说法特别具有启发性:寓意保留两个真实命题(两个断言),而隐喻却只有一个。“寓意表示一种意义,但让人理解另一种意义:影射也是如此”(《论转义》,第189页)。这样就引到精神意义这问题上来了:“精神意义是字面
95 意义包含的意义,可以说它先于字面意义,它是字面意义表示的事物在头脑里产生的意义”(《论转义》,第292页)。大家看到只是在这最后一段话里,当他谈到基督教诠释学里所说的范畴时,才参考了语词—事物这组对立;在所有其他段落里,杜马塞依靠了一个更属于语言学的,也更新颖的区别:在涉及的话语中保持一个或两个断言。但是杜马塞又一次由于不严谨而忽略了自己确定的概念:两种象征方式的对立对《论转义》的结构没起任何作用。

博泽重新研究了这个问题。但这里需要追溯到以前,因为对照的不是隐喻和寓意两个项,而是三个项:两者之间插入了展开的隐喻,或“持续的”隐喻。在昆体良描写这些现象时,就已经出现了模棱两可的情况。大家知道在他的著作里,转义—辞格之间的对立并不十分明确:它有时指意义与形式,有时则指语词与命题之间的不同。结果是寓意有时被看成是转义,有时被看成是辞格。在总的分类里,它是一种转义,它的定义恰好同我们给展开的隐喻下的定义完全一样:它“产生于一连串的隐喻”(《雄辩家的培训》,第八卷,第六章,第44节),它“由一系列的隐喻组成”(第九卷,第二章,第46节)。最后一段还包括另一句话:“就像寓意由一系列

的隐喻组成,讽刺辞格则由一系列的讽刺转义组成”(同上)。寓意这次同隐喻对立,而辞格则与转义对立。但同时辞格的特征却成了:它们内部没有意义的变化,语词在里面保持了字面意义。总之,昆体良似乎在使用寓意这词时混淆了两类相近但不相同的事实:1. 一系列相互关联的隐喻;2. 所有语词都保留本义(这里没有隐喻),但整体却表示另一种象征意义的话语。

博泽(在《讽刺》这词条中)谋求解决的正是这种模棱两可的说法;在“寓意”这词条里他写道:

> 应当区分由一二个语词组成的简单隐喻和在话语中占据更多位置的持续的隐喻:两者都属同一类转义,而且都不取消所说的主要对象;它们只是把从适用于其他对象的言语中借来的词引进适用于自己对象的言语中来。而寓意却完全是另 96
> 外一回事:同隐喻一样,里面的对象不同;但是,寓意用的是附加对象的本义言语,而且只表达了附加对象;在隐喻中,主要对象就在附加对象的边上,而在寓意中,主要对象却完全不存在。

他还说:

> 寓意中也许开始有一个隐喻或类似的东西,因为它暗中把想说的东西同确实说的东西进行了比较,但后来却纯粹用本义来同一种完全不存在的东西发生关系……因此,并不是要把语词理解成不同于它们表达的意义,而是同讽刺一样,整个思想都不能像它表现的那样去理解……。(《百科全书》,第一卷,第 123 页)

总之,博泽的解决办法只是把杜马塞的说法改头换面一下:双方都强调在寓意里有两种意义,而在隐喻中只有一种意义;荒唐的是这竟会产生一种表面看来截然相反的结果:在隐喻里,语词有两种意义(本义和辞格意义),而在寓意中它们却只有一种(本义)。寓意与隐喻的差别是根本的:在寓意中,大家说的是一个对象(附加对象),语词还是用作本义;是这对象自己,或者说是语词形成的思想,在第二阶段表示了第二个对象(主要对象)。隐喻则相反,这里是语词自己改变了意义,并直接表示第二个对象(即使第一对象不完全消失)。隐喻同持续的隐喻(展开的隐喻)之间的差别较之前一种对立则是微不足道的:它们之间只有量的差别("两者都属同一类转义"),而前一种对立则具有质的差别。上述概念间的层次可以这样来表示:

- 间接意义
  - 隐喻(排除本义)
    - 简单的(一个语词)
    - 持续的(语词组合)
  - 寓意(保留本义)

97 我们发现博泽的说法有些含糊不清,这既表现在"对象"和"思想"两个词可以互换,也表现在"思想"这词本身的不明确上面:究竟是《圣经》注释传统里说的事物象征体系呢,还是命题象征体系?因为两者都可以同语词象征体系相对立。

封塔尼埃的功劳是再一次把事情说清楚了。但是他的方法过于严谨,以至把杜马塞和博泽直觉地感到的东西都完全舍弃了。他先是根据两位前人的思路十分清晰地叙述了隐喻与寓意之间的对立:"我认为即使是最长的隐喻也只表示一个意义:辞格意义;而最短的寓意也必然从头至尾表示绝对的双重意义:一个字面意义和一个辞格意义"(《评注》,第179至180页)。但他主要的兴趣不在这上面;他认为关键在于已经提到的(见本书第92至93

页)转义(或衍生)间接意义与精神间接意义之间的对立,这组对立的基础是语词和语词组合间的不同。

> 语词在句子里经常表示同最初的字面意义完全不同的局部意义,同样,一句句子、一个命题表示的完整意义经常也与语词字面上产生的意义不完全或完全不相同……这两类辞格意义很不相同,不应将它们混为一谈(《评注》,第 385 至 386 页)。

在他的辞格分类(后面我们将要详细介绍)中,意义的辞格(或"真正的"转义)与表达的辞格之间有着一条很重要的界线,根本的区别还是在于语词与语词组合间的不同。"我们这里说的表达是什么意思呢? 我们认为就是用来表示某种概念组合的一切词语与表达方式的组合"(《话语的辞格》,第 109 页)。因为坚信这个唯一的形式标准,他把两类性质迥然不同的语言现象都放在表达的辞格这一栏里了:一类是只保留一种意义的语言现象(如拟人、夸张、曲言、讽刺,还有他称为"讽喻"的展开的隐喻),另一类是同时保留两种意义的语言现象(影射、换喻、明贬暗褒、寓意)。这样合并的结果就是把"表达的辞格"里的第一组同"意义的辞 98
格"分开了。封塔尼埃设计的对立层次恰好同博泽的相反:

- 间接意义
  - 转义意义
意义的辞格
(语词)
  - 精神意义
表达的辞格
(语词组合)
    - 讽喻等
(一个断言)
    - 寓意等
(二个断言)

大家已了解阐明排除本义与保留本义之间的区别的重要意义,现在再看看对封塔尼埃来说至关紧要的语词与语词组合间的分界是否真如此重要。先研究一下有关双方的例子。这里有一个"地点借代",即一个"真正的转义"(意义的辞格):"大家用表示事物来源或它专有的地名来称呼该事物"(《话语的辞格》,第82页),如:"我在日内瓦与罗马之间摇摆不定。——日内瓦指加尔文教派,罗马指以它为中心的天主教"(第83页)。这里还有一个拟人的例子。拟人并不是真正的转义,而是一种表达的辞格,它"就是把一个无生命、无感觉的存在,或者一个抽象的、纯粹是主观想象中的存在变成一种真正、物质的、具有感情与生命的存在,即大家所说的人",如:"阿果斯前来援救,斯巴达*向你召唤"(第111页)。

两个例子有没有区别呢?如有,这区别又在哪里呢?首先并不是转义的性质有什么不同,两者都是地点借代。封塔尼埃也发现了这一点,并毫不动摇地补充道:"无论通过借代、提喻或隐喻"(同上)都可组成拟人。然而,区别也不在于转义的长短:两个例子里都是单独一个专有名词产生了转义意义。这也不在于确定转义所必须的最短话语的长短。可以说,它根本不在封塔尼埃的描写之中:要确定第一个例句里的转义,就必须要一个以上的命题,
99 否则就可能把它看成是一名犹豫不决的旅游者说的话;相反,在第二个例子里,一个命题就足以确定转义了,它在一个更短的,而不是更长的上下文里就能识别(封塔尼埃很清楚命题的上下文即使对确定"意义的辞格"来说也是必要的:转义意义"经常,甚至总是

* 阿果斯和斯巴达都是希腊伯罗奔尼撒半岛上的城邦,前者于公元前546年被斯巴达击败。

取决于这个语词同句子里其他语词的关系”,《评注》,第385页)。那么封塔尼埃举这两个例子想说明什么呢?第二个例句(“阿果斯前来援救……”)里有一个窄义上说的辞格,即在主语与动词之间有一个不规则的组合(无生命—有生命);相反,第一个例句里却没有这种现象(“在日内瓦与罗马之间作出决定”)。封塔尼埃描写的并不是两类转义,而是一个转义(借代)加辞格(不规则),另一个却只是转义而没有辞格。

同博泽相比,封塔尼埃的长处是从同一个角度来处理间接意义:不再有事物的象征,他的描写完全停留在言语的内部。但他却夸大了语词与语词组合这组对立的地位;在这一点上,倒是博泽比封塔尼埃更有道理。

转义及其分类

刚才提到,在拉丁修辞学中,转义与辞格的关系是含混不清的:有时转义算是辞格的一个类别,有时却是和辞格属于同一逻辑层次的范畴。只是到了封塔尼埃时才坚决地把两个概念的关系(他认为是一种相交的关系)进行分节。我这里采用同他相近的立场:转义就是引出一个间接意义,而辞格却是在两个或多个同时存在的语词之间的一种关系。作了这种初步的区分,我们就可以分别阐述有关转义和辞格的理论了。

要理解修辞学家的转义理论,就须研究隐蔽的、关于附加概念
的理论。但杜马塞在他的著作里只是照搬前人,即阿尔诺和尼科 100
尔在《逻辑或思维的艺术》(Flammarion 出版社,1970 年再版)一书中的说法。所以先要简单回忆一下这本书的观点。

语词可以用两种方式来表意,具体说,它可以表达一种概念,

或者只能激发一种概念。“因此,必须分清增加的概念与表达的概念:它们尽管都在同一个人的头脑里存在,但它们存在的方式并不相同”(第137页)。“……在激发出的概念与确切表达的概念之间存在着这种必要的区别”(第138页)。一个语词表达的概念叫“主要概念”,纯粹是激发出来的概念叫“附加概念”。

> 在一个发出的或书写的声音里,表意不是别的,就是通过刺激我们的耳朵或眼睛,在我们头脑里激发出一个同声音联系着的概念。然而,除了大家认为是本义的主要概念外,一个语词经常激发出好几个其他的概念,后者可以称为附加概念;尽管头脑里接收到这些印象,但大家对它们并不注意。(第130页)

不只是某些词在主要概念之外还能唤起附加概念,可以说所有语词都能这样。《逻辑》一书的两位作者甚至设想把这些概念同其他概念一起收进词典。“这些附加概念如此之多,并引起主要意义的无穷变化,所以,词典编纂者最好能把它们记录下来……”(第135页)。这里指的正是词汇的特性,而不是话语的效果。如对某种行为的批评或赞同可以是这种行为的附加概念(这样,同义词才可能存在,意义与参照意义才有所区别)。

> 因此,通奸、乱伦、弥天大罪等语词尽管代表可耻的行为,但语词本身并不可耻;因为它们表示这些行为时还涂上了一层憎恶的色彩,使大家把这些行为完全看成是罪行,以至这些语词更多表示行为的罪恶而不是行为本身。相反,有些词在表达这些行为时并没有表示憎恶,而是把罪恶当有趣,甚至还给人一种厚颜无耻的印象。(第133至134页)

101 又如“骗子”这词表示一种缺点,但它还激发出一种表示蔑视的附加概念（第131页）。因此，附加概念是在表意行为中不管愿意与否都会唤起的一种所指，只是因为它们处在边缘地带，所以同主要意义有所区别而已。

辞格就归入附加概念之中。辞格就是表示说话人对他所说事物的态度，并在听者身上自动引起同样态度的那些附加概念。"辞格表达法除了表示主要事物外，还表示说话人的冲动和激情，并把两种概念都印入头脑里；而简单表达法只表示赤裸裸的事实"（第131页）。从这观点出发，就形成了波尔·罗亚尔的辞格理论；他们把辞格定义为感情的表达（和产生的印象）。这种理论将由拉密神父细致地加以发挥。①

杜马塞读过波尔·罗亚尔的著作；他从后者那里借用了附加概念作为辞格的基础，但他却明显地使它走了样。他先是把这概念普遍化了：波尔·罗亚尔逻辑尽管给它规定的范围很广，但实际上还只是局限在某些类型的联想里；而杜马塞认为，附加概念包括同最初概念有关的所有概念。

> 有的概念称为附加概念。这就是在提到其他概念时在我们心里唤起的概念。如果在我们心里曾经同时激起过两个或更多的概念，以后在激起其中一个概念时，一般不会不激起另一个概念，这后一个概念就是附加概念。（《逻辑》，《全集》第五卷，第321页）

---

① 这种看法对古典修辞学来说显然并不陌生，但古典修辞学并没有对它系统地加以论述。奥古斯丁在罗列辞格表达法的好处时把使用和不使用这类表达法的人进行了对比："前者通过他们的言语把听众引入歧途，使他们害怕、忧愁、轻松，或以热情激励他们；后者却昏昏欲睡，在为真理服务时无动于衷，冷漠无情"（《论基督教教义》，第四卷，第二章，第3节）。

大家看到，这两种"概念之间没有任何质的差别"。

用到修辞学里时也有不同。在波尔·罗亚尔的《逻辑》里，附
102 加概念是辞格的基础，它给表达添上了一层感情色彩（有意思的是里面分析的唯一的辞格例子是一句"设问"）；而在杜马塞的著作里，附加概念这种说法用得更广泛，所以也更转向思维；它的最好的使用范围不是辞格（感情的），而是转义。表面看来，它的范围缩小了（杜马塞认为转义是辞格的一个类别），实际上范围却在扩大：不光是"感情"的联想，而是所有概念的联想都会产生附加概念。转义只是这种联想的最明显、最能说明问题的例子而已，因为它不是别的，正是利用了已经存在的附加概念：它就是用某个附加概念的名称来表示一种主要概念。杜马塞是这样阐述的：

> 附加概念之间的联系，我想说的是相互有关的概念之间的联系，是赋予语词不同的辞格意义的来源和起因。给我们留下印象的事物总是伴随着引起我们注意的不同环境，尽管这些环境只是伴随着出现的，但我们还是经常用它们来指称那些事物，或者指称环境勾起我们记忆的那些事物。附加概念的专门名称经常比主要概念的名称更为深刻地留在我们的脑海里，这些附加概念在指称事物时往往比事物的本来名称同环境结合得更紧密，所以在描写事物时更为有力，或者更有风趣。（《论转义》，第 30 至 31 页）

两个事物之间的一切关系都可以成为转义的基础：为此只须用一个事物的名称去叫另一事物，即只要暗示而不明说它们间的关系就行了。这种间接的叫法可能更有趣、更强烈，但这只是一种额外的效果，确定转义时并不需要它。没有附加概念就不可能有转义；但只要两个事物有联系，就可能出现附加概念（"如这些事

物间没有联系，就不会有任何附加概念，因而也就没有转义”。《论转义》，第 130 至 131 页）。而人的特性就是能够把事物联系起来，所以，组成转义也是人的特性。

> 相同环境里的同一原因产生相似的效果。在人类生活过 103
> 的所有时代、所有地方，总会有想象、有激情、有附加概念，因此也会有转义。在迦勒底人*、埃及人、希腊人和拉丁人的语言中都有过转义：今天，即便是最野蛮的民族也用转义，因为这些民族也是人，他们也有想像力和附加概念……并不是因为古人使用过转义，我们也要用转义，而是因为我们同古人一样也是人。（《论转义》，第 258 至 259 页）

有一段时间，杜马塞发现他对附加概念下的广义的定义（等于所有的联想）也包括能指与所指之间的关系。他就对言语习得作了这样的设想：

> 随着别人给我们面包并说出面包这词，一方面，面包通过眼睛在我们头脑里留下了它的意象，并激发出这个概念；另一方面，面包这词的音通过耳朵也留下了它的印象；这样两种附加概念，也就是说在我们心里同时激发起的附加概念就不可能分开实现，而是提起一方必然会激发起另一方了。（《论转义》，第 73 页）

要注意的是：符号在这里就像索绪尔认为的那样，并不是由一个声音和一个事物，而是由两个头脑里的印象组成的。只要往前一步就可能把这个等式倒过来了：既然符号只是一种联想（相互附加的概念），那么联想（如转义）也许不是别的，而正是一个（潜

* 迦勒底，巴比伦尼亚南部（今伊拉克南部）的地区，《旧约》中经常提到。

在的）符号。既然所有联想之间都有相似之处，它们之间是否也有差别，借此可以划分符号、转义、命题等种种不同形式的联想呢？杜马塞并未走当时狄德罗和莱辛探索的符号学这条道路；倒是在75年之后，在一篇《对杜马塞的颂词》里以及在讨论《论转义》时才有人提出了这种思想。1805年发表的这篇颂词出自 J.-M. 德·热朗多男爵*之手，他是孔狄亚克的学生，还写过一部四卷本的《论符号》。他在这本书中写道：

104 请看绘画艺术、动作言语和音乐是如何同人的精神交谈的吧。因为没有约定俗成的现成符号，它们为自己创造了另一套语言，根据自然或环境在我们头脑中形成的联想发明了这套语言的符号；它们会在可感知的印象里找到连接我们感情和记忆的秘密链系中的那一环。它们不给事物命名，但通过邻近的概念诱发出要表达的概念。组成转义的手法也一样：转义运用语词就像油画运用色彩，素描运用轮廓，以便依靠概念间的联系使之相互沟通，把一个概念的表达法借给另一个概念。（第55页）

这样就勾画出了一种关于自然符号的理论，转义和意象是其中的两个类别。

附加概念的说法在博泽书中也有，但是在谈到他学说的另一个问题时涉及的。他认为这是分析词汇而不是分析话语的工具；他把它看成是同义词，而不是转义的基础。从这一点看，显然是

---

* 热朗多男爵（1772—1842），法国哲学家，著有《关于人类认识原理的哲学体系比较史》、《论符号》等。

他而不是杜马塞更接近波尔·罗亚尔。他对词汇的看法同150年后巴利[*]的观点几乎一致:同一组的同义词有着共同的主要概念(巴利称作"识别项"),还有一些附加概念(巴利的"表达现象")。

> 如果同类的好几个语词表示相同的客观概念,只是由于附加概念的不同才产生了不同的色彩,这些语词才因此有所区别,那么这些语词共有的部分就是主要概念;附加的、区别各个符号的部分叫附加概念(《语词》,《百科全书》第二卷,第582页)。在表示同一个主要概念的语词中,我们只注意到这种共同的主要概念时,这些语词就是同义词,因为它们是表达同一概念的不同符号;但是,当我们注意到区分它们的附加概念时,它们就不再是同义词了。在任何文明的语言里,任何语词都不会同另一个语词完全同义,以至没有任何不同的附加 105
> 概念,并可以在任何情况下都毫无区别地相互通用。(《同义词》,同上,第三卷,第480页)

博泽并没有指出应把主要概念规定到哪里为止,附加概念又从哪里开始。

奇怪的是博泽把主要概念与附加概念的关系同主词与谓词的关系相比而不经过转义这个中介。大家知道杜马塞没有作过这种比较,而在阿尔诺和尼科尔的《逻辑》中我们倒容易发现这方面的苗头:在该书中作者举了个例子,把主词"这"与谓词"身体"之间的关系和同一个"这"(这时它是"主要概念")与"饼"(通过转义同主要概念联系起来的"附加概念")之间的关系相提并论(见该

[*] 巴利(1865—1947),瑞士语言学家,索绪尔的学生,著有《法语文体学》等书,还与薛施蔼等合编索绪尔的《普通语言学教程》。

书第 138—139 页）[*]。然而，博泽是这样来规定命题的：

> 命题是判断的完整表达。几个语词合在一起，或是单个语词通过习惯上的附加概念都可达到这一目的；只要说出在思想上存在同某种修饰发生某种关系的主项，这种表达就是完整的。（“命题”，《百科全书》，第三卷，第 242 页）

总之，如两个世纪后燕卜荪[**]所说：“语词之中有断言”：有些语词自己就能在主要概念与附加概念，而不是在主词与谓词之间组成命题。但应该承认，这种可能性纯粹是博泽推断出来的一种假设，他所举的命题的例子都是些明确的命题，而不是些孤立的语词。

是孔狄亚克第一个真正利用了命题与转义，推而广之则是话语与象征之间的相似之处。在关系明确的话语层次上，他区分了两大类关系：比较（谓词关系）和修饰（主从关系）。命题的主词与谓词是“比较”关系，而性质形容词则“修饰”名词。

106 当我组成一个命题时，就对两个项，即主词与述词进行比较……对命题来说，有三件东西是基本的：主词、述词和动词。三者都可被修饰，那些修饰叫做“附件”。（《论写作艺术》，第 547 页）

举个后一种情况的例子：“您的杰出的兄弟”。

> “兄弟”同所有的名词一样，表示存在着的，或大家认为

---

[*] 《圣经》里说耶稣在最后的晚餐时，把饼掰给门徒吃，并说：“这是我的身体。”阿尔诺和尼科尔在《逻辑或思维的艺术》里分析的就是这句话。

[**] 燕卜荪（1906—1984），英国作家和教师，以用科学方法写评论和诗歌而闻名，著有《晦涩的七种类型》等书。

> 存在的事物。相反,“您的”和“杰出的”都表示品质,大家心里并不认为它们本身是一种存在,而是在它们修饰的主体中才能存在。在这三个概念中,“兄弟”是主要概念,其他两个靠它才存在的概念称为“附加概念”,即指加在主要概念上,以便在它身上存在并修饰它的概念。因此,我们可以说所有名词同修饰它们的形容词相比都表达主要概念,而形容词却永远表示附加概念。(《语法》,第一卷,第454页)

这里,附加概念只是两种可能的句法关系中的一种所表示的内容。但是,要说思维的艺术把人的注意力吸引到主词与述词的“比较”上来,写作的艺术却先让我们学会表达差别细微的“修饰”。

> 整个艺术就在于:一方面掌握思维的种种关系,另一方面在语言中找到运用各种修饰来阐述思想的表达方法。我们并不满足于在话语中对一系列主要概念一掠而过;相反,我们在每个主要概念上多少要有所停留,可以说我们是在围着它们转,以便能掌握它们发展和相互连接的方向。所以就把用来描绘这些概念的不同表达方式称之为“手法”。[*] (《论写作艺术》,第552页)

“手法”(它只是“转义”一词的另一种译法而已[**])就成了对主要概念的种种修饰和扩充的统称。《论写作艺术》这本论著的
第二卷就题为《论不同的手法》。孔狄亚克在论述了语法中研究 107
的手法(“通过形容词、副词或插入句表达的附加概念”,同上)之后,还逐个研究了诸如迂回代用语、明喻、反衬、**转义**、拟人、倒装等

* tours,该词在法语中既可表示“转圈”,也可表示“手法”、“措辞”等。

** 法语中的转义(trope)来自希腊语的tropos,后者表示“手法”、“方式”的意思。

其他各类“手法”。特别是转义,就是在某个语词的主要概念和若干个(可能的)附加概念中的一个进行简单的位置对调。“从本义过渡到辞格意义时,一个语词就改变了意义:最早的概念变成了附加概念,而新的概念则成了主要的概念”(《论写作艺术》,第561页)。大家看到,这张单子里包括着转义(或间接引用),辞格(如反衬或倒装),还有纯话语的手法(如明喻、迂回代用语),甚至还包括形容词和副词等。尽管孔狄亚克设法分别确定各种“手法”,但他并不考虑对它们进行分类:在他看来,这里同一性比多样性来得重要。他设想的附加概念的范围既比杜马塞所说的宽,又比他的窄:更窄,因为他认为并非一切联想都会产生附加概念(这不同于“被比较”的各项,就是说互为谓词的各项);但也更宽,因为明确说明了话语现象和象征现象都属于这个范围。[①] 这就不仅一下子从根本上减少了转义的,而且还减少了辞格的——我们后面还要仔细分析这点——特殊性。

在封塔尼埃的著作里,附加概念失却了作为转义基础的地位。他两次提到过这个概念。在《评注》里是为了批评它不够确切(杜马塞没有明确地说明它的外延),他建议用另一个统称——类似概念——来代替这个概念。

---

① 布赖丁格在几年前写的《关于类比的性质、目的和使用的批判论述》(1740年)。这本“类比”大全中也作了同样的对比:“在把一致的成分联系起来时,根据想像的逻辑就会产生类同的意象,就像在理性的学说里,概念按照大家设想的方式结合起来就产生了命题一样。如进一步发挥这个思想,就可以把反命题,或雄辩术中的反论题,以及理性的学说里的否定命题相对照,就像类比性的辞格处在确证命题的位置一样”(第8至9页)。

> 也许他（杜马塞）真能在类似概念这个名称里包括指同 108
> 一客体或不同客体，但不管以什么方式多少是相互联系的所有各种概念。（《评注》，第 61 页）

但这种（术语）变换事实上并不能使他满意：这类追本溯源的考证方法也不特别合他的胃口。当这概念又在《经典教材》里出现时，它已被淹没在一大堆"转义的偶发原因"里了，他只是考虑了主要概念与附加概念这两个名称所产生的效果的不同。

> 这些附加概念往往比主要概念更能强烈地激发起我们的想象，更为突出；它们或者更为欢乐愉快，或者对我们的心灵更为亲切，更符合我们的兴趣与习惯，或者能勾起我们心里更强烈、更深刻或更有趣的回忆。（《话语的辞格》，第 160 页）

这种异质的、所谓面面俱到的罗列正说明关于附加概念已经谈不上什么理论了。

对转义原因的研究很多，与此相比，对这现象所下的定义本身就显得令人失望了（再说也总是那么几个定义）：18 世纪的修辞学家仍然采用已经被昆体良抛弃了的一种论点，把本义等同于（词源上的）原义，把转义则等同于衍生义。

> 一个语词的本义，就是该词最早的意义（《论转义》，第 26 页）。它们（语词）表示本义，即它们最早的用途（还是杜马塞，见《辞格》这条目，《杜马塞作品集》，第五卷，第 263 页）。当语词用来在思想里激起原始用法要它表示的完整概念时，它就表示本义……（博泽：《语词》，《百科全书》，第二卷，第 570 页）。语词的本义就是语词最初为之创立时的意义（《辞格》，同上书，第二卷，第 110 页）。语词在表达它最初为之创
> 立时的概念时就表示原始意义……（孔狄亚克：《论写作艺 109

术》，第560页。这里“原始”意义代替“本义”倒是更确切些，但却使这句话成了同语反复）。

直到封塔尼埃时才清楚地区分这两个概念，我们对此已十分熟悉。乍一看来，他的定义同前面的相似：

> 转义就是多少同原始意义不同的意义，语词在表达思想时若用于新的概念就表示这类意义。（《话语的辞格》，第39页）

但他事先就区分了原始意义和本义，并对本义下了纯粹是共时的定义：

> 我认为，只要一个语词表达的意义同大家本来可能用的任何别的语词专门用本义表达的意义不一样，只要这意义（不管是原始意义或非原始意义）已经用得习以为常，大家不可能再把它看成是偶尔用之或是借用词，而是看成必然如此，那么这个语词表示的就是本义，或者说可以把它看成是本义。（《评注》，第44至45页）

根据这定义，原始意义同转义意义（转义）相对，而本义则同辞格意义（以后再谈辞格的定义）相对；所以本义不一定是原始意义，转义也不一定是辞格：原始意义——转义是在历时中进行的，而本义——辞格意义却在共时中开展。① 在给转义下定义时拒而
110 不用共时标准（同时也就拒而不用能指间的替换来作定义），这在

① 附带可以看一下几乎是同时代的一位语文学家对这种区分的另一种说法。这就是一门新学科的倡导人，也是修辞学的掘墓人F. A. 沃尔夫。他在《古典学讲座》（在他死后于1831年出版，第280页）一书中写道：“然而本义和原义不是同一个东西。初始意义是从语言一开始就存在的意义，或者我们可以把它看成为这样一种意义。本义同已经形成的语言有关，并在已形成的语言里表示同辞格意义相对立的意义。本义同辞格意义相对立，原义则同衍生义对立。”

封塔尼埃的著作里尤为明显：

> 并不像杜马塞所说，是因为占据了本义表达方式的位置，而是因为表达了同本义（原始本义）不同的意义，表达了一种迂回意义后才产生转义的。（《评注》，第218至219页）

另外，转义的语言机制也引起了若干有趣的想法。杜马塞完全意识到转义的出现是同特殊的组合段条件联系在一起的。他写道：一个语词之所以表示某个次要意义，“乃是因为它同在表示本义时不会在一起的其他语词连接在一起了”（《论转义》，第35页）。在别处，他还说：“语词只是以新的方式组合时才会具有隐喻意义”（《论转义》，第161页）。但是，这种关于产生转义的语言条件的直觉并没有得到系统的发挥。在其他地方，还是这位杜马塞又提出了其他方法来发现次要意义的存在。有时就是语言的上下文，或他所说的“环境”：

> 影射中语词的字面意义出现的环境告诉我们：这种字面意义并不是原来想要在我们头脑里激发出的意义，这样，我们很容易就可发现想让我们理解的辞格意义。（《论转义》，第252页）

有时则是一些副语言标志提示我们必须去重新解释话语：

> 语调加上对某人的功过以及说话人的想法的了解较之所使用的言语本身更能让人觉察出讽刺的存在。（《论转义》，第199页）

这里，杜马塞似乎提出了对辞格意义的标志进行分类的一种方法：这些标志可能就在语词之中，这就是一种不相容性，就是无法实现组合（如隐喻，这是词汇象征体系的一个例子）；这些标志也可能在语段上下文或表述语境之中，它包括对话双方共有的知

111 识,如在讽刺和影射(命题象征的例子)里。但他显然没有这样阐述这种分类。博泽也没有比他说得更具体:“一个词语在和其他词语结合时,如其他词语一定要把它从本义拉向辞格意义,这时就出现了转义”(《辞格》,《百科全书》,第二卷,第111页)。这里,即便是封塔尼埃的分类才能也无济于事,因为他似乎只是附带着涉及到这个问题:在谈到某个隐喻时,他是这样考虑的:

> 怎么知道 masque 在这里不该用作本义,表示用布料、硬纸、石蜡或别的材料做的假脸呢?因为这种意义会显得十分荒谬可笑,因为所有的话语环境必然会让人想到另外的意义。(《评注》,第52页)

相反,在谈到精神意义(与带辞格的字面意义相对)时,他认为这种意义要“通过话语的环境、语调或表达的概念与未表达的概念之间的联系”(《话语的辞格》,第59页。的确,从昆体良以来,这已经成了一种规范的举例方法,至少涉及到讽刺时是这样)才能产生。然而,两种提法之间又没有分节。

至于转义的**分类**问题,杜马塞只满足于一一列举。他下的定义一般都是传统的;借代和提喻的分节是唯一吸引他注意的分节(他曾多次提及)。他既看到两者的相似之处,同时又设法对它们加以区分;两个邻近的事物在提喻中不能独立存在,而在借代里却是相互独立的。

> 在这两种辞格里,在想说的事物与被借用名称的事物之间都存在着某种关系……但在借代中,两个事物间的关系是:被借用名称的事物独立于它表示概念的那个事物,而且不同后者组成一个整体……在提喻中,两个事物间的关系则是:两者以全部与部分的关系组成一个整体;它们的结合不是一种

> 简单的关系，这种结合是内部的，也更独立。(《论转义》，第130至131页)

孔狄亚克同样对分类不感兴趣，甚至把这作为一条原则（“切 112
勿在你们的头脑中去记借代、换喻、曲言等等的名称”，《论写作艺术》，第561页），但他后来还是列举了许多辞格。博泽和封塔尼埃却与他截然不同，这两人都热衷于分类。

博泽采用了杜马塞关于提喻与借代的区别，但自己又给两者下了新的定义。“**借代**。语词不表示原始意义的概念，而表示同这概念有着共存关系的另一个概念，这种转义就叫借代”（《借代》，《百科全书》，第二卷，第547页）。“提喻。语词不表示原始意义的概念，而根据一个概念包含在另一概念里这种从属关系来表示另一概念，这种转义就叫提喻”（《提喻》，同上书，第三卷，第478页。大家以后也会发现：博泽同西塞罗一样区分用部分表示整体和用种表示属这两类提喻，并分别称之为**物质提喻**和**范畴提喻**）。但更重要的是：共存与从属这个区分（这次被称作对应和连接）将成为转义分类的基础，第三个同样具有普遍性的范畴是类似：

> 这些就是与转义有关的主要的一般原则。有的建立在某种类似的基础上：当辞格仅仅落在一二个语词上时就是隐喻，辞格落在全部话语上时就是寓意。有的建立在对应关系的基础上，这就是借代，同它有关的还有称之为换喻的东西，但分出后者纯属多余（博泽自己以前却不认为这是多余的，并在“辞格”这条目下把转义分成四类：类似、从属、共存和**顺序**。《百科全书》，第二卷，第109页）。最后一类建立在连接关系的基础上：这就是提喻及其下属各子类，代称只是其中之一，全然不必用不同的名称来表示。务必注意：所有真正的转义

> 必然包括在这三种普遍概念之中……。(《转义》,同上书,第三卷,第 581 页)

113 任何时候博泽都没有考虑为什么只有这三种关系。当然这并不妨碍封塔尼埃对这种分类十分信服,并在《评注》和《经典教材》中照搬不误。

博泽对转义分类的另一个贡献是把误用或勉强的转义(如:风车的翅膀)排除出转义的范围。博泽认为,误用或象声是词源学上的两种方法,一种帮助产生抽象词汇,另一种产生具体词汇。误用不能同其他转义并列作为转义的一类,而是对一切转义的使用。

> 显然,误用既不是隐喻或借代,也不是任何其他转义:我已经说过,它是在表示没有恰当词语表达的某个概念时,某人不得不用另一个表达同它有些关系的概念的专门词语来代替的一种转义用法。转义是误用的手段,因为误用要从中迫不得已去借词,但它却不是一种转义(《误用》,同上书,第一卷,第 358 页)。当隐喻、借代或提喻必须用来代替语言里没有的适当语词时,它们就成了误用。所以,我认为误用并不是一个具体的转义,而是研究所有转义时都应该考虑的一个方面。(《转义》,同上书,第三卷,第 581 页)

在这一点上,封塔尼埃完全在遵循博泽的教导。

辞格:理论和分类

杜马塞在他的论著一开始就区分了两种关于辞格的定义,这两种定义可简述为:作为偏离的辞格和作为形式的辞格。实际上昆体良已谈过这两种定义,他并不把两者对立起来,而把后者说成是对前者的限制和具体化。昆体良认为,把辞格说成是话语的形式还不够，因为这样一来，所有的言语就都是辞格了；所以要补充这种说法，即加上：辞格是不同于简单和常见的方式的说话方式。 114

杜马塞的侧重点与昆体良的恰巧相反：他选择广义的定义，而不是狭义的定义。他反对把辞格看成是偏离的理由已广为人知：一旦上街就要办完尽量多的事情……

> 决不是辞格，而是没有辞格的说话方式（如果在话语里能够只用非辞格的表达方式的话）背离了人们的普通言语。（《论转义》，第 3 页）

因此，他选择了辞格是形式的定义，同时根据拉丁修辞学的传统把言语比作人体。

> **辞格**，用作本义时指身体的外形。所有的身躯都伸展着，但除了伸展这个普遍的特性外，每个身躯都有它特殊的形象和外形；这样，在我们看来，每个身体都与其他身体不同：辞格表达方式也是这样*……。（《论转义》，第 7 页）

话语的辞格能变化，但话语永远也摆脱不了辞格：

> 当一个语词表示另外的意义，那就可以说它是以假借的形式，以不同于它自然形象的形象出现……。（《论转义》，第 27 页）

所有的身体都有某种外形；那么是否会像昆体良所认为的，所有的言语都成了辞格的呢？杜马塞从未就此公开提出过问题，这种沉默导致了他著作里的许多前后不一之处和词义的暗中变化。他最初的反应是拒绝这种指责，声称确有非辞格的表达法；但他并

---

* 如前所注，辞格和形象在法语里是一个词（figure）。形容词“引申的”（figuré）就是从这名词派生出来的。

未设法说明这种不同。这个漏洞被"修饰"这词给掩盖了:辞格是所有表达方法中受到修饰的那些表达法。但是杜马塞没有说明受到修饰的物质是什么。如果辞格与非辞格的区别在于对最初的表
115 达法进行了修饰,那不就又等于把辞格确定为偏离,只是少了点贬义色彩吗?下面是杜马塞的那段原文:

> 它们(辞格表达方法)先让人了解人的思想;它们首先具有对所有句子、所有语词组合都适用的一般性能,即根据语法结构表达某种意义;但是辞格表达方法还受到专门的修饰,根据这种专门的修饰就可以区分各类辞格……他们(语法学家和雄辩术教师)在说话方式里只注意让人了解思想这一个性能,这些说话方式就单纯被称作句子、表达法或复合句;但有的说话方法不仅表达一般的思想,而且还以特殊的方式表达某些具有特性的思想,这些说话方式我就称之为**辞格**,因为它们可以说以特殊的形式出现,并具有专门的性质,所以它们不但在相互之间,而且与所有单纯的句子或词语之间都有区别。(《论转义》,第 7 至 9 页)

杜马塞只是到了这章结束时才说出他的定义来:

> **辞格**就是经过专门的修饰后与众不同的说话方式;这种修饰使每种方式都成为单独的类型,它们比表示同样思想内容,但没有经过专门修饰的说话方式更为生动,更为高雅,或更令人愉快。(《论转义》,第 13 至 14 页)

并非一切话语都是辞格;有的句子只满足于表意,满足于让人了解思想;而其他的句子却在这种一般的性能外经过修饰,或具有了特殊的方式。但当他要告诉我们什么是这种修饰的性质时,杜马塞却抛弃了他至今一直使用的结构方法,而用目的论来进行解

释:辞格修饰就是改进非辞格表达法的修饰。

杜马塞可能不愿说非辞格表达法更为“简单和常见”,也不愿 116
说它们比辞格更为可取;然而,他所用的二歧法,他所说的辞格用来修饰纯粹表达思想的词语,这些都必然会把他引向这条道路,因为杜马塞无法克服西方古典文化里最为根深蒂固的一个模式:思想比表达更为重要,就像精神比物质、内部比外表更为重要一样。他说转义的特别不同之处“在于语词**偏离**了它的本义”(《论转义》,第18页。着重号为托多罗夫所加),这也并非出自偶然;他把话语的清晰置于一切之上也并非没有原因(还有什么能比“让人了解思想”的话语更清晰呢?):“今天……大家喜欢真实的、传意的、有启发性、令人感兴趣并且目标理智的东西;大家把语词看作是直接通向它们表达的意义的符号”(《论转义》,第326至327页)。但是,如果符号应该是透明的,那我们怎么能发现把它们同转义结构区分开来的“特性”呢?如果理想的话语应该清晰透明,那我们又怎么能判断这种“特性”呢?“我们应该反复告诉年轻人:说和写都是为了被人理解,话语的首要的、最关键的优点就是清晰。对此无论怎样强调都不算过分”(“意义含混”,《百科全书》,《杜马塞作品集》,第四卷,第137页)。

辞格的外部性(外部是次要的)在用来谈论辞格的比喻和转义里表现得最为充分。杜马塞毫无困难地从第一个意象——把辞格比作人体——转到突出表现性和不必要性的另一个意象,就是把辞格比作外衣。大家知道,这个比喻从修辞学产生时就有了,而杜马塞在发现它时似乎还感到十分新鲜,这未免让人感到困惑不解。辞格“可以说把高贵的外衣赋予这些普通的思想”(《论转义》,第34页)。在这个问题上,他甚至编出一则真正的“寓言”:

> 请设想一下：一群士兵中有的只穿着入伍前的普通服装，别的却穿了各团的制服：后面那些人的衣服把他们互相区分开来，让人知道每人属于哪一个团；他们有的穿着红色军装，
> 117 有的则穿蓝的、白的或黄的，如此等等。组成话语的语词集合也是如此；训练有素的读者能够根据他认出的辞格的形式、标志和性质把某个语词或句子归到某类辞格里去；那些没有任何特殊辞格标记的句子和语词就像没有任何团服的兵士，它们除了让人了解思想所必不可少的修饰外没有任何其他的修饰。（《论转义》，第10至11页）

几行之后，杜马塞又补充说：

> 它们除了像所有的语词集合具有表达思想的性能之外，我敢说还具有外衣的优点，这里我指的是用来引人注意、使人愉悦、动人感情的特殊修饰。（《论转义》，第11页）

这一页在许多方面都该引起我们的注意。一方面，它说明了杜马塞具有传统修辞的思想意识，而他自己竟然对此无所察觉。同时——这又一次表明杜马塞在许多方面前后不一——他竟从内部颠覆了这个传统：人人都穿衣服（所以辞格表达法同非辞格表达法都一样）；再说，衣服并非像过去那样用来美化，而是用来指明所属关系；衣服具有功能，而不是仅仅作为装饰。无法完全肯定的是：在杜马塞和传统之间，在这场双方都未意识到的冲突中，究竟谁能颠覆谁？

因为，不管杜马塞运用比喻的方式何等奇特，这个比喻本身的意义已有2000年的历史，它使辞格的主要功能——装饰功能——占了上风。因此，当我们看到下列说法时也就不会感到奇怪了：诗歌——辞格最喜欢的场所——是表达与非诗歌话语“相同的东

西”的话语，只是诗歌得到更多的装饰而已。“诗歌的特性在于用意象来引起想象的兴趣；这些意象实际上往往可转换成用普通话语非常简单就可以表达的某个思想，只是那样太干脆或太粗俗一些罢了”（《论转义》，第222至223页）。这样，辞格既没有受到真正的诋毁，又偏离了简单的说话方式……

这种矛盾和彷徨促使杜马塞从《论转义》到《百科全书》的词
条里在叙述修辞学说时发生了一个显著的变化。在《辞格》这条 118
目里，他不再采纳一切表达都有辞格（形式）的说法，而只坚持辞格是对简单表达的偏离这种更严密，但不那么突出的观点。

> **辞格**。这词来自拉丁语的fingere，意为efformare，componere，即形成、布置、安排。正是在这意义上斯卡利杰*说辞格不是别的东西，而是一个或数个语词的特殊摆法……还可以加上：1. 这种特殊摆法是相对语词或句子的原始状态或可以说基本状态而言的，对这原始状态的种种偏离以及由此产生的不同变化就组成了词语的和思想的辞格。（《杜马塞作品集》，第五卷，第262页）

这样，辞格就成了纯粹的偏离和变化，当然不是对最普通、最常见的表达法，而是对话语的“基本”状态的偏离和变化。对话语的“基本”状态，杜马塞并未加以说明；然而我们在读了反映他主要语法思想的条目“构造”之后，还是能猜到他思路的头绪。具体句子的构造或句法结构也有本义和辞格之分：

> 这后一种构造称为**辞格构造**，因为它确实采用了一种不

---

* 斯卡利杰（1484—1558），意大利古典学者，从事植物学、动物学、语法研究和文学批评。著有《植物论》、《培养智慧的秘法》、《论拉丁语》、《诗论》等书。

> 同于简单构造的辞格和形式。辞格构造实际上只在特殊的习惯用法里才许可，它并不适用于最规则的说话方式，即我们说话时首先用的完整而有条理的构造。(《杜马塞作品集》，第五卷，第 17 页)

简单在这里被解释成规则的；辞格同某种产生“完整的”（否则就是省略）和“有条理的”（否则就是倒装）话语的规则相对立。辞格和非辞格一样，都是“习惯用法所许可的”；它并不同习惯用法（昆体良的定义就是这么说的），而同规则，即同规范相对立。

119 根据这个逻辑推下去，杜马塞提出的定义就不再同把辞格当作偏离的观点相对立，而只是把这种观点换一种说法而已（尽管杜马塞未能确切地表达出这种说法）。杜马塞收回了前言，遭到了部分的失败，这原因就在于他不能把自己的思想贯彻始终。

而在《论转义》一书的阐述里，他在好几处试图以不同于昆体良的方式来解决一开始就遇到的困难（既然每段话语都有特殊的形式，那么所有话语就都是辞格的，那也就等于取消了辞格）。因此，杜马塞在这本著作的开头就举了好几个辞格的例子。

> 如反衬与其他说话方式的不同在于：在组成反衬的词语组合里，各个词都互相对立……顿呼同其他表述的不同在于：只有在顿呼中，我们才突如其来地对某个在场或不在场的人发话，等等。(《论转义》，第 8 页)

我们感知到每句句子；每句句子都有某种形式；然而，我们只把“特性”，就是说辞格的性质给其中的某些句子：给那些突如其来地对人发话的句子，而不给准备之后才慢吞吞地与人说话的句子；给其中每个语词都互相对立的句子，而不给语词相似或只是不同的句子。为什么？是什么促使某些形式可以感知，别的却不能，

是什么促使在这里能"辨认"出辞格,而在别处却不能呢? 许多页之后杜马塞才好像回到这问题上来:

> 因为辞格只是我们赋予名称并具有某种特性的说话方式,再说每类辞格都可以变化成若干种不同的形式,所以只要观察其中每一种形式,并给以不同的名称,显然就可以得到那么多种的辞格。(《论转义》,第253页)

这句话很重要。辞格并不是句子离开了上下文所固有的性能:每句句子都有潜在的辞格,所以其中没有任何区别的标准。然而我们会"观察"某些话语的形式,而不"观察"其他话语的形式。120
杜马塞并没有考虑这种差别的来源(这种差别并不在句子内部,而在于我们对句子的态度),但他教给我们辨认这种差别的一个标志:这就是有的辞格有名称,其他则没有。给某个辞格命名,就是使之制度化。但是,这里由名称代表的制度迫使我们去感知某些语言形式,但也允许我们对其他形式可以视而不见。因此,在杜马塞的叙述中,酝酿着把辞格看作形式的第二种解释:辞格并不背离规则,却服从另一条非语言的,或是无语言的规则,即文化的规则。当我们能感知某种表达法的形式时,这种表达法就是辞格;而这种感知能力则是由这种辞格的名称所代表的社会规范赋予我们的。波朗*在评论杜马塞时已经注意到这种自相矛盾的结果:"这就是说:辞格的唯一特点是修辞学家对它们进行的思考和调查……"(《波朗全集》,第二卷,《论辞格》,第229页)。所有的言语都是潜在的辞格言语,因为从理论上说,所有话语的形式都是可以感知的;然而,这并非是普遍存在的,因而是不起作用的性能。

---

* 波朗(1884—1968),法国作家和文艺批评家。

说一种表达法是辞格并不是同语反复,因为我们任何时候都只能感知某些话语,而不是所有话语的形式。辞格这概念在语言层次上并不起作用,但到言语感知这层次就恢复了它全部的意义。当话语本身被我们感知时,它就成为辞格了。

让我们概括一下这个过程。杜马塞拒绝把辞格看作偏离,并用把辞格看作形式的观点替而代之。但这个定义引出了不少麻烦,杜马塞不愿从正面去解决,就使人对他最初的立场作出两种解释(尽管他本人从未正式表达过这两种说法):1. 辞格是一种偏离,但不是对习惯用法,而是对某种抽象规则的偏离;2. 辞格是形式,但不是所有的形式,而是那些有名称的、靠社会习俗才能被语言的使用者感知的形式。

在原来这条死胡同的两个可能的出口中,杜马塞的直接继承者博泽坚决地选择了前者。他以杜马塞从未用过的直截了当的语
121 言表达了这种观点,并把其外延大大地加以扩充。因为经验形式同抽象概念相对立,意义是通过辞格才从词义中衍生出来的;同样,所有的构造,或可观察到的语法结构也是通过辞格才从抽象的、普遍的句法中产生的。正因为句子都是具体的,所以所有具体的句子都是辞格的。唯一不具有辞格的是对许多类似的句子都共同的抽象结构。在转换语法的术语中(这里似乎不免要提到它),"辞格"可以被"转换"所代替;所有表层的句子都是通过转换(辞格)从深层结构里衍生出来的。博泽是这样表达这一思想的:

> 辞格从原始的本义看就是通过物体外形能感知部分的总和来单独确定该物体。在每种语言里,习惯与类比决定了发音的物质、词类的原始意义与偶然形式、以及符合这部分语言

> 基础的句法规则;可以说这就是言语的普遍形式,它在所有的话语中都一样,但它还是在话语里受到种种修饰,所以不会让人以同样的面貌看到它的原始形式。就像人一样,他们都有人类共有的形态,由于这种普遍的构形,他们都相像:但如果把每个人进行一番比较,那真是千差万别,没有两个人会完全一样。形态是相同的,但形象却不同。语言中的措辞也一样:所有措辞都从属于一种实际上经久不变的普遍形式,但我敢说每个措辞都有自己的面貌,因为修饰共同形式的辞格千差万别;这些辞格如同每人特有的面孔,显示并描绘出每人的灵魂。("辞格",《百科全书》,第二卷,第108页)

"普遍的"和抽象的形式必然以某种辞格表现出来。博泽的观点很极端,然而十分严谨:与杜马塞不同,这里他没有考虑非辞格"构造"的存在,因为公开的结构只是隐蔽的结构的忠实反映而 122
已;所以他惊呼道:"真有不用辞格的说话方式吗?"(同上,第111页)。但在《普通语法》里,他的观点则更接近于他的前辈。当时他在同巴托[*]进行辩论。后者认为一种语言里的辞格,到另一种语言里就可能不是。博泽反驳说:有一种普遍形式是所有语言都共有的,它可以称为"自然"形式;一句真正的句子可以体现这种尚未受到修饰的普遍形式;不管涉及何种语言,也不管原来的习惯用法是什么,只要有了修饰,那就有了辞格。

> 言语的辞格并不背离普通的、习惯的方式,而是背离在所有民族语里都表示同样概念的自然方式的一种措辞,所以一般来说,在一种民族语里是辞格,到另一种民族语里仍然是辞

---

[*] 巴托(1713—1780),法国文学批评家,著有《文学原理》等书。

格……。(第546页)

在杜马塞提出而没有阐明的两条道路中,从理论上博泽选择了前一条。然而,当他要举辞格的例子或想进行分类时,他还像所有前人一样,只考虑修辞学传统已列出的,即已有了名称的辞格。这是否说明第二种答案更为有效呢?博泽的理论从内部来说是无懈可击的,只是他所说的辞格比通常说的这种现象范围要大得多(包括同抽象的普遍形式相对立的所有语言表达);这样扩大词义理由不足,所以他自己也无法坚持这种观点。

在博泽那里,对辞格这个概念的需要消失了,因为辞格已经等同于表达的语言形式;辞格消失的原因在于把它的范围过分扩大了:一切能指都成了辞格。在孔狄亚克的著作里,我们看到的消失却既相似而又不相同,但这是通过对所指起作用后产生的。最后再提醒一次:传统修辞学认为有一种仅仅局限于传达思想的非辞格的说话方式,而辞格则在思想之外又加上了不同质的内容:情感、意象、装饰等。辞格的存在建立在这样一种信念的基础之上:
123 如杜马塞所说,一种带有意象,另一种不带意象(情感等)的两种表达法可以表达“同样的思想内容”。那么只要消除思想与情感间的质的差别,思想表达与情感表达间的区别就可消失了。这正是孔狄亚克遵循的途径(波尔·罗亚尔逻辑和拉密神父已经开创了这条道路)。确切地说,他并不取消思想与感情间的区别,但放弃了本义表达法与辞格表达法的不同,因为他认为这两种表达法是不同所指的本义表达法,而情感却不再是思想的附属品,而是一种表意的内容,它同思想有着同样的权利。

孔狄亚克开始时提出了博泽已经涉及,但尚未形成学说的一种区别:本义与确切的词语之间的区别。

> 雄辩术教师把表示借用意义的语词称作转义,把表示原始意义的语词称作本义名称;要注意的是本义名称与确切的词之间还有区别。要说某位作家总能找到确切的词,这并不意味着他总用语词表达原始意义,而是指他使用的语词能很好地表达他的一切思想:本义名称就是那件事物的名称;确切的词却总是最好的表达法。(《论写作艺术》,第560页)

孔狄亚克感兴趣的不是与辞格意义对立的本义,而是包括本义的恰当的意义。古典修辞学对"恰当"这概念毫不生疏,昆体良就根据自己的需要专门强调了"本义"所包含的这个意义。当然他就得出了这个结论:辞格意义并不同本义对立(所以辞格意义也不能用本义来确定)。"确切的隐喻也称为本义"(《雄辩家的培训》,第八卷,第二章,第10节)。然而,如果昆体良坚持这个原则的话,他所有对装饰的研究就无法存在了。这正是在孔狄亚克那里发生的情况:因为他的观点始终一致,最后他竟取消了辞格这个概念。

大家所追求的是"最佳表达法":不管表达的意义是什么性质,总会有一种表达法比所有其他的表达法来得好。孔狄亚克在《算法语言》一书的引论里十分明确地说过:

> 不同的表达法从不同的角度代表同一件事物,内心的观 124
> 点——就是我们观察事物的角度——决定了我们要做的选择。因此,被选中的表达法就是人们所说的确切的词语。在许多表达法中,总有一个值得我们去喜欢……。(《孔狄亚克哲学著作》,第二卷,第419页)

因此,一种表达法,哪怕是辞格表达法,在翻译时永远不会不遭到损失,因为它比任何其他表达法能更好地表示它的所指。与杜马塞的观点不同,多样性不再在表示同一思想的种种表达法里,而在思想的本身:每个所指只有一个理想的能指与之适应;翻译或简化辞格都是不可能的事。但是,如果差别只是在所指中间,辞格所引起的那场争论就应另当别论了;辞格失去了它的重要性,不值得再加以重视。这样,孔狄亚克就同修辞学的功能观点,而不是同它的装饰观点一致了,但是无法确切知道这是昆体良之前,还是封塔尼埃之后的功能观点……总之,从古典修辞学内部的时间顺序看,孔狄亚克至少在某些观点上和古典修辞学不同。

我们举几个他处理辞格的例子。

> 每种感情都有一个确切的词去提醒……当我们强调某种感情在我们身上产生的原因时,这种感情就表达得充分些……关于某种激情产生的所有影响的细节也属于感情表达的范围……设问也有助于表达感情,它可能是表达责备的最恰当的手法。(《论写作艺术》,第572至573页)

辞格是表示这种或那种感情的确切的(所以是唯一的、无法替代的)表达法。设问适合于责备;一般来说,表示激情可用部分代替整体(提喻),或者用原因代替后果(借代)。还有:

> 要写得清楚,就应当经常避免让思想从属于直接顺序……这条行文清晰的规律还要根据感受到的情感受到风格性质的影响。一位方寸已乱的人和一位心平气和的人不会用
> 125 同样的顺序来安排思想……双方都要服从思想间的紧密联系,但每人采用的构造却不相同。(《写作的艺术》,第576页)

在传统修辞学里有人就会说:直接顺序用于传意,并有助于清晰明了;顺序颠倒则用于动情和愉悦,有助于产生美感。在孔狄亚克那里,一切都乱了:如果描写的人(或说话人)心烦意乱,顺序颠

倒就会有助于清晰明了。语词不再有三个功能,而是只有一个功能:语词不再传意、动情和愉悦,而只是表意,但是表达的东西互不相同。装饰性修辞学的绝对规范被“恰如其分”这个相对的原则替代了:有多少人就有多少真理,就有多少特殊情况。

最好还要指出:这种修辞上的相对主义又使孔狄亚克提出了同样是相对主义的文学美学,他用多元的**体裁**的概念代替了起统一作用的**自然**这个传统概念(这就是《论写作艺术》里有名的第四部分第五章)。

> 我们假设自然总是一样的……(实际上)只要体裁不同,我们的态度就不一样,我们也就按照不同的规则来进行判断(第602页)。因此,自然就意味着行事的方便……(第603页)一般来说,应该看到在诗歌和散文中,都是有多少体裁就有多少种自然……因此,我敢肯定适合于诗歌或适合于每类诗的自然都是一种约定俗成的自然,它变化多端,无法给下定义……。(第611页)

拒绝普遍规范、拒绝绝对真理,这正适用于文学这个概念:这个概念并不存在,或确切地说,它只存在于特定的历史环境之中。“大家试图发现诗歌风格的本质,但这是徒劳无益的:因为根本就没有这个东西”(第606页)。显然,孔狄亚克所属的时代不是昆体良之前的时代,而是封塔尼埃之后的时代。

我们再来研究后者的辞格理论。这使我们要在概念的历史里往后倒退,但在分析的细致上却并非如此。封塔尼埃和杜马塞一
样,但比他还要明确地提出了从结构和功能两个方面来下定义:既 126
从辞格是什么,又从辞格起什么作用来下定义。如果说封塔尼埃在辞格的作用方面并无创新的话,他在结构定义方面却与杜马塞

分道扬镳了:他选择了通常采取的第二条途径,即偏离的说法,并且使它远比过去的叙述来得确切。他批驳了杜马塞关于辞格与非辞格一样都十分常见的观点,并说:

> 这并不妨碍辞格会在某种意义上**背离简单的、普通的和常见的说话方式**。这么说的意思是指可以用更普通、更常见的东西来替代它们,是指辞格表示更典雅、更崇高、更突出、更别致的东西,表示更有力、更强烈,或是更优美、更可爱的东西。(《评注》,第3至4页)

他在自己的论著里也同样从两个方面给辞格下了定义:

> 话语的辞格就是比较突出和比较有效的特征、形式或手法,使用它们后话语在表达概念、思想或感情时就会同用简单和常见的表达法表达的东西比较不同。(《话语的辞格》,第64页)

封塔尼埃使用的结构——功能这种双重标准并不只出现在这个定义里,在结构部分里另有一个这样的双重标准,它体现在简单的(或一般的)和常见的这两个词上。这两个词并不一定重复:"简单的"属于质量标准,"常见的"则是数量标准。这种歧义甚至在当前封塔尼埃的解释者中还引起了争论。实际上,他的原文是十分清楚的:"可以替代"辞格的表达法首先应该更简单、更直接,频率在这里并不起区别作用。尽管"比较"这个说法在辞格的定义中出现了三次,但辞格与非辞格之间的差别要么全部,要么一点也没有,而不是"比较"的问题:简单而直接的说法要么存在,要么不存在;如果不存在,辞格就不是选择的结果;然而封塔尼埃认为并不存在强制的辞格:

> 127 不管辞格有多么常见,不管习惯用法已使我们对它们多么熟悉,它们之所以配称**辞格**,并能保持这一称号,纯粹因为

它们可以自由运用,因为它们在某种程度上并不受到语言的强制规定。(《话语的辞格》,第64页)

辞格建立在有没有直接表达法的基础之上。封塔尼埃书中最能表现这种选择的就是他在转义内部发现的一组对立:误用与辞格间的对立。大家记得:博泽已经认为误用并不是一般的转义,而是所有转义里都存在的一种用法。现在封塔尼埃则给转义的另一个补充方面一个名称:这就是辞格。转义的定义就是意义的变化,就这点来说它还不是辞格。但是转义可以有两种用法:为了填补语言的空白(误用法)或者替代已经存在的直接表达法:这后一种情况才产生辞格。转义是具有两个所指(一个是原始所指,另一个是转义所指)的能指;辞格则要求一个所指可以被两个能指(一个是本义的能指,另一个是辞格的能指)来指称。我们可以用下列图表来表示这些不同的关系以及辞格性转义的复杂性质:

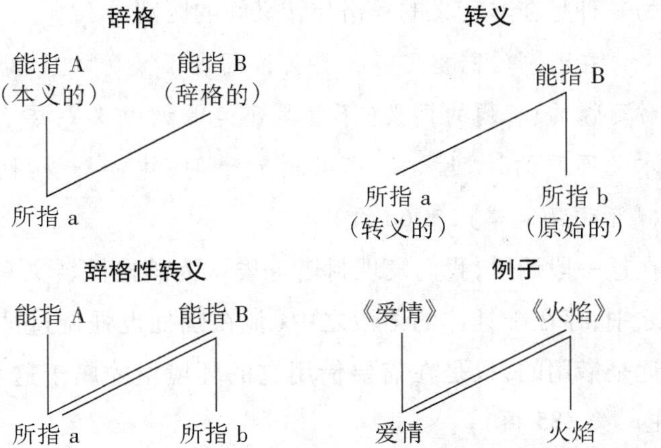

由于在所指a与能指B之间发生了关系,转义就变成了辞格; 128
语词B的意义a应该要有一个直接的名词A,并且语词B还有一个本义b,这时B才会成为一个辞格性转义(隐喻、提喻等);转义

和辞格是互相交叉的两个大类。

这种关系还可以用另一种方式来表示(这时不再表示能指与所指间的关系,而只表示大类里的细分):

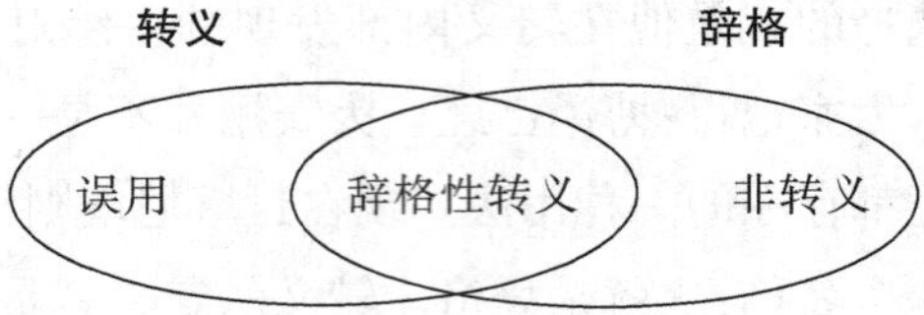

封塔尼埃在他著作的两个不同的段落里说明了这两种区别。下面是谈转义的。

> 要么单个语词组成的转义具有辞格意义,要么这些转义只有纯粹的引申意义。前一种情况是真正的辞格……后一种情况可以称之为误用。(《话语的辞格》,第 77 页)

另一种是在非转义的辞格与转义间的区别:

> 在语词的辞格里……要么语词表示某种本义,即表示一种习惯的、普通的词义(不管是不是原始意义);要么表示同本义不同的迂回意义,即暂时赋予的、纯粹是借用的意义。(《话语的辞格》,第 66 页)

在这一段话里,我们发现封塔尼埃认为辞格性转义只存在于话语之中,存在于具体的语段之中(他在别处也强调过:“辞格意义永远是借用的,只是在需要借用它的环境里才属于这个语词”《评注》,第 385 页)。

129 因此,辞格的基础是一种有和没有的关系,而不是频率大小的关系。封塔尼埃在举不同的例子时都提到了这一点:

> 这个提喻不再显得新颖大胆了,但它还没有完全失去辞

> 格的性质,所以不应该把它看成是一种误用,因为它表达的概念仍然可以由原来同这概念结合的特有的本义符号来表达……(《评注》,第54页)

的确,《评注》里有一段话在解释辞格时好像意思正好相反:

> 无数例子可以证明:当辞格完全变成普通常用的表达法时,不管它在原则上如何大胆,也不会再被看成是辞格了。(第5至6页)

但是,也许我们应该注意到封塔尼埃的表达法:“不会再被看成是辞格”,而不是“不再是辞格”。大量的使用使人不再想到它的辞格性,但并没有因此而把它从辞格中淘汰。

即便封塔尼埃对辞格下定义时主要从质的方面考虑,但他并没有忽视频率的大小问题。证据就是他全盘接受了拉东维利埃教士提出的习惯性转义和创造性转义的区分(这种区分同样适用于辞格):

> 目前有的转义——甚至可能是大多数——因为被普遍地使用已变得没有任何新鲜感,它们归入到语言的基础部分;其他的转义为数甚少,或者因为太新了,或者只能依靠创造它们的作家的权威才能存在,所以完全不属于语言的基础。难道这不是一个本质上的区别,难道我们不可以以它为理由,以它为根据来划分转义吗?我们可以把前者称为习惯性转义或语言的转义,后者则可称为创造性转义或作家的转义。(《话语的辞格》,第164页)

这是“本质上的”区别,但它仍然从属于辞格与非辞格间的 130
区别。

因为没有本义词来表达误用的意义,这里就无法测出本义词与用作辞格的词之间的差别，因此也就取消了辞格。另一组习惯上分在思维的辞格里的辞格也是如此，封塔尼埃认为它们不是真正的辞格，因为并不存在任何本义表达法（比它们更“本义”的表达法）可与之相比。

> 那么是言语的特殊对象，或者言语表达的感情、激情在此产生出辞格的吧？要是那样的话，有多少感情或激情，有多少感情、激情的表现方式，就会有多少种新的辞格了。（《话语的辞格》，第434至435页）

如果只要所指是一种感情或激情就可产生辞格，那辞格这概念就没有任何意义了：这就是孔狄亚克和封塔尼埃的推理，但除此以外，两人的立场则是完全相反：一个取消辞格，另一个却试图使它固定下来。“能说这些是*思维的辞格*吗？”但要有辞格，就要有偏离：这里就是在语词好像表达的和它们真正表达的内容之间，在实话和谎言（谎言是对总保持不变的所指的不适当的表达法）之间的偏离。然而因此而被封塔尼埃排除的假辞格的情况却不同。“如此强有力地表达的感情会是不诚恳、不真实的吗？”（《话语的辞格》，第435页）

这就是封塔尼埃的理论；现在需要了解的是他自己的实践是否同理论一致，是他在确定辞格时是否总把它们同简单而直接的表达法对立起来。这就要在此对封塔尼埃规定的各类辞格作一番考察，然后大家再研究这些辞格之间的分节。对某些类型的辞格来说，在“本义的”和“辞格的”这两种形式间作所谓的比较（尽管我们今天讨厌这么做）还是比较容易的（即使这种比较并不总能给人以启示）：如对严格意义和非严格意义上的转义，对改变语词的声音形式的诵读辞格，又如对违反了语言句法的构造辞格等。

应当注意这后两种情况并不完全一样：只有转义和诵读辞格偏离
了同辞格表达法一样特殊、一样具体的另一个表达法；构造辞格则 131
不是偏离另一种表达法，而是偏离语言的某条规则（博泽认为是辞格）。封塔尼埃立即指出：

> 把语法和逻辑认为多余的东西表达出来，把它们认为是必要的部分略去不管，或者不按它们的要求或规定的顺序来表达这些内容，这就产生了辞格……。（《话语的辞格》，第453页）

但是，在谈到剩下的三类辞格时，封塔尼埃的说法才真正变了，他完全忘了把辞格当作对本义表达法的偏离这个定义，而求助于他开始下的定义的后半部分，即关于功能的那部分。属于这几类的辞格之所以称作辞格，乃是因为它们使话语更精彩了！

> 是语词的选择和搭配，以及它们在句子里用得恰当与否产生了**选词辞格**（《话语的辞格》，第224页）。**风格辞格**与选词辞格的不同在于前者扩大到整个思想的表达并且由若干语词组成：它即使不是整句句子，至少也是句子的一大部分或主要部分。它们的特点是不管表达什么意义（辞格的或非辞格的），都能使表达方式生动、高雅和可爱（第226页）。真正的**思维辞格**应该完全在于想象的技巧以及思维或感知的特殊方式之中，因此表达这些辞格的语词一旦改变，这些辞格在实质上却仍然能够保持不变。（第228页）

或者：

> 不管意义是否是借用的，也不管意义是简单的或是双重的、直接的或间接的，请看思想在充分表达时会是多么优美，多么别致和有力呀！这就是风格的辞格。（《话语的辞格》，

第 280 页)

132 这里如果排除了功能方面的理由(话语的恰当、高雅、优美和别致等),剩下的特征无论如何也不能算作总的原则。因为我们在选择语词时究竟偏离了什么呢? 这里提出的思维辞格的定义把我们直接引回到杜马塞的起点:辞格是些特殊的方式或手法……如果一定要辞格继续同某种表达法对立,倒可以说它偏离了其他都一样、只是没有辞格的另一个语段。但我们马上就可发现这不是一种真正的解决办法:这两组对立的意义并不相同,我们已经从反对关系转到了矛盾关系。在辞格性转义中,一种表达法偏离另一种表达法;在"选词辞格"(如重复、渐进或叠叙)中,是有一种表达法与没有这种表达法相对、是一种表达法与一切不是这种表达法的东西相对。但是,世上任何东西,特别是任何语言表达法,都可以同没有这种东西或没有这种语言表达法相对立:这样给辞格下定义没有任何意义。

那就要承认这个现实:不能同时接受封塔尼埃的理论和实践,不能同时接受他对辞格下的定义和他罗列的辞格的单子。总之,这种情况同在研究博泽时遇到的情况很相似。两种理论本身都十分严密(与杜马塞的理论不一样),但创造它们的人自己却无法使用这种理论,在实践中他们反而求助于自己从未提出过的另一种关于辞格的定义,因而他们最终研究的还是同一张辞格的单子,正是传统遗留下来的那些辞格的单子。就像是要回到杜马塞的说法,辞格不是别的,它们仅仅是有着辞格这名称的东西……

现在应该来谈谈辞格的分类。杜马塞提出了下面的分法(《论转义》,第 14 至 17 页):

- 辞格
  - 思维辞格
  - 语词辞格
    - 诵读辞格
    - 构造辞格
    - 辞格是反复
    - 转义

第一组对立是修辞学传统里的老一套；以后的分法则既没有很好地加以论证，又没有得到多少解释；最奇怪的是第三类，杜马塞只说那里“语词保留着它们的本义”（《论转义》，第16页），然而 133
这是所有非转义的辞格的特点。到他写《百科全书》里的“辞格”这词条时，情况并未好转。下面是他对这个神秘的类别的描写：

> 第四种语词辞格是大家不会列入转义的辞格，因为里面的语词保留了它们的原义。但又不能说它们是思维辞格，因为它们通过语词和音节，而不是通过思维才成为辞格的，也就是说它们的特殊构形使它们同其他的说话方式有所区别……。（《杜马塞作品集》，第六卷，第266页）

同这类“定义”相比，我们宁可选择孔狄亚克的更为坦率的态度：他不想对辞格进行分类，甚至都不屑一一列举，在这方面他还没有在谈转义时说得多些。“雄辩术教师区分了许多种辞格；但上帝呀！没有比这更为无用的了，我是不想在这些细节上纠缠不清”（《论写作艺术》，第579页）。

博泽则把辞格分成五组（见《百科全书》第二卷的“辞格”条目，以及第三卷末的“分类索引”）：

- 辞格
  - 诵读辞格
  - 句法辞格
  - 话语辞格（转义）
  - 选词辞格
  - 风格辞格

类别的数目和杜马塞的一样，各个类别也基本一致（风格辞格包括思维辞格，选词辞格则是杜马塞没有找出名称的那一类）。应当补充两点：1. 博泽想给每种语言形式配上一个情感的或审美的内容（顺次为：谐调、有力、想象、和谐与情感）；2. 在每一类的内部他再进行细分，细分的原则十分明确，经常是“加—减”或“合—分”之类的两歧式。

134 封塔尼埃在分类上费了不少笔墨，而且前后的分法略有不同；这些分类正是他引以为骄傲的地方。大家可以看看他在介绍几种分类方法后说的一通假谦虚话：

> 因此，我们最好满足于已经采用的十分简单、自然、准确、清晰和完整的分类。难道它不比别的分类要强许多吗？从我们刚才所作的间接比较中就可充分看出它的优越之处。（《话语的辞格》，第 459 页）

这种大肆吹嘘的分类就是：

- 辞格
  - 语词辞格
    - 转义
      - 词义辞格
      - 表达辞格
    - 非转义
      - 诵读辞格
      - 构造辞格
      - 选词辞格
      - 风格辞格
  - 思维辞格

大家看到，这张表比前面的都要复杂。博泽的五类都在，但转义又细分成两种，思维辞格又一次从风格辞格里脱离出来。另外，又引进了几个层次，如语词辞格与思维辞格、转义与非转义等中间范畴。最后，还有更重要的一点：封塔尼埃是第一个设法说明这样分类的原因的人，他还解释了为什么会有这么些种类而不能有更多的种类，阐述了各类之间的相互关系；尽管他在这方面做得并不很深入。在这种分节里，他使的一个范畴是有关语段的大小：这就可以使词义辞格(语词)与表达辞格(命题)、选词辞格与风格辞格(同样的准则)，还有诵读辞格与构造辞格对立起来。另一个能指与所指的对立也似乎出现了好几次。诵读辞格与构造辞格都同言语的**物质性**有关(参看《话语的辞格》，第 453 页)；它们又因此而
同非转义的其他辞格相对立。这就可以把非转义的各种语词辞格 135
组织到一个逻辑矩阵里去：

	语词	命题
能指	诵读辞格	构造辞格
所指	选词辞格	风格辞格

但是，同样的范畴又可以另一种方式介入：只需要所指产生的辞格，或同时需要所指与能指才能产生的辞格(这是传统的思维辞格与语词辞格的对立)，这就可对其余三类辞格间的关系进行分节了：

	语词	命题
能指与所指	词义辞格	表达辞格
只有所指		思维辞格

应该承认这一切尚处于萌芽状态，还不十分明确。修辞学家不断进行分类，但是他们分得不好，或者说他们不会解释他们所作的分类。

几点想法

现在应该谈谈本章开始时所说的第二方面的问题：回顾了理

论上的争论后，应该思考一下它们的历史意义。

首先，我们面临的是两种不同的传统，而不是一种传统。代表第一种的是杜马塞、博泽和封塔尼埃（尽管他们之间也有很大的
136 区别）；代表第二种的只有孔狄亚克一人，但他同 17 世纪末的修辞学思想，特别是阿尔诺和尼科尔的《逻辑或思维的艺术》以及贝纳尔·拉密的《修辞学或说话的艺术》里的某些观点有联系。这两种传统在两个问题——修辞学的对象与辞格的定义——上有着十分明显的不同。孔狄亚克型的修辞学把重点放在研究辞格（或“手法”）上，但并不排除别的内容（即对话语的一般构造的思考）。相反，杜马塞派的修辞学只限于研究辞格（或在杜马塞这个特殊情况里则只研究转义）。另外，在杜马塞—博泽—封塔尼埃这传统里，是用能指来给辞格下定义：辞格是一种（更复杂、更漂亮的）表达方式，它和表示同样意义的别的表达法不同。孔狄亚克代表的传统则通过所指来给辞格下定义：和纯粹表达思想的表达法不同，辞格是表示情感和激情的表达法。大家也可以说第一个定义是装饰性的，第二个则是情感性的。

这些区别十分重要，然而同它们之间的相似处来比则是微不足道的：正是因为这些相似之处，这两种传统才会同属于修辞学这个整体，而且同属于最后几个世纪的法国修辞学活动。即使孔狄亚克的修辞学并不限于单纯描写辞格，但辞格所占的主导地位同我们在另一种传统里所看到的倾向也是一致的。即使它不把辞格说成是偏离本义的一种表达法，但它仍在思想与情感、概念与激情之间保持了一段距离。是杜马塞—博泽—封塔尼埃这个流派把在“情感”修辞学里也存在的一种倾向推向了极端。正是这种相同的属性说明了为什么从 19 世纪初期起修辞学会逐渐消失，不仅是

杜马塞以及他的继承人所代表的极端形式，而且我们认为是孔狄亚克代表的温和形式，即现代形式都难逃厄运。

的确，在修辞学消失这问题上我们仍然感到大惑不解。刚才介绍的那些研究的质量是毋庸置疑的。即使在某一点上，这些论著对语言现象所作的描写今天已经过时（这种情况并不多见，因为在这门学科里一切研究突然都停止了），但从整体上看，这些论
述都给人以深刻的印象，无论从观察的细致、阐述的准确，还是从 137
研究的现象的丰富（我完全没有顾及对每一种辞格作具体的论述）来看都是如此。人们怎么会放弃一个如此丰富，得到这样深入挖掘的领域呢？如何解释认识发展中的这种反常现象呢？

因为科学史（说得谨慎些便是修辞学史）内部的转折并不是由成熟或多产等内部条件决定的。所有具体的修辞学研究的基础是一些普遍原理，对这些原理的探讨并不属于修辞学的范围，而是属于意识形态的范围。当在意识形态里，在普遍承认的价值和前提里出现了根本的变化，细节方面的观察和阐述的质量就无足轻重了：它们，以及它们所包含的原则都会被荡涤一空。任何人都不会关心随着脏水一起从澡盆里倒出去的孩子。

这里谈到的时代正发生了这样的决裂，它从 18 世纪已经开始酝酿，但所有的后果直到 19 世纪才显示出来。这种动乱的遥远的，然而是肯定的原因乃是资产阶级登上了历史舞台，并且带来了他们的意识形态价值。同我们有关的是：这种决裂在于取消了具有绝对普遍价值的世界观，最说明问题的例子就是基督教已经威信扫地，而当另一种世界观替代它时，大家就不再承认所有的价值都出自一处，而主张并允许个体现象的存在，并且个体现象也不再是绝对规范的不完美的例子了。

意识形态的基础突然显得如此脆弱,并且影响到了整座大厦;它在修辞学方面就表现在辞格这个概念上。整个——或几乎整个——修辞学的范围在当时缩小到关于辞格的理论。而这种观念(同所有其他的概念一样)是由两方面的原因决定的:一个是经验方面(相当于可观察到的语言现象),另一个是理论方面(它可纳入到一个反映某种世界观特征的严密体系里去)。正是因为后一个原因,辞格(随后是全部修辞学)才在新的意识形态的倡导者的眼里显得大逆不道。对从昆体良到封塔尼埃的修辞学传统来说,辞格是一种从属的、附加的和装饰性的(至于对装饰尊重与否则
138 无关紧要)东西;大家已知道,辞格是对规范的偏离。而在一个把规范的多样性当作自己的规范的世界里,修辞学就无法存在了。至于封塔尼埃的描写的质量,还有因为他重视各种言语现象而在实践中违背了他的理论,这一切都是微不足道的了。

如果我们现在只观察该学科的内部演变,我们就会发现修辞学的消失有两个表面上互相独立的重要原因。

1. 取消了赋予某些(语言)形式的特权。辞格只能说成是一种偏离:能指方面的偏离(间接的或不常见的表达法);所指方面的偏离(同思想相对的感情)。但把辞格看成是偏离就意味着规范,即普遍的、绝对的理想的存在。在没有上帝的世界里,每个个人都可成为自己的规范,异常的表达方式就没有理由存在了:句子之间就像个人之间一样都是平等的。浪漫主义者雨果对此十分清楚,他以平等的名义“向修辞学宣战”:

我说:遨游的思想沾满了蓝天的露珠,
可以停留在任何语词之上;
(……我)宣称语词互相平等,成年又自由。

这样，修辞学就成了法国大革命的牺牲品，但荒谬的是这次革命竟然使雄辩术得到了复苏。

2. 理性主义受到经验主义的排斥，思辨构思被历史研究所替代。这里，修辞学——大家看到它也是“普通的和推理的”——遭受到（哲理）语法一样的命运。普通语法旨在建造语言的唯一模式和普遍结构。修辞学也一样，它的对象不是共时的，而是泛时的：它设法建立一个在任何时代、对任何语言都适用的关于表达手段的体系。正因为这样，才不断有人翻出西塞罗的修辞学，尽管它是本拉丁语修辞学，并已有了 1800 年的历史；也正因为这样，才有博泽和巴托之间那场态度鲜明的争论。

大家很容易理解，这两个动向（否认规范—偏离这组概念和排斥泛时构造、提倡历史观点）有着共同的根源：这就是绝对的和先验的价值的消失，这种价值可以同具体事实相对立，我们也可以 139
把具体事实转换成这种价值。在一个没有上帝的世界里，每个人都是上帝。同样，不必把所有的句子同一个理想的句子相对照，也不必把所有的语言同一种抽象的、“深层的”结构相对照。

因此，关于修辞学的现实性、关于这门古老的学科对我们具有什么意义所进行的一切讨论都取决于我们对下面的问题所做的回答：一门知识在多大程度上可以简化成几个意识形态的前提？建立在我们这些资产阶级和浪漫派的继承人拒绝接受的原则上的一门学科在多大程度上能包含我们还准备接受的概念和思想？

但是，也许浪漫派只是我们的父辈，也许有人准备为了他们的祖辈而牺牲他们的父辈呢？

141 # 第四章　摹仿说的厄运

美学正是在修辞学消亡的时候发展起来的。两门学科的研究领域并不完全重合；然而，它们之间有着许多共同点，以至两者同时存在并不可能。转折时期的人不仅感觉到现实在变化，并感觉到观念也在转变：鲍姆嘉通的第一个美学方案就是模仿修辞学而来的；F. A. 沃尔夫[*]的这句话也说明了这点："修辞学，或如我们中有人所说的美学[1]……。"这两门学科交替的时间大致上同古典主义思想向浪漫主义思想的过渡一致。我们可以认为在古典主义学说里，艺术与话语都从属于某个外部的目标，而在浪漫派看来，它们却组成独立的研究领域。然而我们已经看到：修辞学不能接受话语具有自身的存在理由这一思想。而美学只有在大家承认它的对象——美——具有独立存在的价值，在大家认为这对象不会变成诸如真、善、有用等邻近的范畴时才会出现。如果能把这些词严格用于这种意义，本书的标题就可以叫做《修辞学与美学》了……。

然而，这种历史上的分期并不确切。实际上修辞学的后期已经是浪漫主义的了，而最初的美学却仍然依附于古典学说。大家看到，孔狄亚克在修辞学中取消了对本义表达法与辞格表达法的

---

* F. A. 沃尔夫（1759—1824），德国语文学家，现代语文学的奠基人。

① F. A. 沃尔夫：《简介古典学的概念、范围、目的和价值》，见沃尔夫和巴特曼的《古典学文献》，第一卷，柏林，1807 年版，第 38、39 页。

区分,这样所有的表达法就一律平等了。但是,刚形成的艺术美学理论却忠于古典主义,这表现在它仍然拘泥于摹仿原则。这原则 142
从艺术理论一产生起就存在(特别是在文艺复兴之后),并在各个历史时期经历了无数的变化。我们这里研究的是它的统治即将结束的那个时代:因为它把艺术作品从属于自然这个外部的(早已存在的、更高的)层次,所以它同浪漫主义的观点互不相容。同时,摹仿或再现都同意义相关,因此我们透过另一层伪装,又可以发现关于象征的理论问题。

摹仿原则在 18 世纪前 175 年的艺术理论里占了绝对统治的地位。用一位现代历史学家的话来说:"所有这些(艺术)规律最终都要归到、并从属于唯一的一条简单原则,一条通常说的摹仿公理"。① 当时没有一本美学著作能不落这个俗套,没有一种艺术能逃脱这条规律:绘画和诗歌要摹仿,音乐与舞蹈也要摹仿。然而,即使这条原则完全成立,它却不能满足对艺术理论的思考。因为显而易见,仅有这条原则并不能解释艺术作品的所有性质。艺术摹仿的确是一个似是而非的概念:就在它被描写得尽善尽美的时候,它却消失了。J. E. 施莱格尔 * 早就写过:没有一个人会因两枚鸡蛋相像而说一枚鸡蛋摹仿了另一枚:我们只要说它是一枚鸡蛋就行了(这个论据可以上溯到奥古斯丁的意象理论)。如果摹仿是艺术的唯一规律,它就会导致艺术的死亡,因为艺术就同"被摹仿的"自然毫无二致了。艺术要存在,就不应当摹仿得十全十美。

---

① 恩斯特·卡西尔:《启蒙时期的哲学》,巴黎,1966 年,第 279 页。

* J. E. 施莱格尔(1719—1749),德国作家,批评家。浪漫派作家施莱格尔兄弟的伯父。

但是,能否满足于以否定的方式来求助于一种总是不完美的摹仿呢?难道不能在摹仿之外再发现组成艺术的别的原则吗?不能从摹仿之外另找一条规律来为摹仿的偏离找到一点正面的理由吗?另一位历史学家对形势作了这样的概括:“总之,我们可以看到,
143 18 世纪时所有人都对摹仿这原则表示不满。显然大家是想绕过、想摆脱这个问题,但在找到更好的方法之前,大家都极力抓住它不放。”①我们现在就介绍一下试图绕过摹仿原则的各种论点,我们尽量既注意到概念本身的内容,又注意到它在总的概念系统里的位置。②

为了介绍不同的摹仿学说和处理方法,我建议把对摹仿原则的赞同程度分成几个等级。当时有一位名叫里德尔③的编纂者已经这样做过:他根据是否与摹仿对象相像分出了四个等级。我只想把它们分成三个等级,而且还有一个我称之为零等级,这是作为测量其他等级的标准(即肯定艺术作品是摹仿的产物)而设的,并没有其他用途。

这里,我先从第一等级开始来介绍我的观点,这一等级同零等级相比是偏离最小的,即只承认摹仿自然这个原则,但又认为这种

---

① W. 福尔凯斯基:《从古典主义到浪漫主义》,巴黎—克拉科夫,1925 年,第 117 页。

② 除了福尔凯斯基写的历史外,还可参看 A. 尼韦勒所著《从鲍姆嘉通到康德的德国美学理论》(巴黎,1955 年)。还有几本专门研究当时摹仿说的命运的著作,如 A. 图马京的《18 世纪艺术理论中摹仿说的胜利》,《S. 辛格纪念文集》,德国蒂宾根,1930 年;W. 普雷森坦兹:《德国浪漫主义诗学的形成》,第一章:《自然摹仿原则的转变》,见 H. 施特芬编:《德国浪漫主义》,哥廷根,1967 年,第 54 至 74 页;H. 狄克曼:《18 世纪法国美学中摹仿观念的演变》,见 H. R. 若斯编:《摹仿与假象》,慕尼黑,第二版,1969 年,第 28 至 59 页。应该补充一句:这几篇文章都没有表达我在本章里所说的观点。

③ 里德尔:《美术理论与科学》,耶拿,1767 年,第 146 页。

摹仿不应该是尽善尽美的。我们可以用一个语法术语来表达:动词“摹仿”在这里被副词“不完美地”修饰。这几乎就是当时一篇论著的题目:即浪漫主义者施莱格尔兄弟的伯父 J. E. 施莱格尔所写的《对摹仿对象的摹仿有时应该不相像》。[1] 施莱格尔的论据是:大自然的有些部分并不能引起我们的快感;而艺术应该激起我们的快感,所以不应该把自然里的这些部分表现出来。“如果能 144
因此而得到更多的快感,在摹仿中引进不相像就不是个错误,而是了不起的成功”(第 101 页)。莱辛偶然也用过同样的论据。在《拉奥孔》的片段(及在《汉堡剧评》)中,他指出要有“必须有的错误”。因此,这些为整体的和谐所需要的偏离就称为对摹仿规则的偏离。在弥尔顿的笔下,亚当的说话方式非常特别,但作者这样写是完全有理由的:“毫无疑问,诗人的最高意愿是用美丽而伟大的画面来满足读者的想象,而不是处处都要逼真。”[2]然而是什么满足了读者的想象呢?是什么决定“诗人的最高意愿”的呢?这里莱辛什么也没说,施莱格尔也如此。我们先停留在不完美的摹仿这种否定的说法上。

对我们最初提出的问题的最常见的回答不是改变行动(即摹仿这活动)的性质,而是改变动作的对象。这就是对单纯摹仿的**第二等级**的偏离;那就不是增加一个修饰和限制动词“摹仿”的副词,而是增加一个**宾语**。我们不再简单地摹仿自然,而是摹仿“美的自然”,即按照某种看不见的理想“选择过”、“修正过”的自然。这种理论有许多种说法。英国美学家乔纳森·理查森提出在艺术

① 《论对摹仿对象的摹仿有时应该不相像》(1745 年),收入《J. E. 施莱格尔美学与戏剧论文集》,海尔布隆,1887 年;他在《论摹仿》中概述了这种思想。

② 莱辛:《拉奥孔》,柏林,Blümner 出版社,1880 年,第 454 页。

作品中应该突出被摹仿事物的"典型特征",而可以把其他特征放在次要地位;他还写道:"绘画的伟大而主要的目标就是使自然得到升华,使它更为美好。"在17世纪末的法国,德·比尔*、费奈隆*和拉莫特*等人的著作里也都表达了同样的思想,如后者就写过"应该……把摹仿理解成灵活的摹仿,即只取事物中能产生预期效果的那些部分的一门艺术"(《关于批评的反思》,1715年)。巴托教士是主张这一思想的无可争议的代表人物,他写的《美术的唯一原则》(1746年)是当时最受推崇的一本著作,其基
145 础就是这一思想。巴托抱怨缺少统一的审美思考,他极其天真地在艺术中重新发现了摹仿理论。但他的原则是摹仿美的自然。

> 关于这原则,应该说艺术要摹仿自然,就应该谨慎而高明地去摹仿,不要对自然照搬不误,而是要选择对象和特点,尽可能完美地去表现它们:一句话,我们从摹仿中看到的自然不应该是它本来的样子,而是我们头脑里设想的、它可能是的那个样子①(第45页)。

美的自然是从一般的自然里选择了最好的成分组成的:

> 应该全力以赴去选择大自然里最优美的部分去组成一个精致的整体;后者应该比大自然本身更完美,但并不因此而违反自然这原则。(第29页)

巴托的推论出奇地轻率。他一方面声称摹仿是艺术的唯一组成原则,但同时又说通过摹仿对象作中介,摹仿要服从一种原因不明的选择和框框。下面这段推论也同样的混乱(那是对诗人和历

---

① 我引的是1773年的版本。

* 德·比尔(1635—1709),法国画家和艺术理论家,著有《绘画原理教程》等书。费奈隆(1651—1715),法国神学家和文学家。拉莫特(1672—1731),法国诗人和戏剧家。

史学家作的比较)：

> 因为事实不再在历史的手中，而是任凭艺术家在摆布；后者为了达到他的目的可以为所欲为，我可以说：事实被他揉来揉去，成了一种新的东西：它被添枝加叶，横加删节，或者前后移动……如果说(这些情况)(在历史中)没有出现的话，艺术却享有全权来创造它所需要的东西。这是大家赋予它的特权，因为它必须要让人愉悦。(第 50 页)

他用词含糊不清，最后自己受到了作弄。如他写道："最完美的摹仿应有两种性质：精确和自由"(第 114 页)。但"自由"难道不是"不精确"的一种委婉的同义词吗？或就像巴托自己在下一 146
页所说的："自由……十分难以达到，因为它似乎同精确对立。经常一方面出色，另一方面就要相对受到损害"(第 115 页)。那么我们能否认为：要摹仿既精确、又不精确就算对它作出明确的规定了呢？因为巴托没有说明他所说的"美的自然"的含义，他实际上就回到我们的"第一等级"上来了。这正是狄德罗在《论聋哑人书简》(1748 年)[①]中对他的批评："也别忘了在这本书的开头写上一章说明什么是美的自然，因为有些人和我都有同感：缺少了所说的某个内容，您的论著就会缺乏根据"(第 81 页)。但不管是巴托，还是别的"美的自然"的捍卫者都没有找到解决办法。

狄德罗自己怎样呢？大家知道他在这方面的言论往往是自相矛盾的。

---

① 我引的狄德罗著作的版本是：《论聋哑人书简》，见《狄德罗研究》第七卷，日内瓦，1965 年；《狄德罗美学著作》，巴黎，Garnier 出版社，1968 年；《狄德罗小说集》，巴黎，Garnier 出版社，1962 年；其他作品根据阿塞札—图尔纳编订的《狄德罗全集》。

有些说法使人觉得他主张无条件的摹仿这种极端的,也是站不住脚的理论。在《关于绘画的思想散记》(约1773年)里他写到:"一切值得赞扬的作品不论在整体上或各个局部上都应同自然一致,我应该可以这样说:'我未见过这现象,但它确是存在的'"(《狄德罗美学著作》,第773页)。25年前他在《泄露隐情的首饰》(1748年)里在强调观众的经验时提到了同样的准则:"完美的演出就是把动作摹仿得惟妙惟肖,使观众不断受到欺骗,并以为自己看到的是真事"(《狄德罗小说集》,第142页)。对作者也是一样:"假如文学家和艺术家不把观察自然作为自己最大的兴趣所在,那就不要期待能产生出有价值的作品"(《狄德罗美学著作》,第758页)。除了摹仿自然之外,想找任何别的原则(即使是以更美的自然为借口)都是徒劳无益的:"美化自然的说法糟踏了多少画卷!别去美化自然了。有见识地去选择你认为合适的东西,并一丝不苟地把它们表现出来吧"(《狄德罗全集》,第14卷,
147 第201至202页)。只要摹仿,不要别的(这里先不谈这样称赞摹仿究竟是对艺术或对自然有利的问题)。

别的时候,狄德罗又承认尽善尽美的摹仿是不可能的,但他只满足于提出这种否定的说法("第一等级"),仅此而已。

> 但是,自然只有一个。然而有那么多摹仿它的方法,而且大家对它们都还赞不绝口。朋友,您对此是怎么想的呢?是否是因为公认无法绝对准确地表现自然(也许幸好如此),所以在某种约定的范围内允许艺术可以有所发挥呢?在一切诗歌创作中,是否总有永远无法确定界线的一些假象呢?尽管有人表示赞成,有人主张禁止,还是让艺术享有这点偏离的自由吧。当我们承认画家笔下的太阳并不是、也不会成为宇宙

> 里的太阳后，我们不也同时承认了某种会引起无穷后果的东西吗？（《狄德罗全集》，第11卷，第185至186页）

然而，这只是狄德罗在阐述某些别的论点时附带提出的看法；原则上他主张摹仿，不是摹仿自然，而是摹仿**理想**（所以属于我们的“第二等级”）。

理想与自然的对立往往同亚里士多德对摹仿个别性的历史学家和描绘普遍性的诗人所作的区分联系在一起。请看这段著名的话：

> 历史学家与诗人的区别不在于一个用散文，另一个用韵文来叙事……两者的区别在于一个叙述已发生的事，一个则描写可能发生的事。因此，诗比历史更富于哲理，更为高级，因为诗所描述的事带有普遍性，历史则叙述个别的事。（《诗学》，1451b）

巴托就受到这段文字的启发；狄德罗在区分两类摹仿时的观点也与此大同小异：“有着严格的摹仿和自由的摹仿；严格摹仿自然的是历史学家。对它进行撰写、夸张、减弱、美化或随心所欲地加以支配的是诗人”（《狄德罗全集》，第十五卷，第168至169页）；他在讨论理查森的著作时也用了这种划分方法：“我敢说最 148
真实的历史也充满了谎言，而你的学说却充满了真情。历史只描写几个个人，而你却勾画了整个人类”，等等（《狄德罗美学著作》，第39至40页。请注意，狄德罗赞扬理查森的东西，正是亚里士多德所说的诗歌的普遍特性）。同样，在绘画方面，狄德罗把忠实摹仿的肖像画家和富有才华的画家对立起来，他对后一类人说：

> 什么是肖像呢？它不就是把某个个人复现出来吗？……你们已从各方面感觉到普遍概念与单独事物之间的不同了，

因为从你们不敢对我肯定从拿起画笔到今天，你们曾经一点不差地摹仿过一根头发。（《狄德罗全集》，第11卷，第8至9页）

诗人或艺术家同历史学家相对；或还用亚里士多德的说法：逼真与真实相对："诗人……没有历史学家真实，但比历史学家更逼真"（《狄德罗美学著作》，第214页）。但是，狄德罗最喜欢的说法是把真实的自然与理念模式对立起来（这种说法同他欣赏的莎夫茨伯里*的说法以及整个新柏拉图派的传统很相似）。在当时的美学家看来，这等于是背叛了亚里士多德而转向柏拉图（用这两个专名是否正确今天来说已无关紧要）。狄德罗在《1767年沙龙随笔》里写道：

请相信没有，也不会有一头整的动物或这头动物的某个部分您能严格地用作原型的。请相信这原型纯粹是个理想，它并不直接从自然的某个个别形象（它的严格的副本留在您的想象中，并在您想当人像画家时可以再次唤起这形象，把它固定在您面前，毫厘不爽地把它画下来）中得到借鉴。请相信，当您在创造美时，您决不是在创造存在的或可能是那样的东西。（《狄德罗全集》，第11卷，第11页）

149 在《演员奇谈》（1773年）中，他又提到了这种学说。有趣的是他在这篇文章里恰恰用摹仿原则这论据来批评自发的、真诚的表现理论。

正当演员使您心情激动时，他却正在注意自己的声音……

---

* 莎夫茨伯里（1671—1713），英国政治家和哲学家，主要的自然神论者之一。著有《人的特征、风习、见解和时代》。

> 他的全部才能并非如您想象的那样在于感知，而在于毫厘不爽地表现感情的外部标志，使您信以为真。(《狄德罗美学著作》，第312页)

首先是摹仿，但摹仿理念模式，而不是摹仿自然：

> 请想一想戏剧里所谓的**真**是什么意思。这指的是按照事物的自然面貌来表现它们吗？绝对不是。如果这样，真就等于是普通常见了。那么舞台上的真究竟是什么呢？这就是情节、台词、面容、声音、动作、姿态要同诗人想象中的理念模式保持一致，而演员却往往还要夸大这个模式。(同上，第317页)

狄德罗主张摹仿理念模式，而不是自然；他所举的理由也都是从柏拉图那里来的：自然本身已是对它自己的理念模式的一种摹仿(尽管是不完美的)。艺术家应当避免这无用的过渡和碍事的中间层次，宁可摹仿正本(理念模式)而不去摹仿摹本(自然)。狄德罗是这样对有才华的艺术家说的：

> 您往里增加内容，又从中进行删节，不如此您就创造不出最初的形象，画不出真实的摹本，而只能是一幅肖像或是摹本的摹本(fantasmatos ouk alètheias)，**是影子而不是事物**；那样，您只能处在第三个层次，因为在真实与您的作品之间将会有真实或原型，有作您范本的它留下的影子，而您的作品则只是这影子的粗陋的摹本……您只能在美丽和美女之后屈居第三……在真实和它的形象之间夹进了他(肖像画家)当作模特儿的具体的美女。请相信，肖像画家和您这位有才华的艺术家之间的差别主要在于肖像画家只毫厘不爽地表现自然，150
> 喜欢处在第三层次，而您却寻求真实，寻求最初的模式，您孜

孜以求的是把自己提高到第二层次。(第 8 至 11 页)

这样,用摹仿可感知物体所无法解释的一切现象都可由摹仿艺术家头脑中存在的看不见的模式来得到说明。这个权宜之计颇为有效,但究竟在多大程度上能使人满意呢?这只不过是给摹仿过程中使人无法理解的问题起了个名字("理念模式")而已,这名字非但不能说明任何问题,反而给人以问题已经解决的假象,并堵塞了探索解决问题的道路。"理念模式"并不完全等同于"美的自然"。后者同自然处在同一层次,前者却是自然的原型。但它们却有相似之处:都对确切说明艺术作品里不能用摹仿原则来解释的现象表现出无能为力。

对模式的摹仿只有在说明了模式的构造规则、在对理念本身进行了描写之后才有意义。狄德罗在这上面表现得游移不定。有时他建议在好几个人(如悭吝人)中寻找一个公分母,然后创造出悭吝人的典型,这同巴托主张的"选择"接近;但有的时候他又放弃了这种做法,强调理念的任何部分都不会存在于自然之中;还有的时候,他按照最初观察到的例子描写逐渐趋向于完美的过程;但他又无法说明完美的标准是什么。下面这种说法比他平时的说法更为具体:

> 在有多人参与的某个真实情节里,各人都处在完全真实的位置上;但这种位置对画画的人来说并不总是最合适的,对欣赏画的人来说也不总是最突出的。所以画家必须改变自然状态,并把它降到人为状态:在舞台上难道不也是一样吗?(《狄德罗美学著作》,第 277 页)

我们又回到摹仿中的"改变"这概念上来了。但是,如何才能确定哪一种方式"最合适"和"最突出"呢?狄德罗对此并没有说

明,但我们却可用他指责巴托教士的话来指责他自己:因为确定不 151
了理念模式的内容,他的摹仿学说也就同他声称要超越的其他学说成为一路货了。

要是对形容词“美”的意义进行深入探讨的话,“美的自然”这种说法本来是可以成为对摹仿问题进行建设性思考的一个起点的。现在让我们来熟悉这个概念吧。帕诺夫斯基[*]是这样总结对美的传统看法的:

> 美是各个部分之间以及部分与整体之间的协调。这个概念是斯多噶派提出的,从维特鲁威[**]和西塞罗到卢卡努斯和盖伦[**]的一大批追随者都接受了这个概念,它在中世纪经院哲学中残存下来,最后阿尔贝蒂[**]把它上升为公理,并毫不犹豫地把它称作“绝对的和首要的自然规律”。这概念包含了希腊人称为 symmetria 或 harmonia,拉丁人称为 symmetria,concinnitas 和 consensus partium,意大利人称为 convenienza,concordanze 或 conformità[***]的原理……卢卡努斯认为它意

---

* 帕诺夫斯基(1892—1968),德国出身的美术史家,后移居美国。著有《惠更斯和达·芬奇的艺术理论》、《视觉艺术的含义》、《西方艺术的复兴和再生》等美术理论著作多种。

** 维特鲁威,公元前一世纪的罗马建筑师,著有《建筑十书》。

卢卡努斯(39—65),拉丁诗人,修辞学家。

盖伦(129—199),古罗马医师、哲学家和语言学家。

阿尔贝蒂(1404—1472),意大利文艺复兴时期人文主义者和建筑师,并从事数学、制图和密码学的研究,受维特鲁威的影响,也写了一本《建筑学十书》。

*** 希腊语:symmetria,相称;harmonia,组合,和谐;拉丁语:symmetria,对称;concinnitas,协调;consensus partium,一致;意大利语:convenienza 适合;concordanze,协同;conformità,一致。

味着“在各部分和整体的关系中的平等或和谐。”①

18世纪时对这词的联想也一样。让我们回忆一下狄德罗本人的解释。拉摩的侄儿嘴里的一句玩笑话概括了狄德罗及其同时代人的态度：“‘真’是圣父，生下了圣子‘善’，从中产生了圣灵，即
152 ‘美’②……”(《狄德罗小说集》，第467页)。然而，尽管他把美从属于真，1748年狄德罗在《关于若干数学问题》中还说：

> 愉悦性一般都在于对关系的感知。这条原则存在于诗歌、绘画、建筑、道德、以及所有的艺术和科学之中。一台漂亮的机器、一幅美好的图画、一座美丽的门楼，都是通过我们所看到的关系使我们感到愉悦的……对关系的感知是我们欣赏或我们愉悦的唯一依据。(《狄德罗美学著作》，第387页)

这观点在《百科全书》的“美”这个条目里得到了充分的发挥：

> 因此，我把凡是本身含有某种因素，能够在我的悟性中唤起“关系”这个概念的，叫作外在于我的美；凡是唤起这个概念的一切，我称之为关系到我的美……(在欣赏美时)只要他(观者)看出和感觉到这个建筑的各部分，这个乐曲的各个音，或是相互之间或是与别的物体之间构成某些关系，这就足够了。(《狄德罗美学著作》，第418—419页；见《狄德罗美学

---

① 《丢勒的生平与艺术》，第四版，普林斯顿，1955年，第261与276页。关于这类观点的另一种有些夸张的说法，可参看L. 达塔基维奇的文章：《两种美的观念》，载于《罗马尼亚文学研究手册》，1974年第4期，第62页。阿尔贝蒂的引文出自《建筑学十书》第九卷，第五章。帕诺夫斯基的另一篇著作《理念》(莱比锡，1924年)同这里所讨论的概念的演变也有关。

② 这种大范畴间的结合(如果不说是不加区分的话)完全是反康德主义的，但这是当时的时代特点。莎夫茨伯里就写道：“美的事物是和谐和成比例的。和谐和成比例的就是真，因而，既美又真的事物是令人愉快，是善的”(《人的特征、风习、见解和时代》，第三卷，1790年，第150至151页)。

论文选》,中文本,人民文学出版社,第25与26页)

下面紧跟着一个著名的例子:

> 我只举一个文学的例子。大家都知道悲剧《贺拉斯》中那句卓绝的话:“让他死!”我曾问一个对高乃依这出戏一无所知,也不明白老贺拉斯的这句答话何所指的人,问他对“让他死”这个名句作何感想。显然,被问者不知道“让他死”是什么意思,猜不出这是一个完整句还是句中的片段,也几乎看不出这三个字之间的某种语法关系,这时他会回答我说:他觉得这既不美也不丑。但是,如果我告诉他这是一个人在被问及另一个人应该如何进行战斗时所作的答复,那他就开始看出答话的人具有一种勇气,他并不认为活着总比死去好,于是“让他死”就开始使对方感兴趣了。如果我再告诉他这场战斗关系到祖国的荣誉,而战士正是这位被问者的儿子,是他剩
> 下的最后一个儿子,而且这个年轻人的对手是杀死了他的两 153
> 个兄弟的三个敌人,老人的这句话是对女儿说的,他是个罗马人。于是,随着我对这句话和当时环境之间的关系作一番阐述,“让他死”这句原先既不美也不丑的回答就逐渐变美,终于显得崇高伟大了。(《狄德罗美学著作》,第422至423页;中文本同上,第28至29页)

“让他死”这句话并不是因为摹仿了什么,而是因为它在一系列关系中所占的位置才是美的。

那么是否可以假设,艺术作品要服从两条相互竞争的原则:把它同外部世界连接起来的**摹仿**原则(对表象艺术而不是音乐——今日还要加上抽象派绘画——而言)和涉及作品(或一般的艺术)的内部关系、独立于摹仿之外的**美**的原则呢?或像狄德罗自己捎

带说的:作品是“从对称和摹仿中”(《狄德罗美学著作》,第427页)创造出来的。

不管这有多么奇怪,在谈到摹仿时,包括谈到摹仿美的自然时,除了极个别的情况外几乎没有人提到“美”这个概念。即使提到,也或是为了把一个概念等同于另一个概念(把美等同于摹仿),或是把一方从属于另一方(把美从属于摹仿)。

迪博*教士在《关于诗歌与绘画的批判反思》(1719年)就是这样处理的。在描写音乐中的摹仿时(同当时的人一样,他对这一点深信不疑),他补充说:音乐还有其他的原则,如和谐与节奏,但它们之间的等级是清楚的:

> 体现和谐的和声……也帮助音乐家表达要摹仿的声音(第635页)。节奏则在音乐作品的摹仿中增加了一种新的逼真因素,因为节奏也摹仿了自然界声音的变化和速度。(第636页)

在其他艺术里也存在着同样的关系:

> 丰富多彩的和弦、优美而新颖的歌曲在音乐里都是为了摹仿和美化表现自然与激情的言语的。所谓作曲的技巧可以
> 154 说是受雇于音乐家的才华的奴仆,就像诗人的才华在于发挥押韵的专长一样。如果奴仆僭越了主子的位置(请原谅我用这个形象),并让他像对自己的房子一样随心所欲地加以布置,那就一切都完了。(第658页)

就像在许多其他领域一样,奴仆变成了主子:迪博说得太好了;但是,难道真是一切都完了吗?

和谐应当是摹仿的奴仆。德国的J.E.施莱格尔在这点上就

---

* 迪博(1670—1742),法国历史学家和文艺评论家。

不那么肯定，这倒不是因为他更重视和谐，而是因为他根本看不出在主子与奴仆之间会有什么冲突。概念上的转移帮助了他的和平主义的世界观。诗歌里有两类摹仿：戏剧的摹仿，即语词摹仿语词；或者叙述的（历史的）摹仿：这里施莱格尔只记住了在隐喻、明喻、排比里能看到的类似关系。在最后一种情况里，摹仿与被摹仿的双方都在作品内部。然而，在作品里出现两个类似成分就会让人看出里面的顺序。

通过类似这个中介，"摹仿"与"顺序"几乎变成了同义词，施莱格尔就可以心安理得地写道："当人们感觉到类似及它所特有的顺序，摹仿也就达到了使人愉悦的目标"（第 136 至 137 页）。摹仿，即顺序……至于巴托，他则丝毫不管同他学说的其他部分是否一致，硬是引进了有关和谐的论述：

> 艺术……不必使用所有的颜色，也不必使用所有的声音：应该恰当地选择并细致地调和：应当把它们结合起来，表达出其间的细微差别，并使之匀称和协调。颜色和声音之间也有亲和与反感。（第 61 页）

在狄德罗的作品里，问题还是出在摹仿性质最未定的音乐方面。在作为《论聋哑人书简》的附录的《致德·拉肖小姐的信》里，他回答了那种认为音乐不必摹仿也可具有愉悦性的观点：

> 我承认有这种现象，但我请您注意：这些使您感到愉悦， 155
> 但不使您联想起任何画面或直接感知到某种关系的音乐片段只能像彩虹之悦目一样使您感到悦耳，这纯粹是一种感觉上的愉悦，它离您所要求的尽善尽美相去甚远，但如果在迷人的和谐之外再增加摹仿的真实，那就完美无缺了。（第 101 页）

这句话值得我们回味。事实上，狄德罗从中区分出三类，而不是两类愉悦的来源:纯粹感官的愉悦,从对关系的感知得到的愉悦以及来自摹仿的愉悦。这种划分并不明确,显然狄德罗对第二种愉悦的地位犹豫不决:在句首它同第三类重合,在句末则同第一类重合。另外,我们对这种“纯粹感官上的愉悦”还一无所知:是否所有感知到的对象都能产生这种愉悦呢?但有一件事是肯定的:摹仿不是艺术唯一的基本原则,艺术的“真实”之外还有“迷人的和谐”。

不幸的是,在《论聋哑人书简》里所许下的诺言(还有其他诺言)并没有兑现。狄德罗偶尔对绘画或戏剧里的和谐作过一些说明,但他总是把它同艺术家创作时的技巧联系起来(如在《百科全书》的《创作》这一词条里),而没有把它提高到能同摹仿分庭抗礼的一条原则。有时两条原则间的关系也引起过他的注意,但那总是为了突出摹仿的重要性。关于戏剧:“有人要求各幕的长短要差不多;但更合理的应是各幕的长短应同里面情节的长短成比例”(《狄德罗美学著作》,第243页)。在绘画方面,有人要求颜色之间应该相互协调。他则认为更应该追求同自然界的颜色一致(见上书,第678至679页)。和谐仍然是摹仿的奴隶。

莱辛也走入了同一条死胡同。偶然他也完全能阐述摹仿与和谐间的明显对立。例如下面的观点就同狄德罗在《致德·拉肖小姐的信》里的观点十分相近。莱辛在《汉堡剧评》第七十篇里讨论摹仿的理由时问道:“下面会发生什么情况呢?”

> 156 为庄重的严肃跟滑稽的快乐相结合进行辩护的自然的例子,同样可以为任何一个既没有布局、又没有联结、又没有人的理智的戏剧怪物进行辩护。[①] 因此,摹仿自然根本不成其

① 狄德罗在《定命论者雅克》里也使用了类似的论证:“大自然变化万端,特别是本能与性格更是如此,所以在诗人的想像里没有任何可奇怪的东西,只要有经验和有观察就都可以在自然里找到蓝本”。(《狄德罗小说集》,第553页)

> 为艺术的规则,假如果真这样,艺术也就因此而不再成其为艺术,至少不成其为高明的艺术,如同用石膏摹仿大理石花纹的艺术一样;不管它的纹理和脉络怎样出奇制胜,再奇异也不能奇异到不自然的地步;只是它们不能表现得过分对称、过分均匀,不能带有过分整齐的比例,不能带有任何艺术里构成艺术品的那种因素;就这个意义来说,人工雕琢得最细致的在这里反倒是最坏的,而最粗犷的反倒是最好的。①

这里,对称或比例同摹仿作为控制艺术活动的两条独立原则成为互补分布关系。然而,在实践中,莱辛却从未依靠过这组两歧式,也从未思考过两者间的确切关系。而《拉奥孔》的基础则完全是一种摹仿理论。

在一段时间里,另外一些概念似乎可以同至高无上的摹仿相抗衡,但大家很快就发现情况并非如此。狄德罗第一个试图找出一个不能归入摹仿的艺术原则,并用了**风格**这个词。但他缺乏自信,以致这种尝试一开始就夭折了。这种想法似乎来自动词"摹仿"的两个宾语间的对立:摹仿自然、摹仿古人。有时,狄德罗在同一句话里要求:摹仿自然,摹仿荷马!(见《狄德罗全集》,第七卷,第120页)但大多数情况下,他也发现摹仿其他作品并不简单地意味着"摹仿自然":这里还有一个风格,即某种类型的摹仿问题,这本来可以使他变化一下摹仿的概念。但是,当狄德罗发现这 157
点时,他只是用来扼杀他所说的"风格":只有在古人摹仿自然时我们才能摹仿他们,其他做法都是背离艺术的。没有任何东西能

① 《汉堡剧评》,巴黎,1869年,第325页。中译本,上海译文出版社,1981年,第357页。

比摹仿别的演员更使演员笨拙的了(见《狄德罗美学著作》,第268页)。“要是毫厘不爽地摹仿自然的话,那就不会有什么风格了,素描如此,着色也如此。风格是从师傅、画院,甚至是从古代传来的”(《狄德罗美学著作》,第673页)。狄德罗一点也不喜欢风格:“风格之于美术就像虚伪之于习俗”(同上,第825页)。他十分盲目,甚至认为只有一种风格值得抢救,因为它就是无风格:“模仿拉格勒奈*的人作画鲜明强烈,模仿勒普兰斯*的人作画爱用淡红和炼瓦的色泽;模仿格勒兹*的人爱用灰色和浅紫;学习沙尔丹*的人画得很真实”(同上,第677页)。沙尔丹是一位没有风格的画家吗?狄德罗似乎已经另辟蹊径,但又是他自己堵塞了这条道路。

另一条替代的道路似乎是约定俗成这个概念[1],这条路同“风格”一样也未能加以利用。狄德罗设法把约定俗成——当他承认它存在后——从属于摹仿,并又一次从否定方面,从不可能完美地摹仿出发来下定义。狄德罗提出了一个很好的问题,但他对问题的深入却无能为力,这在《演员奇谈》里表现得最为突出,在一段文字里,他指出生活中的一种令人伤心的姿态到了舞台上就可能显得可笑。为什么呢?

> 因为人们上剧场不是为了看别人流泪,而是为了听到能

① 相反,卢梭却写道(这段文字不知出自哪篇文章):“我们还不知道,音乐体系是否建立在单纯的约定俗成之上;我们不知道音乐的原则是否完全是任意的,也不知道用任何别的体系来替代它在习惯后是否也能使我们感到愉悦……,当然要是类推下去,这类反思可激起其他的反思,如对绘画、对一幅画的色调、对配色以及对构图的某些部分等,那里可能有着比大家想象的更多的任意性,而且摹仿本身也可以包括某些约定俗成的规则。”

* 拉格勒奈(La Grenée,1724—1805),法国画家,擅长历史画。勒普兰斯(Le Prince,1733—1781),法国画家、雕刻家。格勒兹(Greuze,1725—1805),法国画家,擅长风俗画。沙尔丹(Chardin,1699—1779),法国画家,以画静物、人像著名。

> 引出自己眼泪的台词，也因为这种自然的真实与约定俗成的
> 真实不协调。请容我解释。我的意思是说，戏剧体系、情节和
> 诗人编写的台词都与我那种断断续续、哭哭啼啼、喘不过气来
> 的朗诵方式格格不入。你现在看到，过分忠实地模仿真实，模 158
> 仿自然，即便是美的自然，也是不允许的；有一些界限是不应
> 该逾越的。——这些界限是谁确定的？——是常识，它不愿
> 让一种才能损害另一种才能。（《狄德罗美学著作》，第 377
> 页）

他开始想用自然的真实与约定俗成的真实之间的明显对立来解决问题，但到中间却转了向，最后则把我们引向比约定俗成更为空泛的“常识”上去了。

就像对“理念模式”和“风格”一样，狄德罗也无法确定“约定俗成”这概念的内容。然而，他只要精确地描写一门艺术的规则就可以看出有些表达方法并不能单纯归结为摹仿。下面是以格言形式写的关于绘画创作的一段话。

> 把一切无用的形象从你的作品中清除出去，它们不但不会使你的作品炽热起来，反而会使之冷却；不要让你使用的形象杂乱无章和互不相干；把它们分门别类，各类之间要互相关联；让形象形成对比，但不是学院派立场上的对比，那里的学生只注意模特儿而不注意自然；要让这些形象互相投射在对方身上，使遮掩的部分在想象面前一览无遗；要使人真正理解你用的光；不要有分散的、聚不起来的浅光，也不要只有椭圆形、圆形、方形和平行状的光线；在摹仿你不愿使之对称的物体时，上述形状会令人感到难以忍受，以致安排成对称的就会悦目些。要严格地遵循透视的规律，等等。（《狄德罗全集》，

第 14 卷,第 202 页)

把形象分门别类,使它们形成对比、安排好光线、避免圆形和正方形:难道能用摹仿来解释所有这些要求吗?狄德罗却要这样做。

概括起来,摹仿和美这两个原则在当时的思想里都存在;但当时的思想在这一具体问题上是诸说混合的:它把两个概念混杂起来,但并未把它们分节。当时人只承认它们之间的协调,而不考虑
159 它们可能产生冲突;或者看到了冲突就毫不迟疑地偏向摹仿。而摹仿却承受不了这种偏袒:过分的照顾反使它病病歪歪。美学理论走进了死胡同,它抓不住艺术的实质。关于狄德罗(他的前人更是如此),我们只能重复他形容自己的那句话:“我只是呼来乌云,而没有驱散乌云,只想推迟判断而不想马上就下判断……”(《论聋哑人书简》,第 65 页)

第五章　摹仿和理据性 161

在介绍试图调整摹仿原则的各种方法中，我故意对一种方法避而不谈，因为我觉得它应该引起更大的注意。这种方法把摹仿说成是符号的两个方面——能指和所指——间的一种理据性。这样，美学问题就明显地被纳入符号学的范围了。[①]

这种新的解释并不是在对摹仿进行总体思考时，而是在对不同的艺术进行比较，具体说就是对它们的摹仿能力进行比较时得出的。比较主要涉及诗与绘画，有时也谈到音乐。

比较简单的方法是从迪博教士写的《对诗歌与绘画的批判反思》（1719 年）的第一卷谈起。这当然并不是说以前从未对各种艺术的复现能力进行过比较。我们并没有完全忘却西摩尼得斯*的说法：诗是会说的画，画是无声的诗。达·芬奇在他的《绘画论》里也用了很大的篇幅谈到不同艺术间的比较。但是，“艺术”符号这个概念当时还没有形成，达·芬奇主要想说明绘画的长处，先后把诗看成是听觉的艺术或想象的（也就是说同感官无关的）艺术。他强调绘画的优越，因为在画里物体的存在得到更多的保留（我这里先不谈空间—时间这一对立）：

---

① 在这一章和下一章里，B. A. 索伦森的《德国浪漫派和 18 世纪美学理论中的象征与象征主义》（哥本哈根，1963 年）一书对我特别有用。

* 西摩尼得斯（约公元前 556—公元前 468），希腊抒情诗人。

> 162 我们有理由认为：在虚构的事物里，绘画与诗之间的差别就如物体与它产生的影子之间的差别，甚至还更大，因为物体的影子至少还通过视觉才到达我们的理智，而它（在诗里）的想象形式并不通过视觉，而是在内心的目光里产生的。[①]

一个人的形象比起他的名字来更接近他本人，这就是达·芬奇大体上要表达的思想。但他的想法并未涉及到所用符号的性质。同样，德·比尔在《绘画原理教程》（1708 年）中写道："言语从来也不会被人看成是事物本身……言语只是表示事物的符号"（第二卷，第 358 页）。但他也没有对艺术符号进行分类。我们应该注意，这些思想家在任何时候也没有考虑艺术（绘画艺术或文学艺术，特别是音乐艺术）在多大程度上才真正是符号；如果从唯名论的角度来看，"符号"这词用在音乐、绘画和诗上时，在多大程度上还保留了它最初的意义。但是，暂时我们还得接受这样一种理论前提，在这种理论里只有特称命题才有意义。

是迪博首先提出了对艺术进行符号分类的设想。他清楚地阐述了可以把绘画和诗对立起来的范畴："绘画同诗不一样，它并不使用人工符号，而使用自然符号"（第 375 页）。这种划分是从哪里来的呢？可能来自一个无名的传统，它吸收了下列几方面的理论：1. 柏拉图关于语言的两种可能的起源：自然起源和约定俗成的起源；2. 奥古斯丁所说的两大类符号：自然符号和意向符号；3. 前两种理论在波尔·罗亚尔逻辑里的表现：符号被分别称为自然符号和制定符号。然而，这些两歧法都没有突出是否有理据性这个问题；这范畴在阿尔诺和尼科尔的著作里也出现过，那是在制定

① 达·芬奇：《绘画论》，巴黎，Chastel 出版社，1960 年，第 38 页。

符号的内部（“它们或者同形象的物体有某种松散的联系，或者一点也没有”）。

把绘画和诗同这两类符号一比，迪博得出的结论是绘画具有三方面的优越性。先是达·芬奇指出的：复现使物体的存在得到更好的保留；还是根据达·芬奇的观点，这就发展成对视觉的赞扬 163
和对听觉的贬低（迪博认为诗是听觉的艺术）：“我们可以用充满诗意的话来说：较之耳朵，眼睛更接近心灵”（第 376 页）。再说，他几乎不承认在绘画里有符号（符号本质上是有和无的对立）：“我说绘画使用符号，也许这样说并不恰当。绘画表现给我们看的是自然本身”（第 376 页）。第二个优越性只是上述观点的结果，即比起诗来绘画对人起的作用更直接、更强烈。第三，一个能被所有人理解而不必考虑他们的国籍和教育，另一个却不能：巴别的厄运也使诗歌遭到了不幸[*]。迪博认为后两点很关键，因为他的美学思想已转向艺术的感知和欣赏过程了。

但迪博比他的前人更注意诗的性质。他并不区分诗的语言和非诗的语言：他对一般的语言进行的批评也适用于诗；但是，他在描写诗歌符号时却向前迈进了一步：他把文学的表意过程分成两个阶段，它们同语符学派[**]的术语里的指示意义和内涵意义相等：

> 语词首先应该唤起它们作为任意符号表达的概念。然后这些概念再在我们的想象中组织成使我们感动和有兴趣的画面。（第 377 页）

---

* 指《圣经》中所说人在巴别建通天塔，后被上帝变乱口音，建塔未成的故事。

** 语符学派，即结构主义语言学中的哥本哈根学派。

文学与其他艺术的差别就在于它的转弯抹角的间接复现方式。声音表示意义，但意义又转而成为能指，所指就是被复现的世界。从这意义上说，诗只是**第二等**的符号系统。

另外，迪博教士还区分了诗里的三种美：只是由声音产生的美、单纯意义产生的美、最后是两者的和谐关系引起的美。美妙的声音和美好的思想在这里并不引起我们的兴趣。但是，谈到能指与所指之间协调的可能性时，这不就同“语言符号是任意的，因此并无协调可言”这个最初的论点矛盾了吗？迪博写到：

164 > 语词作为概念的符号所具有的第二种美就是它们和意指的概念间的一种特殊关系，也就是在某种程度上摹仿表达这概念时我们可能发出而实际上并未发出的声音。（第289至290页）

语词永远也不能摹仿事物，但它们也许能摹仿某种声音（象声词？感叹词？），而这声音却是对事物的自然表达法，这就成了一种间接的摹仿。问题在于这些可以说是第二等的摹仿型语词或句子太少了，而且正在越来越少；最初，语言是摹仿性的，它的演变却是一个非理据化的过程。迪博肯定了拉丁诗较法文诗来得高级，因为拉丁语里象声词多（他考虑的唯一有理据的形式）。无论如何，诗人应该发挥这“第二种美”：

> 然而，有的语词在发音时摹仿要表示的声音，有的摹仿在表达语词作为制定符号代表的事物时我们自然要发出的声音，有的则同表示的事物间还有某些其他的关系，这些语词较之同表达的事物间除了习惯用法之外没有别的关系的语词就要有力得多……。（第292至293页）

有理据的语言更适合于诗人；但是，语词的意义究竟是最重要的因素;再说,有理据的言语几乎也要不存在了。

这种观点马上得到了响应,如英国哲学家和语法学家詹姆斯·哈里斯所著《论音乐、绘画与诗》[①]。哈里斯颠倒了对艺术传统的等级排列,把诗排在最上面,因为它可以复现并传递全部的经验。至于不同艺术里的符号性质,他的论文与迪博的差距并不很大。各种艺术的共同点是摹仿自然,但它们摹仿的手段不一样。“一个画出来的形象或一部声乐作品同它们应该相像的事物间总有一种自然关系。相反,言语的描写和语词所象征的思想之间很少有这类自然关系”(第 58 页)。诗是听觉的艺术,但它要通过语 165
言才能实现;而哈里斯认为:语言的特征是“以约定俗成的方式赋予每个概念一个标志或象征它的声音”(第 55 页)。哈里斯意识到还有“自然的”语言符号(象声词),但他认为这并不重要。

> 语词不仅是约定俗成的象征,而且还是声音,可以用发音的快慢、用占主导地位的是辅音、流音还是元音来加以区分;因此,除了约定俗成的关系之外,它们还自然地与有的事物相像,并与这些事物有着自然的关系……因此,即使诗的摹仿也是部分地建立在自然的基础上的。但这种摹仿程度有限,如果没有约定俗成的表意,那么不管摹仿得多么惟妙惟肖,也会几乎无法让人理解。(第 70 至 72 页)

哈里斯用一个词——摹仿——来指意象和语言这两个极为不同的系列(他本人就描写了它们之间的深刻的差别),并且觉得毫无问题。他也不去设法了解诗歌符号同语言符号相比是否具有独特的性质(尽管他也提及象声词,这说明他已隐隐约约地意识到

---

① 收在他的《三篇论文》中,伦敦,1744 年。

了这两个问题）。

狄德罗对后一点作了评论，但他只是重复了哈里斯关于艺术等级的观点，而在诗与绘画的对立上又重复了迪博（或达·芬奇）的观点："画家展示的是事物的本身，而音乐家与诗人的表达只是些象形文字"（《论聋哑人书简》，第81页）。但在同一《书简》中，我们可以读到关于语言内部诗与非诗界限的一段脍炙人口的话：

> 在所有的话语中，应该区分思想和表达。如思想得到清晰、单纯和准确的表达，这在日常会话里就足够了；除此之外，再加上按照复合句的数目与和谐来选词，你就得到了适合演说的风格；但这同诗，特别是与颂歌和史诗的描写展现出来的
> 166 诗相去甚远。在诗人的话语中有一种精神能使每一个音节都活跃和生动起来。这种精神是什么呢？我有时曾感到它的存在，但我所知道的，就是它使我们能同时说出和复现出事物；就是当理解力在掌握它们时，心灵受到了感动，想像力看到、耳朵则听到了这些事物；就是话语不仅是有力而典雅地陈述思想的生动词语的组合，还是描绘思想的纵横交错的一套象形文字。在这意义上我可以认为：所有的诗都是象征性的。（第70页）

这里，狄德罗把两类话语——诗歌话语和日常生活话语——对立起来了，中间还夹了个演说用的散文风格。诗歌话语的特点在于它的能指（尽管狄德罗更注意两种话语的不同效果）：在日常话语里，能指是透明的（即与所指没有必然的联系），而在诗歌话语中，语言符号变成了象形文字（或象征），它们既说出、又复现出事物。

那么什么是象形文字呢？同一篇文章的后几页就作出了清楚

的说明[①]:狄德罗称为象形文字的是那些直接摹仿所指事物、其中的能指又是所指的形象表现的那些话语片段;今天大家称它们"有理据的符号"或"象征"。这样 soupire(法语:叹气)一词是象形文字,就是说它描绘(摹仿)它所指的动作,因为"第一个音节是清音的,第二个音节要延长,第三个则不发音。在维吉尔的一句诗里,"demisere宛如花茎那么柔软;gravantur 则像沾满了雨水的花萼一样沉重;collapsa 则表示吃力和坠落"。象形文字的不足就是摹仿(也是理据性)的不足:

> 要我说吗?我感到 gravantur 对于轻柔的罂粟花朵来说未免有些太沉了,我也不觉得 succisus 后的 aratro 能完成象形文字式的描绘。(第 72—73 页)

语言里也有"自然符号"(这种观点完全出自要把一切都以摹仿的名义统一起来的需要),这在迪博和哈里斯的著作里只是个不太吸引人的观点,但到狄德罗的著作里就几乎成为对诗歌语言 167
的一种战斗性的定义了:诗应该使用自然符号(就是有理据的符号)。美中不足的是:狄德罗不但没有细谈产生理据性的过程(今天我们可以根据他所举的例子加以说明),而且忽略了一个更关键的、每个持怀疑态度的人必然会提出的问题:诗在多大程度上确实是它"应该"的那个样子?是否真是只有象声词才把它同散文区分开来?

狄德罗以后再也没有重新谈起这篇早期著作里研究的题目,这些问题至少在他的著作里并没有得到解答。他以后只对一点进行了发挥:就是不同艺术,特别是诗与绘画之间的对比研究。他又

---

① 请参看 J. 杜利特尔所著《狄德罗〈论聋哑人书简〉里的象形文字和象征》,《狄德罗研究》,第二期,1952 年,第 148 至 167 页。

重述了上面引用的观点:"绘画让人看到事物本身,而诗却只是对它进行描写……。"他在《百科全书》的"百科全书"这一条目中是这样介绍这组对立的:

> 绘画并不涉及智力活动……;一句话,有无数这类性质的事物绘画不能表现;但它至少让我们看到它表现出来的所有事物。相反,话语能指所有的事物,但它却不能让我们看到任何事物。画出来的事物总是很不完整的,但它们毫不含糊,因为这就是我们眼前事物的写照。书写的记号可伸展到所有的事物,但它们是制定出来的,就它们自身来说并不意指任何事物。(《狄德罗全集》,第十四卷,第 433 至 434 页)

20 年之后,狄德罗又强调了这组对立:

> 画家很明确;用来描写的话语却总是含混的。对美术家的摹仿我不能有任何补充;我的眼睛只能看到上面有的东西;但不管文学家的描绘有多么细致,如果美术家要把它搬到画布上的话,一切都得从头做起。(《狄德罗美学著作》,第 838 至 839 页)

就像狄德罗著作中常见的那样,这种说法的最恰当的表达不是在逻辑推论中,而是以寓言形式出现的:

> 168 一位西班牙人或意大利人急于得到一张情妇的画像,但他却无法让画家看到她,那就只有一个办法:尽可能详尽和准确地加以描写。他先确定她头部的确切比例,接着是额头、眼睛、鼻子、嘴、下巴和颈部的大小,然后他再回到各个部分,不漏过任何一个细节,以使自己眼前的真正的形象能铭刻在画家的心里。他既不忘记颜色、形状,也不忘记属于性格的一切情况:他越把自己的话语同情妇的脸进行比较,就越觉得说得

> 像;他特别相信:他越描写得细致,画家的自由就越少;他认为能吸引画笔的东西,他都毫不遗漏。他感到自己已描写得尽善尽美,就抄了一百份,分寄给一百位画家,请他们准确无误地把从纸上读到的形象移上画布。画家们画了。过了一段时间,我们的情种收到了一百幅画像,每一幅都同他的描写完全一致,但没有一幅画同另一幅相像,也没有一幅像他的情妇。(《狄德罗全集》,第十四卷,第 444 页)

在绘画和诗中,作者和接受者的分工并不相同。在绘画中,人们同时接受画家的设想和它的实现;画家不仅设计了他的画(他在迫不得已时本也可借助语词来做到这点),而且使它能够被人感知。相反,诗则要求读者的想象来完成类似的工作:诗人只生产一个梗概,要靠读者在需要时使之具体化。诗人已完成的作品对画家来说仍然是一个潜在的草图;观众只感知而不构思,而读者却要兼做两者。另一篇文章也说:"(诗的)形象在我的想象里只是个转瞬即逝的影子。画布却把事物固定在我眼前,并把变形的地方反复向我展示。这两种刺激的差别就是'可能是'与'是'的差别"(《狄德罗美学著作》,第 762 页)。狄德罗的注意力更多集中在接受过程,而不是事物本身。同时,这种比较也不能老是发展下去:阅读不一定总伴随着形象的构思,言语的表象复现同绘画的表象复现的性质也不一样。

我们还是回到艺术中符号的理据性上来。现在我们已谈到了 169
本章的主角莱辛掌握的所有要素。我之所以介绍前面这些想法和观点,正是为了更明确地突出莱辛的贡献,而史学家对此曾横加诋毁;可以说他的观点十分新颖,独具一格,并具有系统性。确切地说,莱辛是第一个把当时的两种老生常谈——艺术是摹仿;诗歌符号具有任意性——联系起来的人；也是他第一个提出两者放在一起有问题。由于他思维严谨，尽管他当时还未很好地解决这些矛盾，但还是打破了古典美学的框框：这是达·芬奇或狄德罗的不确切的、含糊其词的推理所不可能达到的。

《拉奥孔》(1766 年)的主要观点是在第十六章开始时提出的，但实际上整本书就建立在这个观点的基础上。下面就是关键的那段话：

> 既然绘画用来摹仿的媒介或符号和诗所用的确实完全不同，这就是说，绘画用空间中的形体和颜色而诗却用在时间中发出的声音；既然符号无可争辩地应该和符号所代表的事物互相协调；那么，在空间中并列的符号就只宜于表现那些全体或部分本来也是在空间中并列的事物，而在时间中先后承续的符号也就只宜于表现那些全体或部分本来也是在时间中先后承续的事物。(1964 年本①，第 109 至 110 页；中译本，人民文学出版社，1979 年，第 82 页)

这段话简洁地表达了一个三段论，我们可以对它作以下的分析：

1. 艺术符号应该是有理据的(否则就没有摹仿)；
2. 然而，绘画符号存在于空间，诗的符号则存在于时间里；
3. 所以绘画只可以复现存在于空间的内容，而诗则可以复现存在于时间中的内容。

170 在莱辛生前受到的批评里，除了一些考证上的争论外，最主要

① 大家知道并没有令人满意的《拉奥孔》的法文译本。下面我引用的是市场上唯一找得到的 1964 年本，但那只是个节译本；本文里的其他段落我引用库尔丁的译本(1877 年第二版)；关于《遗稿》我则引用德文的勃洛纳本(柏林，1880 年)。

的批评都是针对小前提的第二部分的。他的朋友门德尔松*在10年前提出了一个类似哈里斯的艺术系统，当他读到莱辛的第一个提纲时曾提了几点很中肯的意见，莱辛在写作中考虑了这些意见。门德尔松认为诗的符号既然是任意的（他同迪博一样很自然地就把言语中的符号与诗中的符号等同起来），就可以同时描写时间和空间的内容，描写先后的承续和同时的存在。如他在莱辛的手稿上评注说：

> 诗歌符号的意义是任意的，所以它们有时便以先后承续的多种东西来表达共同存在的邻接事物，而不践踏绘画的领地……先后承续的符号只要意义是任意的便也可以表达邻接的事物。（勃洛纳本，第359页）

门德尔松认为，时间上的先后承续——索绪尔则称之为线性特征——并不是语言符号的本质；他建议莱辛用音乐来代替绘画，他自己就这么做过；因为音乐的确是由先后承续的符号构成的。

莱辛生前受到的最严厉的批评来自赫尔德**，它针对的也是这个问题。赫尔德的《批评之林》的第一编谈的就是《拉奥孔》。同门德尔松一样，他对我们今天所说的诗的能指不屑一顾，对他来说唯一重要的是意义，然而意义却不是线性的。

> 符号的物质方面，即文字、音色、旋律，对诗的功能来说并不起作用，或几乎不起作用；通过任意约定而产生的语词的意

---

* 门德尔松（1729—1786），德国哲学家。

** 赫尔德（1744—1803），德国批评家、哲学家，浪漫主义运动的先驱。《批评之林》是他的早期作品，写于1769年，全名是《批评之林或根据最近发表的论文的尺度对美的科学和艺术的一些看法》。

义，发出的声音里的精神才是一切。[①]

诗主要不是对感官（如同绘画或音乐），而是对想象起作用：它"通过语词的意义作用于心灵的低级功能，主要是幻想"（同上，171 第158页）。这句话后来不仅成了批评莱辛，而且成了整个德国美学里的一句陈词滥调：人们把诸如绘画、音乐等能感知（或部分能感知）的艺术同诗这种主要是非物质性的绝对艺术对立起来。这下我们又回到了达·芬奇的立场，只是价值观念颠倒了位置：现在是不存在——而不是存在——成了肯定的对象。

我并不想对赫尔德的观点本身作出评价，大家知道关于诗的能指的作用今天已有另一种观点占了上风。但是，可以肯定，赫尔德批评莱辛（并通过他批评了许多世纪以来的一个传统）在某种意义上说是正确的：诗并不是音乐那样的"听觉"艺术（感知它主要不是通过耳朵而是通过眼睛：阅读……），并且它的摹仿不是通过孤立的声音产生的。然而重要的地方不在这里：赫尔德的批评同门德尔松的一样，只针对三段论里第二个命题的一部分。这么做的时候，两人都没有发现他们把莱辛推理中最关键的因素掩盖了；这个因素并不在小前提，而是在大前提里，即：艺术的符号应当是有理据的。他们二人，以及后来的评论者[②]都没有注意莱辛打乱了从迪博和哈里斯那里继承来的符号分类：分成有理据的（绘

---

① 《作品集》，第三卷，第136页。

② 在1964年Hermann版的《拉奥孔》法译本的前言里，J. 皮阿洛斯托卡又重复这种靠不住的陈词滥调："莱辛并非是唯一试图确定诗与绘画的差别的人……我们可以在迪博、哈里斯和狄德罗的著作中找到绘画的自然符号与诗的约定俗成的象征这一区别"（第23至24页）。相反，在M. 马拉什的著作《歌德的思想和作品里的象征》（巴黎，1960年），特别是其中第30页里对莱辛的独创之处说得十分清楚。该书的第一章同本章在许多方面是一致的。

画)和无理据的(诗)。对莱辛来说(在这一点上他更接近狄德罗,但远比他来得明确),两类符号都应该是有理据的,否则就无所谓艺术。他的前人一方面对诗提出要求,另一方面又拒绝赋予它这种特性,并对此轻描淡写、一带而过。在绘画里,“摹仿”与“自然符号”是同义词。但是,既然诗的符号是任意的,诗又怎么能摹仿呢?针对这些互相矛盾的要求,莱辛选择了逻辑,而不是常识,尽管乍看起来这会把他引向谬误。他采取了一种前后一致的立场:诗的符号也是有理据的。现在就要证实这条定理。

有意思的是在《拉奥孔》的提纲中这种说法还不存在,我们可 172
以读到这样的话:“诗的形象与物质形象的差别在哪里呢?就在绘画和诗所使用的符号。前者存在于空间,是自然的;后者在时间之中,并是任意的”(勃洛纳本,第393页)。具体在这一点上,莱辛的思想同他的前人毫无二致。然而在定稿本里,莱辛却要求诗使用有理据的符号。确切地说,这一思想从来也没有一个“最终的”表达方式,因为在莱辛于《拉奥孔》之后所写的、并在他死后发表的断片中,它比任何其他观点都更多地得到重复、调整和修改。

迪博、哈里斯和门德尔松的方程式是:绘画=自然符号,诗=任意符号;而莱辛的思想里却逐渐设计了一个四项结构。首先,言语可以是任意的或自然的。在前一种情况里,我们遇到的是散文(用现在的话说,即非文学话语);在后一种情况里,我们遇到的是诗(文学话语)。这是在《拉奥孔》第十七章里莱辛反驳门德尔松的批注时十分清楚地阐述的思想:

> 这只是语言和它的符号具有的一般特性(因为是任意的就能够既表示先后承续,也可以表示同时并列),并不一定就最适合于诗的意图。诗人并不满足于仅仅为人读懂,只是描

> 绘清楚准确还不够。散文家如果做到这一点就可以心满意足了，诗人还要把他想在我们心中唤起的意象写得就像活的一样，使得我们在这些意象迅速涌现之中，相信自己仿佛亲眼看见这些意象所代表的事物［这里我们就像听到了狄德罗的声音］……让我再说一遍，我并非要否认一般语言具有按照各部分来描绘整个物体的能力。语言有这种能力，因为它所用的符号虽然是先后承续的，却也是任意的。我所否认的只是语言作为诗的媒介会具有这种能力；因为诗特别要能产生逼真的幻觉，而用语言来描绘物体，却要破坏这种逼真的幻觉。这种幻觉之所以要遭到破坏，我说是因为物体的同时并存和语言的先后承续发生了冲突……所以如果问题不在引起逼真
> 173 的幻觉，而只须把概念弄得明确而且尽量地完备，上述排斥到诗的领域以外的那些物体描绘还可以有它的地位……。（1877 年版，第 135 至 140 页；中译本，第 91 至 95 页，个别地方有改动）

在我们说到有理据符号与无理据符号的地方，莱辛则用“幻觉”与“理解力”（或“智力”）这组对立。他采纳了鲍姆嘉通与门德尔松的意见，认为艺术只能是可感知的，但他还是清楚地下了一个定义：诗是有理据符号的语言；这个定义就是他推理的基础，并被后世不厌其烦地加以重复。

这种理据性是怎么产生的呢？就在《拉奥孔》里，莱辛把所有重点都放在时间的摹仿上了：既然语言符号在时间里前后承续，所以它们就能有理据地表达所有在时间上前后承续的事物。然而，“全体或部分在时间中先后承续的事物一般叫作‘动作’。因此，动作是诗所特有的题材”（1964 年本，第 110 页；中译本，第 83 页）。

但在遗稿里，莱辛考虑了好几种别的使符号理据化的方法。首先，他像18世纪流行的观点那样，认为语言产生于象声词，认为开始时语词同它们指称的事物相像。今天，象声词则为诗服务："从这类文字的灵活的运用就产生了人们所说的诗的音乐性的表达方式"（勃洛纳本，第430页；中译本，第188页）。同样，诗人也会使用感叹词——通用的，因而是自然地表达情感的方法。

莱辛建议的另一种方法接近于雅各布逊所说的"图解"现象。"诗所运用的不只是个别的词汇，而且这些个别词汇还要处在一定的先后承续的系列中，所以这些词汇尽管不再是自然的符号，它们所组成的系列却具有自然符号的力量"（同上，第431页；中译本，第189页）。这种诗里经常运用的方式竟很少吸引批评家的注意，莱辛为此感到遗憾（J. E. 施莱格尔把诗里的摹仿设想成比例关系，但主要是从亚里士多德喜欢的模拟移位这意义上说的）。

另一种方法更值得我们注意：这就是使用隐喻（这里用的这个词同在其他许多地方一样，指一般的转义）。我们可以再一次看到那些博学者所不承认的莱辛的独创性在什么地方。好几位同 174
时代的作者的确也用了莱辛所说的各种成分。在前一章里，我们已看到J. E. 施莱格尔把诗中的摹仿说成是一种类似；不是语词与事物间，而是比喻与被比喻双方，是隐喻词的两种意义间的类似（《论摹仿》，1742年）。在同一时期，瑞士的布赖丁格在《评诗歌艺术》（1740年）中写到：语词的任意性对诗来说是个不利条件，为了弥补这点，诗却可运用"绘画形象"（mahlerische Figur），即隐喻；后者同普通语词不同，是一种"必要的、自然的和有效的符号"（第二卷，第312页）。他最后作出了这样的结论：

> 形象而华丽的写法比普通的本义方法具有更大的优越

性，这主要是因为这种写法不光用同表达的意义没有任何联系的任意符号让人了解事物，而且借助类似的形象在我们眼前清楚地描绘出这些事物……形象而华丽的表达方式不只是通过任意符号让我们猜测到思想，而是同时让思想成为看得见的东西。（同上，第 315 页等）

布赖丁格认为这样描写的隐喻就属于“神奇”，而不是“逼真”的范围。

就在《拉奥孔》发表前几年，人工（任意）符号与自然符号（其中包括隐喻）这个奥古斯丁的（或被认为是奥古斯丁的）两歧式又被莱布尼茨派复活了。如 G. Fr. 梅耶就在对它进行一般的论述后把它用在美学上：从鲍姆嘉通以来，美就被看作是一种能感知的性质，自然符号不允许有任意符号的抽象性，所以是适合于美的。

所有的任意符号若要美的话就应该尽可能地摹仿自然符号……任意的和人工的符号越是自然，它们就越美。①

175 或是 J. H. 朗伯* 在他的《新工具》（1764 年）里写到：

如只限于本义，那我们只能把语词，特别是语言中的词根词，看成是表示事物和概念的任意符号。相反，它们在隐喻里却有更多的相似之处，因为里面的本义是预设的。然而，这些相似之处并不存在于语词和事物产生的印象的比较之中，而在于通过隐喻我们所称的事物间的不同之中。（第三部分，第一章，第 20 节，第二卷，第 14 页）

对隐喻机制的这种描写可以说一成不变地又出现在莱辛的著

① 《美的科学初探》，第二版，1755 年，第 626，635 页。

* 朗伯（1728—1777），瑞士—德国数学家、天文学家、物理学家和哲学家。

作里。

我们可以再一次说：莱辛学说的所有成分在他之前就已存在。让我们深入地研究一下他是怎么做的。他先是历数了为使语言具有理据性诗所使用的种种手法，并区分出两个主要类型：自然符号（象声词等）和同自然符号相等而又不是自然符号的符号。

> 诗使用的不仅仅是真正的自然符号，而且它还有办法把它的任意符号升华到具有自然符号的价值和力量。（勃洛纳本，第 430 页）

这样隐喻就在同质的系列里找到了它的位置。下面就是他的描写：

> 自然符号的特性在于它们和所指事物的类似，隐喻本来没有这种类似，它就引进了另一种类似，即所指事物和另一事物的类似，这就可以比较容易，也比较生动地更新它的概念。（同上，第 432 页）

布赖丁格满足于把隐喻写成是一种类似的符号，因此适合于诗；朗贝尔阐述了隐喻的语言性质，但没有考虑诗歌语言的理论；而莱辛却提出了一种既具体又普遍的统一理论：构成隐喻的类似并**不就是**有理据符号（如图像或象声词）的类似，两者只是从功能方面看才是相等的。另外，莱辛还说明了其中的机制：隐喻是借助 176
无理据符号构成的有理据符号。布赖丁格对这些问题都未加阐述。另一方面，大家已看到那位瑞士人极力想说明所有隐喻都用于描绘[①]（这是 18 世纪很流行的一种错觉）。对此莱辛可能还没

---

① 布赖丁格在他那本纯粹研究类似形象问题的著作《关于类比的性质、目的和使用的批判论述》里还强调了这一点，如第 7 页、第 113 页，等等。

有一个很好的答案，但他并不说隐喻一定具有视觉性，而只说隐喻使理解比较容易，比较生动……。

莱辛在给他的朋友弗雷德里希·尼古拉*的信（1769 年 5 月 26 日）里概述了他对语言符号的理据性的立场（大家会发现：他并不觉得除类似以外还会有别的理据性）：

> 诗应力求把它的任意符号提高到自然符号，只有这样，诗才成为诗而有别于散文。提高的手段是语词的响度、语词的次序、音节长短、辞格与转义、比喻等等。

所有这些手段都使诗趋向于成为一门由有理据符号构成的艺术，但它永远也不会成为这门艺术，因为总有无理据的语言符号。除了一种情况，这种情况在莱辛看来具有典型的价值。

> 最高级的诗就要把任意符号变成完全自然的符号。戏剧体诗就属于这一类，因为在戏剧体诗里语词已不再是任意符号，而变成了任意的事物的自然符号。①

这时，语词就指语词（达·芬奇曾蔑视地说：语词只能指语词），尽管这些被指的语词还是“任意的”，就是说离开了一种语言和文化无法理解，但这时的理据性已是全面的。这样，莱辛就像迪博教士一样，把戏剧体诗（悲剧）提到了各种体裁的诗的首位。

177 语言包括有理据符号（诗）和无理据符号（散文）。然而绘画也包括两类符号，所以具有两个不同的种类：在这一点上莱辛又一次背离了迪博、哈里斯和门德尔松代表的正统观念。他在《遗稿》（第 452 页）里问道：“并非一切运用听觉的先后承续的任意符号

---

① 《莱辛和门德尔松、尼古拉关于悲剧的通信》，R. 佩奇编，达姆斯塔特，第二版，1967 年，第 319 至 320 页。

* 尼古拉（1733—1811），德国批评家和出版家，莱辛的朋友。

的作品都可以成为诗。绘画既然应被看作是诗的姐妹艺术，为什么一切运用视觉的同时并列的自然符号的作品都可以成为绘画呢？”在给尼古拉的同一封信里他还说：

> 诗歌和绘画都同样可以是自然的或是任意的；因此，应该有两种绘画和两种诗，至少诗和绘画都应分成高级的和低级的。

对这一思想莱辛似乎并没有多加发挥：我们在他的著作中没有见到过关于绘画里的任意符号的、同上述分类对称和相反的分类。相反，我们却可读到关于自然符号如何会不再完全是自然符号的一点想法：因为尽管画像的轮廓同本人的轮廓具有同样的内部关系，但它们的大小尺寸几乎总是不一样的。

> 所以凡是要使用纯粹自然符号的画家在作画时就必须按照原物的大小尺寸或至少相差不太明显的尺寸去画。

所以画缩影的作者已经具有了“任意的”性质：

> 一拃长或一寸长的人脸固然也是一个人的画像，但是在一定程度上它已是一种象征性的画。这里我更意识到这符号而不大意识到符号所代表的实物……［莱辛认为这就是任意性的标志］。（勃洛纳本，第428页）

莱辛的论证十分严谨，也很吸引人。但他是否因此就说明了艺术的一般特性，尤其是艺术“摹仿”的性质呢？我们对此表示怀疑。显然，“摹仿”这词本身就会引起误解：我们不知道摹仿究竟是指表象复现或景象安排，还是指产生一个类似原型的事物。对语言艺术来说，只有这词的第一种解释才有意义。但莱辛在某种 178
程度上利用了谈到绘画时这个词可能产生的两种意义间的混淆，他装作相信，或确实相信：即使在谈到诗时，“摹仿”也应该理解为

"类似"。这就产生了对迪博或哈里斯来说可能不会出现的矛盾现象:即说诗既是"相似的"(因为它服从摹仿原则),又是"不相似"的(因为它使用任意符号)。但大家看到,这种矛盾来自莱辛在两句话里改变了这些词的意义。

很难确定莱辛的这些思想在从古典主义到浪漫主义的过渡中占什么位置。因为他设法巩固摹仿原则,他就同巴托、狄德罗等一样属于古典思想的最后表现。然而,当他改变了摹仿理论的方向,不再认为这是符号(或图像)与外部世界的关系,而是能指与所指之间,即符号内部的关系;换言之,当他把摹仿引向理据性时,莱辛明确地预告了诗歌语言的浪漫主义学说的形成。我们甚至可以进一步说他是这一学说的奠基人。古典主义与浪漫主义这两种学说间的演变关系恰好表现在两种观念的转变上。对莱辛、对从 A. W. 施莱格尔*到雅各布逊的莱辛学说的继承者来说,怎样才能把语言符号是任意的及诗使用有理据的符号这两种说法统一起来呢?即便重复二百遍,有的观点也不一定会变成真理……。

此外,莱辛许是竭力把艺术理论同对符号的通盘思考结合起来的第一个人,也是明确地表明每种艺术都植根于它的材料,所以文学也植根于语言的第一个人。当他设法维护摹仿说时,他的坚定思想可能比任何别的观点更沉重地打击了这种理论:他从反面证明了摹仿说在美学思想里所占的统治地位行将结束。浪漫主义马上就要诞生了。

---

* A. W. 施莱格尔(1767—1845),德国学者,批评家,与他弟弟 Fr. 施莱格尔(1772—1829)一起热情地传播了浪漫主义思想,是德国浪漫主义的主要代表人物。

第六章 浪漫主义转变期 179

诞生:人选;摹仿理论的终结;理论。
浪漫主义:综合哲学;产生;不及物性;协调性;综合法;不可言传性;《雅典娜神殿》116。
象征与寓意:歌德;谢林;其他人;克罗伊策与佐尔格。

诞 生

在叙述西方符号学的诞生时,我先选择了一个终点:圣奥古斯丁。我把他的学说解释成一系列异质的影响的汇集。总之,我的主题是:圣奥古斯丁和他的前人。为了探究浪漫主义美学的诞生(为什么要把两组截然不同的思考进行对比呢?),我不得不采取完全对称的、但是相反的途径:我将从一位作者的著作出发,这位作者在我看来应该孕育着浪漫主义美学的全部理论,然后再逐个阐述他对同时代的或略靠后的作者的直接或间接的影响。我的写法是把浪漫主义美学——或者说其中同本书内容的有关部分——当作是最初这些著作的发展,而我们也许是这种思潮发展的最后体现。这一次我的主题则是:一位作者和他的继承者。一位结束并综合了古典时代,另一位预示并开创了现代理论。

人选

是谁幸运地入选了呢？我们可以在好几个名字中犹豫不决。
180 我的选择是卡尔·菲利浦·莫里茨，而不是赫尔德、卢梭、维柯[*]或莎夫茨伯里（这仅仅是列举几位最重要的候选人）。但我意识到这一决定有些武断，依据的价值判断也是很主观的。我认为莫里茨的作品第一次集中了勾画出浪漫主义美学轮廓的所有思想（当然并不是他发明了所有这些思想）。这种具体的作用——再说也相当有限（这根本无法同奥古斯丁相比）——使他成为我研究的一个合适的起点。

事实上这种选择还有第二个原因：浪漫主义的那些最典型的代表在系统叙述他们的新学说时，对所有以前的传统进行了大量的批评，摈弃了里面的主要内容；但他们都提到了一个名字，提请大家注意到一名作者，即莫里茨。当然，他们在特别赞扬他的时候也并非不带着一种矛盾心理：刚一强调他的杰出作用，马上就要加上一些限制，他们似乎担心毫无保留地对他表示赞赏会使自己本人的价值受到损害。

先是奥古斯特·威廉·施莱格尔，他在《关于文学和艺术的讲稿》的第一卷《艺术理论》（1801 年的备课笔记）里的态度就是如此：在回顾和批判了过去的所有理论，在叙述了他自己的观点，或者说《雅典娜神殿》[**]的观点后，他补充道：

> 就我所知，只有一位作家专门使用了艺术摹仿原则的这

---

* 维柯（1668—1744），意大利哲学家。

** 《雅典娜神殿》（1798—1800），施莱格尔兄弟主办的早期浪漫派（耶拿派）的刊物。

> 种最高雅的意义，这就是《论创造美的摹仿》这本小册子的作者莫里茨。这本著作的缺点在于：莫里茨尽管具有真正的思辨精神，但因为没有在当时的哲学中找到任何支撑点，所以孤独地走上了神秘主义的歧途。(Irrgängen)(第91页；法译本第397至398页①)

施莱格尔在下一页里引用并概述了莫里茨的某些观点，他对这些观点都无保留地表示赞同，然而他一开始就一面把莫里茨摆在特殊的位置，另一面却嘱咐我们不要跟着误入歧途，并无缘无故地给他扣上神秘主义的帽子。但只有当我们读到谢林在《艺术哲学》(1802年的备课笔记)里涉及神话(谢林的核心概念)的另一段话时，这种态度才真正显得十分奇怪：

> 莫里茨的一大功绩就是在德国人以及所有人中第一个用 181
> 他特有的绝对的诗意来描述神话。尽管他并未最终完成这一思想，尽管他只能说明这类诗就是这样，而不能说明这类情况的必然性和基础(Grund)，但他的描述还是充满了诗意；也许(vielleicht)我们可以从中辨认出歌德的影响，歌德在他自己的著作中处处都表达了这类思想，并肯定(ohne Zweifel)也启发了莫里茨。(第五卷，第412页)

这段话比施莱格尔的那段话更复杂。谢林开始用了一个最高级的评语：莫里茨不但在德国，而且在所有人中是第一个……(另外请注意：施莱格尔与谢林都说莫里茨是第一个，但所说的方面不同)。然后是第一个限制：莫里茨不但不是太神秘化，而且可以说是太不神秘化了：他不会深入探讨问题，他缺乏“基础”。但句子

① 关于本章的参考书目与简称，请看第259页(见本书边码，下同)的书目。

尚未结束,接踵而来的是更恶劣的第二个限制:莫里茨思想里的精彩之处可能是受了歌德的影响,而到下一个(最后一个)从句中,"可能"马上又变成了"肯定"。

谢林在一段话里集中了那么多的非议之词,这就需要我们作出一番解释。让我自己从莫里茨和其他许多人的恩师——歌德那里去寻找答案吧!他的巨大身影曾使人忘却了他所荫庇的那些人,特别是莫里茨。歌德是1786年在罗马遇见莫里茨的。歌德吸引了他,成了他的启发者,并让他成了自己的代言人(反正是有人这样对我们说的),在他生病时歌德还照顾过他。当歌德回到德国后,他就请莫里茨去魏玛,并把他引进上层社会。以后他还帮莫里茨在柏林谋了个教授的职位,莫里茨一直呆在那里,四年后死于柏林。

舆论都把莫里茨看成是歌德的影子,他的代言人。要证明这种观点的错误,我只须举一个例子:莫里茨的论著发表于1785年,即在遇到歌德的前一年,但里面已包括了他的所有主要观点。那么这种舆论又从何而来的呢?从歌德自己。他概述过莫里茨写的关于摹仿说的一本论著,里面他就声称莫里茨写这本书时他在场。他在《意大利游记》里谈到这本书时更是公然声称:"它是从我们
182 的对话中产生的,莫里茨使用了这些内容,并以他的方式编写成书"(《纪念版》,第廿七卷,第254页)。30年之后,在一篇名为《新哲学的作用》(1820年)的文章中,他还感到有必要重申:"我在罗马同莫里茨长时间地讨论了艺术和它的理论需要问题;以后印了一本小书,今天这正说明我们往昔虽然对问题不甚了了,却还出了成果"(《纪念版》,第卅九卷,第29页)。

文字记载尚且如此,他口头的评价更可想而知了。而施莱格

尔和谢林在19世纪的最初几年正是歌德的密友,他们不可能不听到歌德的这类评价。我们再引《意大利游记》中关于莫里茨的虽然客气却十分高傲的两段话,这样大家也许对此会有一个具体的看法:

> 这是一位极出色的人;如他能够不时遇到一些既能干又热情的人根据他的情况对他进行开导,他一定会前途无量(《纪念版》,第廿六卷,第202至203页)。他有独到的、十分正确的观察问题的方法;我希望他能变得更为深刻(gründlich)。(《纪念版》,第廿七卷,第94页)

施莱格尔曾为莫里茨的孤独而感到遗憾,现在我们从这句话里难道不能认为这是受了第一段描写的影响吗?而谢林为莫里茨缺乏**基础**而感到惋惜的话难道不就是歌德的第二段话的翻版吗?

莫里茨备受赞扬,但这些赞扬却掩盖了他的思想和他所起的真正的作用,哪怕就为了这种非同寻常的命运,我也值得把他放在一个特殊的地位。

摹仿论的终结

这段轶事性的插曲打断了我们的思路,现在我们从原来的地方,即从美学在摹仿这概念上遇到的问题继续讲下去。人们对摹仿表示不满,但是又不知道怎样才能从中解脱出来,这样就产生了前两章里谈到的一系列多少有些笨拙的调整。

可以说这就是1750年时的情况。现在我们跳过半个世纪,把A. W. 施莱格尔的《艺术理论》一书翻到论述摹仿理论的那几页。一种全然不同的印象产生了:在这两段时间里发生了产生浪漫主义的那场危机。一个十分明显的不同点就是现在人们可以公开批 183

评摹仿原则了。事实上,我在介绍狄德罗、莱辛和他们的同代人的理论时对摹仿理论进行的批评和提出的问题,施莱格尔在他的论著里已经清楚地、出色地表达出来了。

首先,严格执行摹仿原则(我所说的"零等级")会导致荒谬的结论:如果艺术真服从于这个原则,即生产出完美的复制品,那么既然已经有了原型,艺术的存在又有什么意义呢?施莱格尔曾有趣地设想这意义就在于能够免去感知原型时可能产生的不舒服感觉。

> 这样,与真的树相比,画的树的优点是它叶上不会停留毛毛虫和其他的昆虫。因此,荷兰北部村庄里的居民为了干净,的确不在住房周围的小院里栽种真正的树,他们只是在四周,在墙上画上树木、篱笆和绿廊,并对此感到心满意足,再说这些东西还能在冬天保持常青。从此,风景画只用来使屋里,使自己周围有一个缩小的自然,大家可以从中观赏绵延高山而不必经受严峻天气的考验,并且可以免去攀登之苦。(第85页;法译本,第388页)

但是,关于艺术性质的这种看法不仅是可笑的,而且完全是错误的。大家知道,艺术作品遵循约定俗成的规律在自然界这个假设的摹仿对象中找不到任何的对应物(这里赫尔墨热奈斯*对克拉底鲁斯*进行了反击),如诗里的诗行、音乐的节奏,甚至连造型艺术都如此:如果说我们忘记了约定俗成的规律,"但我们还不会因为那人说了人都肯定有手有脚,所以那些半身雕像都不像就取

---

* 赫尔墨热奈斯和克拉底鲁斯是柏拉图的对话录《克拉底鲁斯》里对话的双方,克拉底鲁斯主张语言的自然起源,赫尔墨热奈斯则认为语言是约定俗成的。

笑他。”否则我们就会像那位中国人，他“看到英国油画时就问：那些人物是否就像在画中一样肮脏不堪，而实际上这却是因为明暗对照所引起的”（第 86 至 87 页；法译本，第 391 页）。

我们也不能像巴托（还有狄德罗，只是说法不同）那样用修改对象的办法——即说摹仿的是“美的自然”——来纠正摹仿原则，因为这就引入了第二条原则：美，但又没有办法了解这条原则。 184

> 两者必居其一：要么摹仿我们见到的自然的原样，那样我们常常会感到它并不美；要么我们总把它表现得很美，那就不是摹仿。为什么不直截了当地说艺术应该表现美，同时又不完全忽视自然呢？（第 85 页；法译本，第 389 页）

谢林在若干年以后更清楚地突出了这种自相矛盾的情况（在他 1807 年发表的论文《论形象艺术和自然界的关系》里）：

> 然后，自然的信徒是否应该摹仿自然里的所有事物，以及所有事物的各个部分呢？他只应该重现美的事物，而在美的事物里他也只应该重现美的和完善的部分。这样，这条原则就得到更具体的确定。但同时，有人会说：在自然界，非完善的事物同完善的事物，丑的事物同美的事物是混杂在一起的。那么，只会照自然依样画葫芦的人怎么会去区分这两个方面呢？（第七章，第 294 页；法译本，第 234 页）

谢林在他早些时候写的《先验唯心论体系》（1800 年）的最后一章里也对这种矛盾情况提出了意见。如果艺术的规律是美，那么艺术就是高于自然的美的体现，而自然却（也）是由美以外的原则控制的。因此，艺术不应摹仿自然，而要告诉我们如何判断自然美的标准：艺术与自然之间的关系就颠倒过来了。

从这里自然就可看出，把摹仿自然当作艺术原则到底有什么意思，因为，远非纯粹偶然美的自然可以给艺术提供规则，毋宁说完美无缺的艺术所创造的东西才是评判自然美的原则与标准。（第三卷，第622页；法译本，第170页；中译本，商务印书馆，1983年，第271页）

原来对摹仿原则所作的解释是站不住脚的。那么，如何解释
185 艺术作品与自然间存在的不容置疑的关系呢？这就要用一种崭新的方式来解释摹仿原则。施莱格尔认为，莫里茨的突出贡献就在于他发现并进行了这种解释。

理论

莫里茨进行的革新的确是彻底的：以前，为了使摹仿原则同观察到的现象相适应，人们满足于在“摹仿”上加一个起节制作用的副词，或者胆大包天地改变了宾语（“美的自然”、“理想”），但莫里茨却改变了动词的主语，这下整个意义就都变了。不再是作品，而是艺术家在摹仿。

要是艺术里有摹仿，那是在创作者的活动里：不是作品，而是艺术家在仿效自然，他在创造作品时仿效自然。但在两种情况里，自然这词的意义并不一样：作品只能摹仿自然的*产物*，而艺术家是把自然作为一种*创作*原理来摹仿的。莫里茨写道：“天生的艺术家不能满足于观察自然，而应该摹仿自然，把它当作原型，同它一样进行构造（bilden）和创作”（第121页）。因此，确切地说，不应该叫做摹仿，而应该叫做构造：艺术家的特殊能力就是一种Bildungskraft，即构造（或生产）的能力；莫里茨的主要美学论著就意味深长地叫作《论创造美的摹仿》（1788年）。摹仿（mimesis）？是的，但条件是要把它理解成创造（poiesis）。

施莱格尔把这一思想全归于莫里茨,这当然是言过于实。在莫里茨之前,英国的莎夫茨伯里,德国的赫尔德已经开始把摹仿置于创作者和造物主,而不是两次创造之间(这是近期的来源,因为第一次提出这种类比可以追溯到恩培多克勒*)。他们提出了在造物主上帝和作品的创造者艺术家之间必然会产生的类同。赫尔德甚至写道:"艺术家变成了造物主上帝。"莎夫茨伯里引用了在这种情况里十分贴切的普罗米修斯的形象:造物的神变成了艺术家的象征。莫里茨也属于这同一个传统,他在《神的学说》里写道:

> 普罗米修斯用水滋润了尚沾满天上粒子的大地,并按上 186
> 帝的形象创造了人,所以就只有人才把目光朝向天空,而所有其他的动物都把头垂向地面……为此,在古代艺术作品里,普罗米修斯脚下总有一只罐,面前一个人的上半身,他正用黏土在造人。他所有的注意力好像都集中在创造上了。(《神的学说》,第 24 至 25 页)①

因此,形成的时刻先于已往形成的结果,突出的项是产生过程。莫里茨写道:"美的性质在于:它的内部存在是在思维能力的范围之外,在它的产生和变化之中"(第 77 至 78 页)。这句话的前半部分表现出美的某种非理性方面,下半部分则把美放在变化中来考察。这种侧重方式说明了为什么浪漫主义美学不强调(作品与世界间的)复现关系,而突出把作品与艺术家联系起来的表

---

① 关于这个比喻的历史,可参看瓦尔采尔写的《从莎夫茨伯里到歌德作品里的普罗米修斯的象征》,1932 年,慕尼黑,第二版。瓦尔采尔的另一本书《诗与非诗的界线》(法兰克福,1937 年)涉及了当时美学里的所有基本概念。

* 恩培多克勒(约公元前 490—前 430),希腊哲学家,作品仅存《论自然》和《净化》的片段。

达关系。

在这个新的框架里，作品与自然界有着共同的特点：都是封闭的整体，都是完整的领域；既然创作作品同创造世界没有丝毫不同，那么创造出来的产品也就没有不同了。类似就不再是出现了相似的形式，而在于都拥有相同的内部结构；各个组成部分间的关系是一样的，起变化的只是大小的系数；作品不是世界的图像，而是对世界的图解。

> 从艺术家手里创造出来的那个美的整体则是自然这个广袤的整体里的高级美的一个印记。（第73页）活动能力……抓住了事物间的依存关系；它所取得的同自然里存在的相似，据此，它又构成了一个存在于自身的**任意**整体。（第74页）

187 双方的组织相同，但“在自然中显得大些，这里［在艺术中］则显得小些”（第76页）。这时，我们又回到新柏拉图派的宏观世界与微观世界的学说上来了。

从这个新的角度考虑，不仅仅是摹仿概念的内容，而是它的位置也起了变化。我之所以在叙述莫里茨的学说时从他对摹仿论的新解释开始，乃是因为我的出发点是以摹仿作为核心概念的原先的美学理论。但对莫里茨来说，情况却非如此。艺术作品就像世界，是一个自足的整体。正因为它同世界相像，所以就不需要表明同世界的关系。莫里茨美学的中心概念是整体，莫里茨所喜欢说的美正是指这整体。

莫里茨的每个思想孤立起来看并不新鲜，但把它们综合起来便使人耳目一新了。他对美的概念更是令人印象深刻：似乎是第一次，美的概念把当时常说的两种思想结合起来了。一方面，莫里茨像他的导师门德尔松那样想把美学和伦理学、把美和有用分开。

他特别反对（像J.E.施莱格尔那样）用美引起的愉悦来给美下定义，因为只要这样，就无法分清美和有用了。莫里茨认为：这种定义太心理化和太主观了。因为必须同有用分开，他就先用否定的方法来给美下定义：

> 一个事物并不会因为使我们愉悦就成为美的，要是那样，一切有用的事物就都会是美的了；然而，并非专门有用却使我们愉悦的事物，我们就可以称为美。（第6页）

美并不接近有用，却反常地接近无用：

> 无用这概念，只要它没有任何目的、没有任何存在的理由，就最自然不过地接近于美的概念了；因为美除了自身外不需要任何目的，不需要任何存在的理由，它拥有自己的全部价值，并且以自身作为存在的目的。（第69页）

这种邻近性并不是定义。美是无用的，确切的原因就在于：就 188
像有用这词所表示的，它的目的在自身之外，而美却是不需要任何外部理由的东西：一件事物只有在不及物时才是美的。

> 因此，纯粹有用的事物本身并不是一个整体，不是一件完善的东西（Vollendetes），只有它在我身上达到了自己的目的，换言之，只有它在我身上得到了完成时才能成为一个整体。然而在考虑美时，我把目的从我身上取下来，并把它放到事物里去：我把这事物看成是**本身已完善**，而不是在我身上得到完成的东西。这样，它自己就组成一个整体，并**因为它自身**而使我愉悦……我主要是因为美的本身而喜欢美，但我是为了自己才喜欢有用的。（第3页）

或者说：

> 美在它本身之外并不要求一种目的，因为它自身已经尽

> 善尽美，它存在的整个目的就在其自身。(第 69 页)美的实质在于它自身的完善。(第 79 页)

这样，美和整体这两个概念就几乎成了同义词：

> 存在于自身的整体这概念永远是同美的概念联系在一起的。(第 71 页)

每个整体，每件作品的目的在于它自身；这种说法蕴含着极为重要的后果。我们还记得奥古斯丁在使用和享受这两种活动之间所作的对立：人们为了其他东西使用事物，而人们是为自己而享受事物的。但在奥古斯丁看来，或推而广之在基督教看来，只有一样东西可以看作是最终目的，并且人们可以享用：这就是上帝。我们可以看出这种颠倒的重要性以及它的影响(我认为是政治上的影响)：等级制度被民主所代替，顺从被平等所代替；一切创造都可以并且应该成为享受的对象。对人是否能成为享受的对象这个问题，奥古斯丁的回答是否定的，而莫里茨的回答却是对人的赞扬。

> 189 人应该学会重新认识到他是为了自己而存在的，他应该感到在每一个能思维的动物身上，整体是为了每个个体而存在的，就像每个个体也是为了整体而存在一样。(第 15 页)决不应当把个人看成是一个单纯**有用**的人，而应该把他看成是拥有自身价值的**崇高**的人……人的精神是一个自在的完善整体。(第 16 页)

对莫里茨来说，以不及物的方式存在就成了最高的价值。他用这几句感叹来结束他的论著《论创造美的摹仿》："我们自己是**存在**的，这就是我们最重要、最高尚的思想。——从人的嘴里能够吐露出来的关于美的最崇高的句子就是：他存在！"(第 93 页)

然而在另一方面，莫里茨却保留了关于美的第二个定义，他或许在狄德罗或另一位前人的著作中读到过这个定义，这就是把美说成是构成事物的各个部分之间的协调关系。如他这样写过：

> 一件美的东西的各个部分越是同它们的整体，也就是说同这东西本身相称，这件东西就越美。（第 72 页）一件艺术作品的各个孤立部分以及它们之间的相互位置越是**必要**，这件作品就越美。（第 120 页）

莫里茨的才能在于没有让这两种观点对立或互不相干，而是使它们和谐地结合起来，并互为补充。正因为美的事物完全不是必要的，所以它的各部分之间、部分与部分构成的整体之间的关系才应该是必要的。莫里茨在他 1785 年发表的第一本美学论文里就指出了这种相互依存的关系：

> 只要一件事物缺乏外部的用途或目的，而它又能激起我的愉悦感，那就应该从这事物的本身去找它的用途或目的，或者说：我应该**在这事物的各个孤立部分里找到许多目的性，以至忘了问：这整体有什么用呢**？用另一种方式来说：面对一件美的事物，我应该单纯为了它本身而感到愉悦：为此，缺乏外部目的性应该被某个内部目的性所弥补；这件事物应该是件 190
> 自身完善的事物。（第 6 页）

莫里茨的用语并不是固定不变的：有时他把缺乏目的同存在目的性相对立，有时又把内部目的性与外部目的性相对立，但他的思想是清楚的；从他开始，美的事物的内部**协调性**就同它的外部**不及物性**密切地联系在一起了："找到它自身的目的"和"具有系统性"也并驾齐驱了。在这一个具体问题上，康德的美学（"无目的的目的性"这种说法所概括的内容）同莫里茨的美学比较并没有任何先进之处。

温克尔曼*已经说过:“真正的艺术目的不在于摹仿自然,而在于创造美”;但是他未能从中得出结论。只是到莫里茨时艺术才成为主要是美的体现。下面的说法综合了这种新的态度:“一切美的艺术品都多少是我们周围的自然界这个宏观整体的一个印记,它也应该看作是为着自身而存在的一个整体,它像大自然一样,有着自身的目的,并为自身而存在”(第122页)。莫里茨的第一篇美学论文的题目是《论把各种美术和科学集合在自身完善这个概念里》,这并非出自偶然:这题目使人想起巴托的题目**,但是把它颠倒了一下;这篇论文已经宣告了美对艺术的主宰地位。

艺术与自然都同样可以用美来进行分析,然而它们并不相等:自然的产品还可以被使用,而艺术品却不能。所以从美的角度看,艺术高于自然。莫里茨在这里已预先说出了前面引用的谢林的那句话。

> 从一种思想到另一种思想的发展,或外部目的性向内部目的性的逐渐转换,简言之,自身的完善似乎是艺术家在艺术作品里真正起指导作用的目的。艺术家应设法把在自然里外在于事物的目的放到该事物的内部,并就此使它达到自身的完善。这样,就在以前我们只看到目的分歧的局部之处,现在却可以看到一个整体。(第153页)

191 这段话既规定了艺术对自然的优势,又说明了艺术的规律:外部目的性向内部目的性的转换。

---

* 温克尔曼(1717—1768),德国考古学家、艺术史家,著有《希腊绘画雕塑沉思录》和《古代艺术史》。

** 巴托的题目是《美术的唯一原则》(见本书第144页),也可直译为《归结成一个原则的美术》。

在《试论德国韵律学》(1786 年)里,莫里茨向我们提供了把这原则应用到特定艺术的理论里去的一个突出的例子:他把诗与散文间的对立用外在目的和自在目的这组对立来说明,确切地说,是用一个各项都以相同方式对立的比喻(可能是马莱伯*最先提出的),即舞蹈和步行间的比喻来说明:

> 这里谈到的话语就像是步行。通常步行有一个自身之外的目的,它纯粹是为了到达目的地而采用的一种手段,它不间断地趋向这目标,而不关心每步步子走得均匀不均匀。但是激情,如高兴得蹦蹦跳跳,就使步行回到它的自身,分开的步子之间不再具有一步比一步离目标更近这个差别;它们都一样,因为步行不再朝着一个目的地,而是为了自身而进行了。因为每一步都变得同样重要,于是就产生了难以抑制的要对本质上变得一样的东西进行计量和细分的欲望,这样就产生了舞蹈。(第 185 至 186 页)

只要脚步不再用于接近某个目的地,这就产生了内部组织:节拍。同样,当语词"为了自身"而产生,当话语"回到它的自身"时,就出现了诗,也就是说以某条独立法则的名义进行的内部组织就产生了(第 187 页)。诗是一种舞蹈的话语,因为舞蹈是一种不及物的和具有结构的活动。①

艺术作品的特点是它的内部协调性,这对构成作品的所有层次,即对它的精神与物质两个方面,对它的内容和形式都起作用。

---

① 关于莫里茨的这一看法,请参看施里姆的《诗是舞蹈般的话语,论 18 世纪以来的德语韵律学》,见 W. 弗尔斯特和 H. K. 博克主编的《约斯特 · 特里尔七十寿辰纪念文集》,科隆—格拉茨,1964 年,第 386 至 410 页。

* 马莱伯(1555—1628),法国诗人,为法国古典主义开辟道路的理论家。

然而,形式与内容、物质与精神都是对立的。这样,我们可以用另一种方式来说明艺术作品的特点:它实现了对立物的融合和相对双方的综合。莫里茨不但在艺术方面这样做了,如他写过:"高级
192 的悲剧美是由对立面的并列构成的"(第203页)。他还像以后的谢林一样,认为神话可起类似艺术的作用。神话发展的顶峰——希腊神话——里的形象的特点也就是这种综合的方法,这种吸收和解决对立面的不可调和性的能力。

> 在密涅瓦*杰出而神奇的创造中,就像在阿波罗的神谕里一样,我们可以发现全然相反的东西竟在一起,这就使诗优美了,诗在这里可以说是变成了一种高级的语言,它在表达时集合了互相和谐地回荡着的许多概念,而这些概念在别处却是分散和孤立的。(《神的学说》,第101至102页)

整体的独立性是美的不可或缺的条件。这个命题在描写一件艺术作品时产生了一种自相矛盾的后果。一件完美的艺术作品是不容许解释的:只要它容许解释,它就不完美了,因为它将取决于其他的因素,取决于一个外在的程序,然而美的特点却正在于它的绝对独立性。

> 美的性质就在于部分和整体都能说明问题,都能表意(总是这部分通过另一部分,整体则通过它自己来表意);在于美能自己解释自己(通过自身得到描写),即除了只对内容起指示作用的手指之外不需要任何解释、任何描写。一旦某件优美的艺术作品在除了这个起指示作用的手指外还需要特

---

* 密涅瓦,罗马神话里的手艺、医术、雕刻师、乐师和诗人的保护神,相当于希腊神话里的雅典娜。阿波罗,希腊神话中的太阳神,他在德尔斐的神殿发布神谕,由祭司编成诗句并加以解释。

> 殊的解释,仅仅为了这点,它就已经变得不完美了:因为美的第一需要就是它借以展现在人们眼前的明晰。(第95页)

艺术作品通过自己各部分的作用自己表示意义,因此它也是对自身的描写,并是唯一恰当的描写。“形象艺术作品本身就是对自己的最完美的描写,它们不能再一次得到描写”(第102页)。

这一现象却引出了一个更为自相矛盾的后果:如果真是在同一媒介(诗、绘画)中,所说的艺术作品是对自己唯一可能的描写, 193
那么在艺术间进行比较时就会产生另一种可能性:既然美总是按照同一个原则实现的,那么所有美的作品里都有一种隐藏的同一性;这样,最美的诗因为这个事实就等同于最美的画,并是对后者的描写,反之亦然。

> 在用语词描写美时,这些语词集中在一起,加上它们在人们想象中留下的踪迹应该就是美。在用线条描写美时,这些线条集中在一起应该就是美,这种美除了用它自身外永远不能以其他的方式来表示,因为只是在事物和对事物的描写结合成一体时美才开始形成。因此,名符其实的诗艺作品在形象艺术作品中是用语词对美所作的唯一的真正描写……我们可以这样说:作者并不知道,最完美的诗可能同时又是对形象艺术的高级杰作的最完美的描写,就像形象艺术的高级杰作又是杰出的幻想作品的体现和表达一样……。(第99至100页)

或者更简洁地说:

> 诗描写形象艺术的美,因为它用语词把握住了形象艺术通过构图来表示的那些关系。(第120页)

美可以被赶上,但不能翻译。如莫里茨所说,诗、绘画和音乐都是表达（通过语词表示的）“思维能力范围”之外的事物的“高级语言”。艺术信息是通过诗、绘画等**可以表达的**，但同时它又是用通常言语手段所**说不出来的**。无法描写美的原因既在于美的独立性，又在于艺术语言在某种程度上无法转换成语词的语言：只有艺术才能够表达它所表达的事物。

这样就可以说艺术作品的所有特点都集中到一个概念，后来浪漫主义者称之为**象征**。但莫里茨还是从老的意义（即任意符
194 号）上使用这词；说真的，他还没有掌握任何表示艺术的这种特殊指意的词；他满足于说：美、艺术、神话。相反，他倒有一个词可指象征的对立面（在这方面其他的浪漫主义者都步他的后尘），这就是**寓意**（allégorie）。这词里的词素 allos* 就已经可以解释莫里茨对它表示的敌意了：寓意同作为自身完善的整体的美不一样，需要有一个外在的东西。

> 只要一个美的形象在它本身之外还表示和意指什么东西，它就接近于纯象征[＝任何符号]，后者就像我写作时所用的字母，并不真正依赖本义上的美。——艺术作品的目的那时就不仅仅在于它的本身，而更多是在这之外了。——真正的美在于一件事物只意指它自己，只表示它自己，只包括它自己，它是一个自身完善的整体。（第 113 页）只要寓意同形象艺术中的美的概念这样背道而驰，尽管表现出所有的热忱，作出无数的努力，它在美的系列中不会有任何地位；它就像我写作时所用的字母不具有任何价值。——圭多**所画的命运女

* allos，希腊文，意为“其他的”。

** 圭多，13 世纪的意大利画家。

> 神头发迎风飘着,脚趾碰着转动的球,的确是个很美的形象,但原因不在于它准确地表现了幸福,而是因为这形象的整体有着某种内在的和谐性。(第 114 页)

如上所说,美(也就是艺术)在这里被说成是"自身完善的整体";寓意和其他在自身之外找到存在理由的所有事物一样,同美是不相干的。然而又产生了一个问题:莫里茨承认艺术作品指意;那么,转向自身之外的其他事物不就成了所有符号都有,而不仅仅是寓意所特有的性质了吗?这样,莫里茨就需要设计一组新的、以不及物性为特点的符号(因为符号从定义上看就是及物的,所以就要使对立面进行新的组合)。艺术作品是"一个意指自己的东西"(但这是否还是意义呢?)。通过协调各个部分,协调部分与整体,通过内部的协调性实现的就是这个东西。

在另一篇文章里,莫里茨写道:

> 一件真正的艺术作品,一首优美的诗都是自在的尽善尽 195
> 美的东西,它为自己而存在,它的价值在于它自身、在于自己各部分间的有条理的关系;相反,纯象形文字或字母可能是十分难看的,只要它们表示别人看到它们时应当想到的东西就行了。——有人在读了荷马的诗篇后还问:《伊利亚特》意指什么?《奥德修纪》意指什么?此人必定没有被他杰出的诗里的美所感动。一首诗意指的所有东西就在于它自身……。(第 196 至 197 页)

象形文字和字母都是以约定俗成的方式指称事物的任意符号;后来人们所说的象征是一种有理据的符号——但这只是说在它的不同层次和不同部分之间存在着一种"有条理的关系";而这种内部的条理反过来又变成一种新的意义形式:不及物意义——

艺术使这种意义存在，但任何语词都无法翻译它。所以，“《伊利亚特》意指什么”这个问题完全是白提的。就像另一种说法所表明的，“只要一个物体美，它就不应意指、也不应谈及任何自身之外的东西；它只应该借助自己的外表来谈及自身，谈及自己的内部存在，它应该通过自身来变成能指”（第112页）。艺术中的意义是能指和所指之间的互相渗透：两者之间的一切距离都被消除了。

有时艺术中也容许有寓意，那只能是附带的，只能起次要的作用。

> 要是一件艺术作品仅是为了表示自身之外的什么东西而存在；仅仅为此，它就变成为次要的东西——而涉及到美时，它永远应该是主要的——要是有寓意，它也应该永远留在从属的位置，就像它是偶然出现的一样；它永远也不是艺术作品的主要部分或它特有的价值。（第113页）

艺术并不是不及物意义应当统治的唯一场所（以后说的象征），同它一样的还有神话。莫里茨写了一本关于神话学的专
196 著①，我们完全有理由把它看作是当作所有神话学研究的起点。莫里茨并没有使希腊神话成为单纯的历史故事，也没有犯另一个相反的错误，即用罗列寓意的方法让神话去说明某个抽象的教诲，他突出了每个神话和每个神话形象的各种成分，指出了这些成分之间的关系，并把神话互相联系起来加以介绍。他在一篇纲领性的前言（我引的是收入《美学和诗学论文集》里的这篇前言）中是

① 关于此书的计划和方法，请参看 H. J. 施林普夫《幻想的言语，论莫里茨的“神的学说”》，见 H. 辛格和 B. 冯·维泽所编的《理查·阿勒温纪念文集》，科隆—格拉兹，1967年，第165至192页。凯伦伊已经承认莫里茨是现代神话学的奠基人。见他的论著：《关于时间测量的想法，希腊神话描写》，《普通研究》，第8期，1955年，第272页。

这样解释的：

> 想借助种种解释把古人关于神的故事变成单纯的寓意，就像想借助种种勉强的解释把这些诗篇变成真正的劝善惩恶的故事一样荒唐无稽……——为了丝毫不改变这些美丽的诗篇，就需要先弄清它们的本来面目，而不去管大家以为它们表示什么，并尽可能地以总体的观念来研究这个整体，以逐步发现仍是互不相干的各个片段之间的哪怕是极为疏远的关系的蛛丝马迹……——在幻想的范围里，朱比特这个概念首先是指他自己，就像在一系列真事里，恺撒这概念就指恺撒本人一样。（第196页）

正因为莫里茨这样看神话，所以谢林才对他发表了前面那段模棱两可的赞扬话；但在近50年后，当谢林撰写通常被看作是现代神话学的起点的《神话哲学》时，这种赞扬就全然消失了。但这并非是后来谢林的观点同莫里茨的相左，而是因为谢林还这样表达自己对神话的主要看法：

> 神话……除了它所表达的以外没有别的意义……考虑到产生这种形式的必然性，它完全是本义的，就是说应该就它表
> 达的那样来理解它，而不要认为它说的是一回事，而想的却是 197
> 另一回事。神话不是寓意的：它是直意的（tautégorique）［这词是谢林从柯尔律治*那里借用的］。从神话的角度看，神是真正存在着的人；神并不以一种形式出现，却去表示另一种东西，他们只意指他们的本身。（第三部分，第一章，第195至196页；法译本，第237至238页）

---

* 柯尔律治（1772—1834），19世纪最有影响的英国诗人和思想家之一。

浪漫主义

综合哲学

在弗里德里希·施莱格尔的笔记和断片里,我们发现以不同方式表达的一种奇怪的主张。“威兰*和毕格尔*两人加起来倒是一位好诗人”(《吕克昂》第1103篇)。“尚没有(像诗人歌德、哲学家费希特*那样的)合适的道德教育作家。(雅各比*、弗尔斯特*和米勒*应该为此而综合在一起)”(《吕克昂》,第110页)。这后一个注释在《雅典娜神殿》的第449号断片里得到进一步的发挥和阐述:

> 我们还没有任何道德教育作家可以同最伟大的诗人和哲学家相比较。一位这样的作家应该把米勒的古代的崇高政治学和弗尔斯特的伟大的宇宙经济学,以及雅各比的培养道德的体操和音乐结合在一起;同样,在写作方法方面应该集中第一位的庄重、严肃和热情的风格,第二位的清新、细腻和亲切的笔调以及第三位的富于感情的特色,它像精神领域里远处的口琴曲一样四处回荡。

综合众人的长处以便产生完美的人,这的确是年轻的F.施莱格尔最热衷的一个想法。这理想不仅适用于他阅读的那些作家,

---

* 威兰(1733—1813),德国诗人和文学家,作品多为华丽、繁琐的洛可可风格。毕格尔(1747—1794),德国诗人,浪漫主义歌谣文学的奠基人之一。费希特(1762—1814),德国哲学家,先验唯心主义运动的第一位主要代表人物。雅各比(1743—1819),德国哲学家,感觉哲学的主要阐述者和唯理论的著名批判者。弗尔斯特(1754—1794),德国探险家和科学家,以写文学旅游书籍而著名,著有《环球旅行记》。米勒(1752—1809),瑞士历史学家,有瑞士塔西佗之称,著有《瑞士邦联史》和《世界通史》(24卷)。

而且也适用于他自己以及他的朋友（在他之后，诺瓦利斯则向往着集体创作）。当活动结果产生的是哲学著作，这就叫综合哲学；当活动结果是诗，那就是综合诗。施莱格尔在举另一个例子时，对此作了更为广泛的解释：

> 当综合哲学和综合诗成了普遍的和内在的，当用多种性 198
> 质互相补充构成共同的作品这种现象不再罕见时，也许一个崭新的科学与艺术的时代就开始了。我们往往想到两个有才智的人应该像分开的两半截东西一样结合起来，他们在一起就十全十美了。如果有一种让众人混杂的艺术，或者评论界除了期望（正是凭着期望他们才有那么多东西可写）之外还能做些别的事情，我倒愿意看到让·保尔*和彼得·勒勃莱希［即蒂克**］结合起来。所有在一个人身上缺乏的东西都可在另一个人身上找到。让·保尔的奇特才能同彼得·勒勃莱希的丰富想象结合起来则能产生一位出色的浪漫派诗人。（《雅典娜神殿》，第125篇）

通过这些例子，我们清楚地看到综合哲学并非是凭类似性，而是凭互补性来实现的；另一篇摘录说得更直接："一般说来，把不是互相反对的哲学家集合起来的是好感而不是综合哲学"（《雅典娜神殿》，第112篇）。一方面，共同探讨综合哲学的人应当像另一篇摘录（《雅典娜神殿》，第264篇）里说的要"有水平"，就是说有相同的水平；另一方面，他们的想法应该"互相对立"。不管涉及到哲学还是诗，这些都是创作的最佳条件。

---

* 让·保尔（1763—1825），德国小说家，他的作品风格多样，语言富有魅力。

** 蒂克（1773—1853），德国早期浪漫派代表作家和批评家。

这思想本身就很迷人，但更使人印象深刻的是发现德国的浪漫派竟成功地把综合哲学付诸实践（不管他们是否已意识到这点）。浪漫派的综合哲学首先具有物质基础；这就是在18世纪的最后5年里围绕《雅典娜神殿》这杂志形成的核心成员的共同生活。以奥古斯特·威廉与弗里德里希·施莱格尔兄弟为中心组成了一个朋友圈子，他们中间包括（有的有间断，各人程度也不一样）诺瓦利斯、施莱尔马赫、谢林、蒂克以及另外一些人。在5年中，他们常去同样的人家，与同一批妇女交往并参观同样的博物馆；他们交谈频繁，书信不断。弗里德里希·施莱格尔撰著或主编的作品（《关于诗歌的谈话》、《雅典娜神殿》里的断片）里特别留下了这种综合哲学活动的痕迹。

这个事实强迫每位研究浪漫派学说的人采取一种特殊的态度。这里不可能（再说也不需要）像我在介绍莫里茨那样逐个介
199 绍每位小组成员的所有观点。只有一个学说、一位作者，尽管有着许多名字：并不是每人都重复别人的观点（那就成了同感而不是综合了），而是在同一学说中每人都比别人更好地阐述里面的某个方面、某个部分。

我就这样把最终可能只是浪漫主义者的理想的东西当成了现实，甚至把这作为阅读他们的著作时的一条系统的规则；但这样做时我却可能在两个方面遭到别人的非议。

第一方面是原则上的批评，就是要证明（这样做并不太难）在作者与作者之间存在着无法消除的差别。论据本身是正确的，但在这里不合适。主张浪漫运动统一性和强调每位作者的特殊性的人之间的争论毫无必要。双方都有道理，中间并没有矛盾：因为两种说法涉及的不是同一个问题。当要确定一种思潮的特点时，我

们就注意到构成这思潮的作者间的类似和邻近的地方，注意到他们同其他思潮的代表人物间的对立。当要考虑一位作者在思潮内部的地位时，我们相反就要突出他同最相近的人之间的差别。大致说来，谢林、施莱格尔，甚至还有佐尔格[*]形成了一种综合哲学；从另一方面看，他们之间又有很明显的对立：这两种说法都对，但两种说法又都不够确切。要避免无谓的争论，就只要确定好想要概括的方面就可以了。

第二种反对意见带有历史性，它迫使我们重新研究弗里德里希·施莱格尔著作中对综合哲学的描写。这里，我认为重要的并不是传记或趣闻里涉及的共同生活，也不是参加这运动的那些人自己感觉到的共同之处，而是他们在思想上互相补充这个事实。这种互补并不总是同情感和意向一致的。我认为特别是有一件历史事实对了解他们的思想起了欺骗作用：这就是浪漫派与古典派（按德语里这词的意义）之间，即耶拿与魏玛之间的对立。这里，个人之间的交往肯定也不少（特别是 A. W. 施莱格尔和谢林常去魏玛宫廷，并颇受器重；Fr. 施莱格尔受到席勒的影响，洪堡[**]经常
同 A. W. 施莱格尔通信），但由于年龄差别、个人间的对立等原因， 200
歌德却从不承认自己是浪漫派（但浪漫派在一段时间里却把歌德看成是体现他们理想的最佳人选）。这些传记上的争论或许有它们的价值，但我们认为它们并不起关键的作用：从我们的角度看，把话说得唐突一些，歌德有时属于浪漫派，而弗里德里希·施莱格尔倒不总是浪漫派。我是想介绍德国在 1785 年（莫里茨的《试论

---

* 佐尔格（1780—1819），德国哲学家，著有对话《埃尔温》和《美学讲座》。

** 威廉·冯·洪堡（1767—1835），德国语言学家和哲学家。

德国韵律学》发表的那年）到1815年（佐尔格的《埃尔温》出版）间形成的一种学说，而各个作者之间相处如何对我来说并不重要；总之，“浪漫派”这种叫法也纯属出于方便（我们的那些作者赋予这词另一种意义）。

这一切可能显得很寻常。然而，一个表面上无害的举动可能蕴蓄着严重的后果。我不是要“找回”过去，而是要建造过去。为了能理解过去，我就要与它保持一段距离，似乎忠诚需要背叛一样。我无法为自己辩护，说我不会在原来的文章里加上别的东西：我挑选，这就够了。我另有反驳的论据：在莫里茨时代产生的浪漫主义的意识形态到今日尚未寿终正寝；我们也具有这类性质，为此，我们的直觉和判断（在这里就是我的直觉和判断）仍然与它有关。可能我所勾画的浪漫派中也有我的形象，那是因为他们在我身上有着影响。我所介绍的浪漫主义理论并不完全是弗里德里希·施莱格尔创立并在那个时代运用的那种理论，而是当我们今天研究那个时代时所看到的理论：当时认为重要的某些观点已经全然被遗忘了，而别的观点似乎在时间的作用下却像结晶一样逐渐明确了。我要叙述的就是这些观点的诞生和发展。

产生

通过A. W.施莱格尔的叙述，我们已经看到浪漫主义是如何批评摹仿理论的。浪漫派当时已经具有推翻诺瓦利斯所说的“摹仿原则的专制统治”（第七部分，第288篇）的手段了。就是这位
201 诺瓦利斯准备把音乐放在艺术的首位，原因正在于音乐并不是摹仿的艺术。他之所以没有这样做，乃是因为其他艺术，具体说是绘画，事实上在他看来也同音乐一样并不是摹仿的艺术。在一篇著

名的断片(可以同《奥弗特丁根》* 第二章的那一页比美)里他是这样对音乐和绘画进行比较的:

> 音乐家从自身获取艺术的精髓,他同摹仿毫不相干。对画家来说,可见的自然界为他处处准备了他绝对达不到、并永远也达不到的一个范本;但画家的艺术实在和音乐家的艺术同样是完全独立、完全先验的东西。只是画家使用的符号语言比音乐家的语言难得多。老实说,画家是用眼在作画;他的艺术是和谐地观察美的艺术。他的观察完全是主动的,全然是创造性的(bildende)活动。他的图像(Bild)仅仅是他的密码数字、他的表达方法、他的复制工具。(第三部分,第210篇)

这样,绘画同音乐一样从古典意义上说都是非摹仿的艺术,因为作品来自艺术家。两种艺术之间要有不同的话,乃是画家的创作在某种程度上说是在音乐创作之前,即在他感知的时候。确实,画家感知到图像,但这种感知已经带有创造性,因为它是有选择地进行组织的。画家的符号语言(Zeichensprache,同语词的语言相对),鉴于它的形式早已存在,所以更难运用(即便是从要把已经存在的形象调整到适合于某些主观的、生动的目的来看也是如此),而音乐家则不必费这个劲。这里对抽象画可一笔带过:这种画使画家的语言和音乐家的语言同样地"容易"。

艺术不摹仿自然,它就是自然;不是它同自然相像,而是它就是自然的一个部分。诺瓦利斯还写道:"想对自然与艺术加以区分纯属信口开河"(第七部分,第162篇)。他还说:"艺术是自然的一部分"(第七部分,第178篇)。这就是说:自然的作品同艺术

* 《奥弗特丁根》,诺瓦利斯未完成的长篇小说。

作品一样都是遵循相同的原则组织起来的整体。或用谢林的话说：202 “谁不认为艺术同自然一样是一个封闭的、有机的、而且每一部分都是必要的整体，那他就远远地落伍了”（第五卷，第357页）。

如果还要在这一层次区分艺术和自然，那就只能说艺术以更纯粹、更集中的方式实现在自然界起作用的那些原则。这样，就为了这个原因，谢林准备把艺术置于第一位。他用一个生物方面的隐喻对这一原因进行了发挥：

> 我们如有兴趣对一株植物，或一般生物体的构造、内部结构和种种错综复杂的关系进行尽可能深入的研究，那我们就会在另一种植物里辨认出组织更为完美、更为严密的错综复杂的关系，这种植物人们就称之为艺术作品。（第五卷，第358页）

诺瓦利斯指出自然界有时可能是不匀称的、杂乱无章的，而艺术作品必须是和谐的；由于这种差别，就产生了艺术的功能（第七部分，第258篇）

这样就有了两种可能的摹仿：坏的和好的，对能感知的外表的摹仿和对创作原则的摹仿（A. W. 施莱格尔认为：莫里茨的功绩就在于指出了这一点）。或者用诺瓦利斯的话说：“一种是根据征兆的摹仿，另一种是发生论的摹仿。唯一有生命力的摹仿是后一种……”（第三部分，第39篇）。谢林更是细致地描写了这种对立（但他关于摹仿的观点是从另一个角度谈的：新的摹仿的目的是在物质中揭示出精神）；他在《论形象艺术与自然的关系》这篇讲话中说：

> 自然界的精神作用于物体的内部，物体的形式与形象就像一个个有意义的图像（Sinnbilder），使这种精神得以表达；

> 艺术家也许就应该同这种精神竞争,并只有在生动地摹仿它、把握它之后才能创作出某种真实的东西。而从摹仿美丽的形式(Formen)产生的作品是不会美的,因为使艺术作品、使整体美的并不再是形式了,而是形式之上的某个东西,即存在于艺术作品里的自然精神的精华、它的普遍要素、它的目光和表达方式。(第七卷,第 302 页;法译本,第 243 至 244 页)

艺术家不要满足于罗列形式,而应该同这些形式表达的自然 203
精神进行竞争。自然本身就充满了艺术推动力;反过来,艺术创造就是神的创造的延伸。诺瓦利斯这样说:“自然界具有某种艺术本能”(第七部分,第 162 篇)。阿斯特[*]则说:

> 因此,艺术创作(Bilden)和神创造世界一样,是以自身为目的的,两种创造都是始初的,都建立在自身的基础之上:因为两者实为一个;上帝显示在诗人身上就像他以物体的方式出现(gebildet)在可见的宇宙里一样。(《艺术理论体系》,第 8 页)

注意力从形式间的关系(根据征兆的摹仿)转移到产生的过程(发生论的摹仿),这就不是突出已经形成的对象,而是突出一切变化过程的价值:F. 施莱格尔的绝对说法是:“不能自我消亡的东西一文不值”(《文学笔记》,第 226 篇)。他在读到哲学问题时说:“人只能变成哲学家,而不能是哲学家。一旦相信自己已是哲学家,他就变不成哲学家了”(《雅典娜神殿》,第 54 篇)。在古典派与现代派的对立中,侧重的是变化中的事物,而不是已经是的事

---

* 弗里德里希·阿斯特(1778—1841),德国哲学家,受谢林思想的影响很大,主要著作有:《艺术理论体系》(1805);《语文学概论》(1808);《语法、诠释学与评论的基础》(1808)。

物："在古典派那里，大家发现的是整首诗在字面上的完成；在新派那里，大家揣测到的则是变化中的精神"（《吕克昂》，第93篇）。大家也会记得，浪漫派最喜欢的体裁是：对话与断片。一个说明它尚未完成，另一个表现探索和提出观点时的具体情景，两者都突出了产生过程，而不是突出产品。

威廉·冯·洪堡同狭义的浪漫派没有来往，这可以从几方面来看：他首先是歌德、席勒的朋友，而不是Fr.施莱格尔和谢林的朋友；现在谈到的文章都写于《雅典娜神殿》时代近30年之后；最后，当时的对象已不是艺术，而是语言。然而从这里我对浪漫主义这词的解释来看，洪堡还完全是在浪漫主义思潮里的。这当然不是说没有差别：最大的差别就是刚说的对象的变化。洪堡不再把艺术同其他活动对立起来，更不要求一种艺术形式（现代艺术）具有另一种形式（古典派艺术）里没有的东西，他从规定转到描写，
204 从希求转到记实：他并不要求语言变成产生过程而不是产品：他指出这本来就是如此，倒是应该要求语言科学注意到这一事实。

语言科学的对象不应是凭经验能观察到的语言形式，而是产生这种形式的活动。语言**正是**这种能力，而不是说出的语词和句子。

> 不应该把语言看成是一种没有生命的产品，而应该把它看成是一个产生的过程。（第七卷，第44页）不能把语言当作看一眼或逐渐地能够全部掌握的存在的物质，而应把它看成是一种永远不停地产生着的物质。（第七卷，第57至58页）

能观察到的语言形式只是产生活动中的外露部分，也是理解活动的起点；重要的总是活动，而不是标明它存在的偶然的物质。

> 人们可以为了简单起见继续使用语词这个语言成分,但它并不像实体那样能传递已经产生的某个东西,也不包含某个已经封闭的概念,而只是以一种独立的力量,促使以某种方式形成概念。(第七卷,第169页)

形式是无生命的,而起发生作用的原则却具有生命(我们又遇到了生物方面的隐喻):

> 在任何条件下都不能把语言当作一棵死了的植物来研究。语言与生命是两个不可分的概念,在这方面,习得永远只是再次生成。(第七卷,第102页)

语段属于物质,表述属于精神;这有些像谢林说的话。“不管是在单独的语词里,或是在连续的话语中,语言都是一种行为,是精神的真正具有创造力的活动”(第七卷,第211页)。或更详细地说:

> 就像我在前面经常指出的,语言只在人的头脑和心灵里 205
> 有着精神上的存在,即使刻在石头或青铜上,它也不会有物质的存在。我们不再使用而仍然继续看到的语言的力量主要依靠我们自己精神的复苏能力。所以,语言不能得到真正的休息,就像不断燃烧着的人类思想之火不会停息一样。它的本性就是在说话人的精神力量影响下的一种逐步发展的运动。(第七卷,第160页)

这样,洪堡又回到浪漫派关于艺术作品的主要观点上来了(只是换了一个角度):语言是一个有生命的机体,它的产生比产品重要得多,它是一个不间断的变化过程;如果局限于语言形式,我们就不能正确地描写语言形式:要准确地描写它们就意味着要重建产生它们的机制;具体的表述既是普遍的产生活动中的一个程序,又是这活动中的一个图像;这种活动产生的不是具体的句子,而是整个语言。这就是《人类语言构造的多样性》里那段最著名的话里表达的内容(ergon 和 energeia 这组对立术语来自亚里士多德,中间还经过赫尔德和哈里斯):

> 言语本身不是作品(ergon),而是活动(energeia)。所以它真正的定义只能是发生论的。确切地说,它是旨在使发出的声音能够表达思想的不断反复的精神活动。从具体的、严格的意义上来说,这是对无时无刻不在产生的"说"这个活动下的定义;但从这词的强烈而完整的意义上来看,只有全部说的行为加在一起才能在某种程度上可以看作是言语……严格意义上的言语存在于真正产生自己的活动之中(第七卷,第46页)。

这种研究方向的变化引起的最重要的后果之一就是阐明了表达过程,牺牲了摹仿过程,更广泛地说就是牺牲了复现和指示过
206 程。语词并不是事物的形象,而是说话者的形象;表达功能优先于复现功能。

> 应该进一步消除把语言运转看成是指称事物和传递知性的观点,小心地回到它同内部精神活动紧密联系着的起源上来,回到两者之间的相互影响上来。(第七卷,第44页)语言从来也不代表事物,而代表在语言产生时由精神在独立于事物的情况下构成的概念。(第七卷,第90页)

有时,洪堡的态度温和一些:的确,在事物与语词之间存在着某种关系,但这种关系不可能是直接的:它必然要经过说话人的精神这个中介。"语词并不是自在的事物的印记,而是这事物在我们心灵里产生的意象"(第七卷,第60页)。

大家看到,这里所说的表达不同于后来浪漫派的另一种说法所认为的,是一种纯粹个人的、反复无常的主观表达;但是表达关系已被十分有力地加以确认了。“言语由说话行为构成。而这些行为是思想或感觉的表达”(第七卷,第166页)。因此,“言语是内心的声音”(第七卷,第14页)。因此,“言语使人能够接近说话者的内心”(第七卷,第178页)。

突出产生过程,就是突出所有正在变化中的事物,这就是浪漫主义美学在这一章里的中心思想。导致这种观点的是对古典摹仿说的批判,是用一种发生论的摹仿说来替代古典的摹仿说。这就引起了一个重要的后果,即把侧重点放到生产者和产品、创作者和作品之间的关系上来。

不及物性

诺瓦利斯在他的著作中经常使用可能是从康德那里借来的一组对立:纯艺术与应用艺术的对立:前者不及物,后者是实用的。

> 艺术……再分成……(两个)主要部分:一部分是由它的对象规定的艺术,或是借助确定的、完成的、有限的、间接的概 207
> 念,目标针对意义的其他中心功能的艺术;另一部分是不确定的、自由的、直接的、最初的、不受驾驭的、循环出现的、美的、独立自主的、能实现纯理念并因纯理念而富有活力的艺术。第一部分只是达到某一目的的手段;第二部分则是自在的目的、解放精神的活动,以及通过精神实现的精神享受。(第三部分,第239篇)

诺瓦利斯认为对这两个项的评价是毫无疑问的。实用艺术是原始的,因为艺术家并没有从需要这个桎梏中解放出来;它同时也是人为的，因为它背离了艺术的真正的性质，使艺术服从于一个外来的要求。

> 原始艺术家丝毫不顾形式固有的美，不顾它的协调和平衡。他只顾并只要求自己的意图保证得到表达：他的目的是信息的明白易懂。他想转达的、他要传递的东西应该容易理解……人为的诗的特点就是适应目的，就是外来的意图。语言从最恰切的意义上说属于人为的诗的范围。它的目的是具体的交际，就是传递确定的信息。（第三部分，第201篇）

一切外部功能都得禁止：不仅是严格意义上的效用，还包括某种诗能在读者身上产生的效果（这就是修辞学上的“动情”或“感动”）。“诗应该避免产生效果，这对我来说是显而易见的事：情感上的反应显然像疾病一样是种不幸的事”（第七部分，第33篇）。语言的表达功能、感受功能都可归入交际功能，它们作为一个整体同尚未命名的另一种功能相对立；在后一种功能里，大家就语言的本身欣赏语言。梵语人的例子就说明了这一点：“真正说梵语的人是为了说话而说话的，因为说话是他的乐趣，是他的本质”（《塞斯的门徒》，第一卷，第37页）。这里大家看到浪漫主义学说的各个部分在相互影响的同时竟也相互矛盾：表达功能同后来所说的诗学功能在争夺首位。

208 诺瓦利斯认为：语言有两种用法。大家通常说的语言是实用的：

> 语言从本义上说是一种工具的功能。一切工具都表达、传递使用工具者的思想。

但还有一种次要的语言，不及物的语言，适合于诗的就是这种语言：

> 第二等语言，如寓言，表达一个完整的思想——并属于第二等的象形文字——属于第二等的**声音与形符的语言**。当它成为完美的表达——当它加倍令人惬意——当它正确与准确——当它可以说是为了表达而**表达**——至少当它不再是一种手段——而自己就是**高级语言能力**的完整产生过程时，它就具有诗的优点，就不是修辞的——低级的——语言了。（第三部分，第250篇）

语言可以是修辞的（像康德所说的。这里是指：工具性的），也可以是诗的，就是说"为表达而表达的"。

美不能有用："美丽的用具是一种矛盾的说法"（第四部分，第43篇）。根据这条原则，任何音乐若有同音乐本身无关的内容就要受到谴责："说实话，唱歌跳舞用的音乐并不是真正的音乐，而只是一种混杂的形式。奏鸣曲、交响曲、赋格曲、变奏曲，这才是真正的音乐"（第七部分，第302篇）。纯真的艺术，**合法**的艺术是为了自己而产生的艺术。它体现在意象之中："意象既不是什么别的事物的寓意，也不是那个事物的象征，而是自身的象征"（第三部分，第174篇）。或者体现在诗里："纯粹的诗直接同自身发生关系，只有通过自身才有意义"（第三部分，第195篇）。或者体现在小说里："小说……不针对任何目的；它只绝对地依赖自己，而不依赖任何别的东西"（第八部分，第280篇）。

一篇题为《独白》的短文（第三部分，第194篇）汲取了这些不同的思想，并走得更远，突出了不及物语言固有的矛盾。这里是本义言语被描写成不及物的；所谓实用的（参照的、交际的、表达的） 209
言语只不过是对言语的一种错误概念。

> 其实，说和写是件很奇怪的事情；真正的谈话是纯粹的文

> 字游戏。我们只能对那些以为是为事物本身而说话的人的错误可笑感到惊讶。然而,语言的特性就是它只管自己,这点并没有人知道……。我们只要让人懂得言语就像数学公式——后者组成一个自在的领域——它们只在自己内部起作用,除了表示自己奇妙的特性外不表达任何别的东西……。

不及物言语的悖论就是:除了表达自己之外不表达任何别的东西的表达方式,能够而且的确也充满了极深刻的意义。甚至正是当我们好像什么也不谈论时,我们却说出了最多的东西。“当某人为了说而说时,他就表述出最为出色、最有创见的真理。”这怎么可能呢?这里又回到了两种形式的摹仿所产生的冲突:坏的一种设法再现表面的形式,好的那种则创造同自然界的物体一样协调、一样封闭的实体。语言同数学公式一样,是自然界的一部分,它在表达自然时并不需要指称。“只有当它们自由时才能成为自然界的成员,只有通过它们的自由行动世界的心灵才能外露,并把这作为衡量事物的微妙尺度和根本布局。”

诺瓦利斯的《独白》里最引人注目之处在于他没有停留在这个观点上。这学说一提出,马上就应用到包含这学说的话语上去了。如果只有不谈论事物才能谈到事物,那么诺瓦利斯怎么可能谈到言语和作为言语本质的诗的呢?

> 我完全能够认为:我已经极清晰地说明了诗的本质和功能,我也知道没有任何人能理解它,并知道自己说了些完全愚蠢的话,因为我想把它说出来,所以任何诗都没有产生。

210 言语的自相矛盾的逻辑在这里也起着作用:如果诺瓦利斯成功地讲述了诗,这并不是靠着语言的参照能力,而是因为整个表述都不是根据参照物实现的。是言语通过诺瓦利斯说了话,他对自己说：

> 如果这种言语冲动、这种说话的冲动是言语介入到我身上，是言语在我身上有效的特殊标志呢？如果我的意志只要了我应该要的东西，以至于最后在我不知不觉的情况下，所有这些都成了诗，并使一个言语的奥秘变得能为人理解了呢？

说话人只不过是表述的唯一不变的主语——语言本身——所借用的一个面具而已。作家并不是使用语言的人，而是语言使用的人："作家是被语言推动的人(Sprachbegeisterter)。"

大家知道浪漫派——除了荷尔德林*，他实际上并不属于《雅典娜神殿》这个小组——在诗歌实践方面落后于他们的理论(可以说他们的诗歌理论比他们的实践先进了一个世纪)。诺瓦利斯在《未来文学》一栏里写了一系列题为《通论宝库》的断片："当我们除了优秀的创作和文学艺术作品之外不读别的任何东西时，那会是多么愉快的时代呀！所有其他的书都是手段，一旦它们不再有用时就会被人遗忘；所以书的命运并不久长"(第六部，第155篇)；在另一篇有名的断片中，他更精确地描写了未来这些优美而纯洁的创作：

> 不连贯的、结构松散的叙事作品，然而中间却像梦一样还相互有些联系。单纯和谐的诗因其言语的完善而显得优美，但既不协调，又无任何意义，最多只有两三节能被人理解，就好像是不同物体的一些碎片。而诗，真正的诗，最多只能有一个大致上的寓意，并像音乐等艺术一样，只能产生一种间接的效果。(第七部分，第188篇)

---

* 荷尔德林(1770—1843)，德国诗人。

对圣奥古斯丁来说，只有上帝才是自在的目的。对浪漫派来说，任何东西都是自在的目的：人、艺术，直至单个的语词。接替等级森严、并由绝对价值统治的国家的是资产阶级共和国，其中每个
211 成员都有权把自己看作是和别人平等的人，那里任何人都不是别人的手段。F. 施莱格尔用一句话概括了诗与政治的平行发展过程：

> 诗是共和制的话语，一种作为自身规律和自身目的的话语，里面各部分都是自由的公民，并有权相互和谐相处。(《吕克昂》，第65篇)

协调性

诺瓦利斯拒绝一种形式的协调性——理性的协调性，肯定了另一种形式的协调性——梦和它的联想体系的协调性。一般来说，肯定协调性是同肯定不及物性一致的。莫里茨已经说过：丰富的内部目的性应该补偿外部目的性的缺乏。这种相互关系同时又是诗歌语言的特性，谢林对此是这样叙述的：

> 诗歌作品……只有在把表达艺术作品的话语同整个语言分开时才有可能。然而，如果话语不像世上的万物，在它自身有着独立的运动——即时间——时，这种分离和这种绝对性都不可能实现；这样，它按照某种内部的规律性同所有其他的事物分开。从外部来看，话语在自由地、独立地运动着，只是在它内部才条理分明并遵循规律。(第五卷，第635至636)

抽象地看，可以设想一个作品具有两种形式的协调性。首先是它各个**层次**间的协调性：可以在作品中分出若干个平面，它们随着文章的发展而发展，可以把它们之间的协调叫做**纵向**协调。然

后是各语段间的协调:那时,对连续的东西进行切分,然后再决定每个部分都不可少,并同其他部分相一致;这可以说是一种横向协调。

事实上,浪漫派并未注意到区别这两种形式的协调性。他们之间也有些差异,那是来自使用的隐喻的不同,或者来自规定的上 212
下文的不同;这就要我们来区分原先混在一起的东西,或者把用不同术语表达的内容统一起来。

纵向协调的最传统的形式可能是:诗歌符号是有理据的,与此对立的是任意的语言符号。大家看到,这就是莱辛的理论;这样,原先的至高无上的摹仿原则就以声音与意义间的理据性的方式变成了艺术作品的诸多特点中的一个。

在浪漫派作家中,是 A. W. 施莱格尔(他读过并引用了圣奥古斯丁的《论基督教教义》)要求诗具有这种形式的协调性的。在他的关于《艺术理论》的讲课提纲里可以看到这个注释:“要求语言符号同所指事物具有某种类似性。一般来说,诗歌创作可满足这个要求”(第 281 页)。下面是对这一思想的发挥:

> 我们刚才已看到,言语从纯粹的表达过渡到旨在复现的任意用法;但当任意性成为它的主要特性时,复现,即符号与所指事物的连接就消失了;那样,言语就只是一套能帮助完成理性运算的逻辑数字。要使它恢复诗歌的性质,就要恢复它的图像性(Bildlichkeit),所以非本义、移用义、转义对诗的表达来说都被认为是十分关键的。(第 83 页)

大家看到,在 A. W. 施莱格尔的著作里,这种观点仿效了一个典型的历史模式:起初,语言是纯粹的表达(大家已读到洪堡对这题目的阐述了),所以是有理据的;然后,它变成为任意的;但诗可以介入进来，为语言的这种缺陷付出代价。诗又回到了原始语言，A. W. 施莱格尔并重新发现了哈曼*的名言：诗是人类的母语（这里也插入了赫尔德提出的自然诗与人为诗之间的对立）：

> 综上所述，可以肯定：象声词、隐喻、各类转义与拟人这些
> 213 艺术诗刻意追求的话语辞格存在于这些辞格本身的原语言之中，它们不可避免地存在于自身之中，并在里面占着主导的地位；谈到语言起源时所说的初级诗就是指的这些。从这意义上看，大家常说的下面这句话就对了：诗的存在早于散文；如果把诗看成是一种建立起来的艺术形式，这种说法就无法成立了。（第 242 页）

尽管 A. W. 施莱格尔提到了转义表达法的**意象性**，然而重要的并不是某种可能的显象，而是理据性：这是象声词与隐喻所共有的。能指应尽可能地接近所指。同样的要求也表达在另一类词汇里，我们已经举了几个例子：这就是把艺术作品描写成一个生物体，有理据的关系不是在声音和意义，而是在形式和内容之间。形式（对于内容）是有机的：这就是说，形式不是任意的，而是必然的；不一定要相像，但无论在什么情况下都要由内容来确定。

还是 A. W. 施莱格尔极有说服力地提出了有机形式这个想法，以及有机与机械之间的对立。这内容已为大家所熟知，我就不必在此多费笔墨①；我只想引用 A. W. 施莱格尔的明白无误的两段

① M. H. 艾伯拉姆斯的著作《镜与灯》（纽约，1953 年）里对浪漫派文学理论里的生物体隐喻有详细的研究，对象主要是英国浪漫主义。

* 哈曼（1730—1788），普鲁士基督教思想家。他认为理性不可靠，真理应是理性、信仰和经验的统一。后人编有《哈曼著作集》六卷。

话。第一段在《艺术理论》里，说真的，它涉及的并不是作品，而是评论家对作品的看法（从对象分类转移到涉及对象的话语的分类，这种转移就像诺瓦利斯在谈到语言的不及物性时的转移一样）。施莱格尔写道：

> 我们可以称它为原子说的批评（同原子物理进行的类比），因为它把艺术作品看成是一种镶嵌细工，看成是无生命粒子的复杂的拼合物。然而名符其实的艺术作品却有着有机的性质，因为里面的个体只有通过整体作为中介才能存在。（第27页）

一切艺术作品，至少一切真正的艺术作品都是有机的；这里，214
形容词似乎既指纵向协调，又指横向协调。有机与无机对立，就如有生命与无生命对立一样。要是我们总能从后者那里去掉或向它增加一些部分，乃是因为它的封闭性，也就是因为它的构造是任意的。

第二段许是A. W. 施莱格尔所写的最著名的段落，它阐述了戏剧历史中有机形式与机械形式的对立。我把整段文章都引在下面：

> 当通过外来作用——如纯属偶然的、同物质的构成没有关系的干预——把形式（Form）赋予一种物质时，这种形式就是机械的；这就像把一团软的东西捏成某种形象（Gestalt）以使它硬了之后能保持不变。相反，有机形式却是先天的；它自里向外形成（bildet），并在萌芽的整个发育过程中逐步得到确定。在自然界里呈现出生命力的地方，我们都能发现这类形式，如从盐和矿物的结晶直到植物与花，从植物与花直到人体的形成。在美术里同在自然界这位上乘的艺术家那里一样，

> 真正的形式都是有机的，就是说由艺术作品的实质（Gehalt）决定的。总而言之，形式不是别的，就是事物的会表意的外貌、会说话的外部表情，它尚未遇到麻烦的事故而变了样，它可以真实地表现事物的隐蔽的本质（Wesen）。（《讲稿》，第二卷，第 109 至 110 页）

我们就这段文章指出几点。现在，即便是矿物也具有有机形式，至少在结晶这个运动过程里是这样。艺术作品同自然界的作品属于同一系列。艺术就像自然，它不需要摹仿后者。机械形式是任意的（偶然的、寻常的）；有机形式是自然的（从这词的两个意义上看都如此）。形式是实质的结果（而不是它的图像）；这样，实质在形式之前并比形式高级也就不容置疑了。

215 “内部形式”这概念同有机形式这概念类似[①]。内部形式直接就同内容联系在一起，这样它必然就带有显示性。在某些情况下，内部形式成了形式与内容之间的一个方便的中介，一个可以自始至终帮助重建理据性关系的环节：它比形式抽象，比内容结构严密。

尽管没有明说，上面的内容涉及的是我们所说的纵向协调。另一种协调并没有引起同样的注意。但诺瓦利斯在谈到艺术作品的必要协调时，他要指的好像是后者。作品纯粹是各个组成部分间的一个关系网，所以诺瓦利斯经常把诗、音乐和数学进行比较（这些活动中的每一类都能使纯粹的内部协调更为明确）。

> 语言是思想的乐器……一首赋格曲完全是逻辑的和科学

① 关于它的历史，请参看 R. 施温格的《内部形式，论从莎夫茨伯里到洪堡有关实质概念的定义和历史》，慕尼黑，1935 年（实际上这是一本集体著作的前 90 页）。

> 的。我们也可以对它进行诗的处理。(第六部分,第 492 篇)代数是诗。(第六部分,第 244 篇)我们应该像作曲一样写作。(第七部分,第 51 篇)

或者统一起来说:

> 从一般意义上说的逻辑同言语科学与协调性艺术一样,都包括着同一些科学,或者以相同的方式划分。应用语言学和应用逻辑学相结合就形成了一门关于连接的高级科学(Verbindungswissenschaft)。

艺术作品就是些连结;这多少也是诗的定义。“诗的本质是什么? 我们尚无法确定它。然而,这是一种无限而简单的协调”(第七部分,第 284 篇)。诗在改变话语时把它的每个成分都变得必不可少:“诗通过同整体、同总体的其余部分的特殊连接提高了每个孤立成分的地位”(第三部分,第 29 篇)。协调性在这里起狄德罗、莱辛或 A. W. 施莱格尔所说的理据性的作用;理据性接着也变成“横向的”了。再往前迈出一步就是对本文的形式分析了—— 216
诺瓦利斯确实也为《威廉·迈斯特》,也就是为小说的形式分析勾画了一个轮廓,并全面地列举了种种的“叙述可能性”。这就开始了从聚合段关系到组合段关系、从类似到参与的过渡,尽管对诺瓦利斯及其他人来说,理想的关系应该是:一个成分既是整体的一部分,又是整体的图像,即这成分既“参与”,但同时还要“类似”。

一种有些偏离浪漫主义美学的主流、但同浪漫主义关于作品的协调性理想密切相关的研究就是有关诠释学循环的研究。“循环”本身就是作品的整体协调性产生的后果;这理论由 F. 施莱格尔与谢林两人的门徒阿斯特以及他们的朋友施莱尔马赫提出就决非出自偶然了。但就像在 A. W. 施莱格尔关于有机评论的那段文字里一样,阿斯特和施莱尔马赫这两位诠释学的理论家并没有把两类作品(有机的与机械的,有理据的与无理据的)对立起来;他们有时隐晦有时明确地表示所有作品都是协调的;要是没有发觉这点,或没有突出这种统一性,那完全是诠释不力的缘故。

阿斯特写道:

> 只有把事物的外部生命引向内部、引向精神,只有把外部同内部和谐地统一起来,事物的真正存在才能被认识。内部没有外部就无法存在,反之亦然(因为内部的存在只有通过它的外露才能得到证明,而外部的存在纯粹是内部存在的外流,并以内部这个根源作为前提);所以,很难把两者分开;它们是一个生命,而所有生命的实质就是内外两方面的统一。(《语文学概论》,第1至2页)

因此,一切事物都是内部和外部,形式和内容组成的不可分割的整体;不管从哪个方向(纵向或横向)考虑,认识的任务就是重建这种关系;

> 真实只在于整体这个概念之中,在于把所有的具体程序正确而协调地连结成一个活生生的整体。所以只有用整体的精神来判断每件个体事物才能对古代有个真实的看法。(《语文学概论》,第25页)

217 但是,这种各个部分(语段或层次)之间的相互联系,部分与整体间的相互联系,很快就会向认识提出一个问题,因为认识正是来自这种相互之间的规定:既然一个方面总是包含着对另一方面的认识,那么怎样才能认识这一方面呢? 谢林十分准确地提出了这个问题(在《体系》中)。

> 既然整体这概念只有在部分里实现时才能表现出来,而

> 另一方面,只有有了整体部分才可能存在,这里就似乎产生了一个矛盾……。(第三卷,第624页;法译本,第172页)

这种表面上的矛盾就叫诠释学循环。阿斯特是这样阐述的:

> 如果我们只能通过作家作品中的表现才能了解整个古代的精神,如果作家的作品又以了解普遍精神作为前提,即个体以了解整体作为前提(即我们只能先了解一个,然后了解另一个,而永远不可能同时了解整体),那怎么可能对个体有所了解呢?我只能通过A,才能了解a,b,c,等,而要了解A,又只能通过了解a,b,c,等。如果把A和a,b,c看成是相互制约,互为前提的对立面,而不承认它们的统一性,这就成了一个无法解决的循环论证了。(《基础》,第179至180页)

怎样才能从这种恶性循环中解脱出来呢?阿斯特的回答很简单,甚至可能太简单了。他说:整体的每一部分同时都是整体的一个图像;我们已经在每个部分里掌握了整体,所以毋需考虑从别处去了解。如果相信阿斯特的话,这种循环并不存在。

> A并不来自a,b,c,等,并不由它们组成,而在它们之前就存在,并以相同的方式渗透到它们的每一个之中;a,b,c不是别的,而是唯一的A的个别代表;a,b,c,一开始就已存在于A之中;这些成员是唯一的A的具体发展,A以具体的方
> 式已经存在于它们每一个里面,我并不需要先穷尽这些具体 218
> 程序的无限序列才能发现它们的统一体。

> 只有这样才可能通过整体了解个别,或反之通过个别了解整体;因为两者在每个特殊情况里都是已知的;提出了a,同时也提出了A,因为前者只是后者的显示(Offenbarung)而已,因此提出了个别,也就提出了整体;我越是通过a,b,

c,……这个序列对个别有所了解,我就越感到精神的明确和显著,对整体的看法也越深入,而这种看法是我在接触到序列里的第一个成员时就已经产生了的。(《基础》,第180至181页)

施莱尔马赫也表达了同样的观点:每个个体包含着对整体的了解,而整体又由许多这类个体组成;他提出的解决办法(事实上阿斯特的观点已暗含了这种办法)是先迅速地了解一下整体,然后再深入了解整体的各个部分。这不就是Fr.施莱格尔在一个笔记本里写的循环的这词所暗示的意义吗?而阿斯特和施莱尔马赫很可能查阅过这本笔记。"循环方法是否单纯适合于语文学呢?""一切批判的阅读……都是循环的。""使用循环方法,我们很快就可预感到整体的内容"(《语文学哲学》,第48,50,53页)。至于施莱尔马赫,他是这么说的:

一切个别的事物只有通过整体才能理解,因此,对个体的任何解释也都是以对整体的理解作为前提的。(第160页)即使在一篇著作里,我们只有从整体出发才能理解个体,所以在进行确切诠释之前应该先粗略地阅读全篇著作,以便得到一个总的印象。(第89页)

这在施莱尔马赫所考虑的两个方面(语法和技术方面)的诠释上都是适用的。对具体语段的理解既意味着对整个语言(语法、词汇)的了解,也意味着对整个话语(或作家的全部作品)的了解。①

① 我在即将出版的《诠释的策略》一书中详细地研究了这些诠释形式和现代诠释学的其他概念。(译者按:《诠释的策略》即1978年出版的《象征表达与诠释》一书的第二部分。)

有理据的符号、有机形式和内部形式、诗歌成分间的协调与衔接、诠释学循环，这些概念都只是同一思想——不可或缺的内部协调性——的几种不同、然而是一致的表现形式。我们可以再一次看到：浪漫主义美学的各种特点虽然互相联系，但它们之间有时也可能出现分歧，甚至互相矛盾，如突出协调性同突出未完成性就并不总是一致。这也许可以解释为什么这两种说法以后竟被不同的艺术学派所利用。即便在德国浪漫派内部，同一批作者也不一定主张同样的论点，当然这并不妨碍他们互相亲近，甚至是同胞手足，如奥古斯特·威廉·施莱格尔和弗里德里希·施莱格尔兄弟。 219

综合性

要求形式与内容，或物质与精神的统一，就是要肯定对立面的统一。这种要求被浪漫派接受了，并远远超出了作品协调性这个假设的范围。Fr. 施莱格尔是这样同时确定一般意义上说的思想和讽刺这个关键的概念的："一种思想就是一个十分完美，甚至达到讽刺程度的概念，是绝对反题的绝对合题，是两种冲突的思想不断地进行自我创造的交流"（《雅典娜神殿》，第 121 篇；我们想起了综合哲学的特点）。而诺瓦利斯则幻想有一种没有排中律的逻辑。"取消矛盾律许是高等逻辑的最高任务"（第七部分，第 180 篇）。**综合法**，或者对立面的融合，是构成浪漫主义美学的一个特殊。

在完成综合法方面，谢林比任何其他浪漫派作家作出了更大的贡献。他在悠久的哲学传统中可以找到从库萨的尼古拉斯 * 到

* 库萨的尼古拉斯（1401—1464），德意志神学家和哲学家，强调知识来自实验，著有《论有知识的无知》。

康德等先驱,但任何人都没有赋予这种形式类似的作用:整个哲学上的同一性都以此为基础。在目前的情况里,使我们感兴趣的是:特别要通过艺术来使所有的对立面消失;为此,艺术才处于《先验唯心论体系》里提出的结构的最高处,可能也为此,谢林作为哲学
220 家对艺术竟感起了兴趣。对艺术作用的这种肯定可以说是在给艺术下定义。谢林曾多次这样做过。

> 艺术创作产生于一种表面看来是不可克服的矛盾感,但所有艺术家和一切具有同样热情的人公认,它达到的却是一种无限和谐的感觉。(第三卷,第 617 页;法译本,第 166 页)一切艺术创作的基础是无限制地分裂成对立的活动,但到艺术作品里,这种分裂却全然消除了。(第三卷,第 626 页;法译本,第 173 页)诗的力量……就在于能够进行矛盾的思考,并对矛盾的各方进行综合。(第三卷,第 626 页;法译本,第 174 页)

艺术家从对立面的抗争出发,达到对立面的消除;承认这两个阶段是必要的。关于天才的定义也就这样产生了:

> 把天才同单纯的才能或才干相区别的因素是:只有天才能够消除矛盾;没有天才,矛盾将无法克服。(第三卷,第 624 页;法译本,第 172 页)

还有关于美的定义:

> 在艺术作品中……人们面临的是以有限的方式表现的无限。而表现出来的这种无限就是美。(第三卷,第 620 页;法译本,第 169 页)

艺术消除一切对立,所以就不必把它们一一列举。然而,有些对立却较其他的更为重要。在《先验唯心论体系》里,谢林特别强

调了有意识与无意识这组对立。

> 在艺术产品中，有意识与无意识只能混为一体。（第三卷，第 614 页；法译本，第 163 页）对我们来说，艺术作品代表的是有意识与无意识的同一性。（第三卷，第 619 页；法译本，第 168 页）

在《艺术哲学》中，这对范畴同另一对范畴——自由与必然——结合在一起，但总的说法仍然一样：

> 艺术是一种绝对的综合或自由与必然的一种相互渗透。221
> （第五卷，第 383 页）必然与自由间的关系就像无意识与有意识之间的关系。而艺术是建立在有意识的与无意识的活动的同一性的基础上的。（第五卷，第 384 页）

弗里德里希·施莱格尔所用的术语是“意向的”与“本能的”：“在每首好诗里，一切都应该具有意向，一切都应该出自本能。只有这样，这首诗才能成为理想的诗”（《吕克昂》，第 23 篇）。甚至可用艺术和自然这对术语：“完美的就是指既自然、又人为的东西”（《雅典娜神殿》，第 419 篇）。他也用过“热情与讽刺之间美妙而永恒的交流”（《关于诗歌的谈话》，第 318 至 319 页）这种说法。

这第一组对立以及它的消失都同创作过程有关；此外，我们对艺术作品本身的特征——形式与内容，或者物质与精神，或者现实与理想等的融合——已经非常熟悉了。下面就是有关这方面的几种说法。谢林认为：艺术中涌现出来的形式与物质并不是分开的（第五卷，第 360 页），艺术是理想与现实间的无差别境界（第五卷，第 380 页）。Fr. 施莱格尔把艺术描写成寓意和拟人的相互渗透。关于寓言与拟人，他是这样写的：“作为拟人基础的是把一切可感知的变成精神的这种需要。寓意需要的则是：把一切精神的变成可感知的。这两类手法确定了艺术的特点(《文学笔记》，第221篇)。诺瓦利斯说得更简洁、更广泛："对人来说，方程是：身体=灵魂；对人类来说：男人=女人"(第六部分，第624篇)。

谢林也谈到阳性与阴性相互渗透的问题，他几乎想说古代去势的唯一原因是要创造出使艺术达到完美无缺所需要的对象。

> 除了普遍性的适中之外，希腊艺术家竭力在艺术中摹仿阴阳混杂的状态，这种状态在亚洲型的柔和里是通过对娇嫩的男孩去势而产生的；他们就这样追求表现某种不区别状态和性别同一状态。达到这种状态要靠某种平衡，即不是取消，而是真正把两种对立的性质混合起来，这就是艺术所能达到的顶峰。(第五卷，第615至616页)

222 谢林比任何人都强调要在艺术中取消一般与特殊的对立。"诗的本身就是所有艺术的本身：就是在特殊中表现绝对或表现宇宙"(第五卷，第634页)。作品的每一部分同时也是一个整体。

> 我们在每个有机体和每篇诗作里发现的是特殊与一般的结合，那里不同的形象都是为整体所用的一个成员，然而在作品的完美构成中，每一个形象本身还是一种绝对。(第五卷，第367页)

艺术的表意方式就是一般与特殊之间的相互渗透(这里也等于能指与所指间的相互渗透)：

> 绝对的艺术复现要求复现时毫无差异，尤其是要使一般完全等于特殊，同时特殊也要等于整个一般，而不是只意指一般。(第五卷，第411页)

一般与特殊的对立同其他好几组对立——如精神与物质、理想与现实、真理与行动等——也是一致的：

> 可以说：在光与物质，在理想与现实相接触的任何地方都存在着美。美不仅仅是一般或理想（这就是真理），也不仅仅是纯粹的现实（这表现于行为之中），因此，美只是两者完美地相互渗透或混合。（第五卷，第382页）

所以，浪漫精神从本质上就向往各种对立面的融合，而不管它们采取什么形式；A. W. 施莱格尔的杂乱无章的列举就说明了这点："浪漫派把所有的对立面：自然与艺术、诗歌与散文、严肃与玩笑、回忆与预感、精神与肉体、尘世与神明、生与死等都十分紧密地糅合在一起了"（《讲稿》，第二卷，第112页）；或像诺瓦利斯所说的："这些都是十分聪明的结合，如犹太人与世界主义者、童年与不惑、抢劫与高尚、卖笑与贞操、因天真而滥用判断或不作判断，等 223 等，直至无穷"（第一卷，第365页）。Fr. 施莱格尔还把这原则引起的带有讽刺意义的后果用到自己身上："对思想来说，有系统与没有系统同样都是致命的。应该下决心把两者结合起来"（《雅典娜神殿》，第53篇）。

这种突出混合、忽视孤立的要素的做法影响到浪漫主义的体裁划分系统。弗里德里希·施莱格尔比其他人更关心这个问题，然而他的态度也是暧昧的：一方面，他忠于莱辛的教诲，承认文学形式对个人作品起的限制作用；另一方面，他又赞赏每一部作品都有的独特之处，这就预示了克罗齐*的极端立场："现代诗的种类只有一个，或者就有无数个。每一首诗都是一种自为的体裁"（《文学笔记》，第1090篇）。由于他对综合的欣赏，他就主张超越

* 克罗齐（1866—1952），20世纪前半期意大利最著名的哲学家。

体裁:他把一种体裁置于诗这座金字塔的顶峰,但这种体裁本身就是其他各种纯的或已经是杂的体裁的混合:它就是浪漫主义意义上的小说。“小说是各种类型的诗——毫不矫揉造作的自然诗以及艺术诗的各种混合体裁——的结合”(《文学笔记》,第55篇)。这种结合超越了单纯文学的界限:它包括了各种话语。

> 现代诗的整个历史是对简短的哲学文献的一种持续不断的评论:所有艺术都应该成为科学,所有科学也应该成为艺术;诗与哲学应该结合起来。(《吕克昂》,第115篇)

“浪漫主义”这词本身就是参考这种对立面的综合而确定的。“浪漫主义”(当时指同希腊艺术相对立的基督教艺术与文艺复兴的艺术)当然是按照它与“古典主义”的关系而确定的;这两个词都同对立面的综合有关,只是关系有所不同。主要的文章还是谢林写的,他并不把古典派与浪漫派,而是把自然与艺术对立起来:两者都实现了对立面的混合,但自然的混合可以说是先于对立面的分离:这是一种混沌状态;而艺术里的混合却后于对立物的分离,即我这里所说的综合。谢林在《先验唯心论体系》里写道:

> 224 艺术作品同自然产物的区别在于:有机体把艺术创造在复现时先分离再集中起来的东西表现为不分离的。(第三卷,第621页;法译本,第170页)

在《艺术哲学》里他还说:

> 自然界的有机作品呈现出尚未分离时的一致性,而艺术作品则在分离之后仍呈现出这种一致性。(第五卷,第384页)

区分古典派与浪漫派的最通俗的说法来自A.W.施莱格尔,他模仿了谢林所作的自然与艺术间的区分。古典派处于混沌状态，浪漫派则进行综合。

> 人类的希腊式理想是所有特性之间完全的协调与匀称，是一种自然的和谐。相反，今天则意识到一种内部的两重性，这就使这种理想无法实现。所以，今天诗歌的趋向是调和、混合我们身上的精神与感知这两个领域并使它们不可分离……在希腊的艺术与诗歌里，形式与物质最初是无意识地统一在一起的；在今人那里，如果他们忠实于自己特有的精神，他们就寻求把形式与物质像两个对立面那样进行内部的互相渗透。（《讲稿》，第一卷，第26页）

对今人或浪漫派的这种定义并非不会产生问题；从逻辑上我们可以预计到，在实际上也必然会提出一个问题。如果浪漫主义的定义是吸收所有的对立面，它就不可避免地会在中途遇到古典主义与浪漫主义这组对立；如果它把这组对立包括进去，这就产生了罗素[*]阐述过的一个悖论：一个整体在自己内部以部分的形式出现。这样贪婪显然会在这里产生不幸的后果：这就使区分古典主义与浪漫主义无法进行，并事实上使“浪漫主义”这种说法变得毫无意义。这种概念上的转换在Fr.施莱格尔那里表现得最为明显。在《关于诗歌的谈话》里，他通过笔下一个人物马库斯之口，把“一切诗歌的最高任务”确定为“古典主义与浪漫主义的协调” 225
（第346页）；又通过另一个人物安东尼奥之口，他声称“一切诗都应该是浪漫主义的”（第335）。这就既肯定了浪漫主义的至高无上的地位，但又同时宣告了它的解体。

---

* 罗素（1872—1970），英国数学家、逻辑学家和哲学家。

不可言传性

艺术表达的东西是不能以任何其他方式言明的。浪漫派的这个断言更多是为了说明某种分类上的差别,而不是一种神秘主义的信条(尽管有时也是这样)。有人借口只有艺术才能够表达它所表达的东西,拒绝对诗歌现象进行任何分析。弗里德里希·施莱格尔早就注意到不同他们鱼龙混杂了:

> 有些神秘主义的艺术爱好者把所有评论都当成是解剖,又把所有解剖都看成是破坏愉悦,如果他们这样思考下去,对最受尊重的作品最好的艺术评价就会是:"让它见鬼去吧!"然而有的评论家就是这么说的,而且涉及的范围更广。(《吕克昂》,第57篇)

甚至诺瓦利斯也采取了同样的态度:

> 我深信冷漠的技术性理解和平静的道德感较之异想天开能使我们更快地得到真正的启示,因为异想天开只能把我们引入幽灵的王国,那是真正的天国的对立物。

在《亨利希·封·奥弗特丁根》里,他让克林格索尔说了这样一段话:

> 诗的灵魂的冷静和给人朝气的热情正好同病态心理的狂热相反:后者是贫乏的,它只能使人晕头转向,并旋踵即逝;而前者却清晰而纯洁,能明确地分清一切形式和轮廓,有利于各种不同关系的发展,并因为自己的长处而永恒不灭。(第一卷,第166页)

226 谈到这一点(艺术的不可言传的内容)时,很难不引用《判断力批判》里康德论述他体系里的主要概念"审美观念"时所说的那段话："人们能够一般地把美（不论它是自然美还是艺术美）称作审美诸观念的表现"（第149页；中译本，商务印书馆，1964年，第167页）。因此，"审美诸观念"就是艺术作品的内容。但什么是审美观念呢？

> 我所了解的审美观念就是想像力里的那一表象，它生起许多思想而没有任何一特定的思想，即一个概念能和它相切合，因此没有言语能够完全企及它，把它表达出来（第143至144页；中译本，第160页）。一言以蔽之，美的观念是想像力附加于一个给予的概念上的表象，它和诸部分表象的那样丰富的多样性在对它们的自由运用里相结合着，以至于对于这一多样性没有一名词能表达出来（这名词只标指着一特定的概念），因而使我们要对这概念附加上思想许多不可名言的东西，联系于它（这不可名言的）的感情，使认识机能活跃生动起来，并且使言语，作为文学，和精神结合着。（第146页；中译本，第163页）

我先不谈这个范畴在康德的概念系统里的位置。这里我们可以只限于审美观念的下列特点：这是艺术表达的东西；任何语言方式都无法表达同样的东西：艺术表达语言未说出的内容；这种最初的不可能性导致了一种补偿性的活动，即用表达无数外围的联想来代替无法言传的核心。审美观念避开了语言，但实际上又让它无休止地起着作用而令人羡慕：以为所得最少时，却拥有最多的东西。

传达审美观念的形式就是美的属性。

> 有某些形式不是构成一个被给予的概念自然的表达，而只是作为想像力的副从的诸表象，来表现与此联结着的后果，和这概念与别的诸概念的亲属关系，人们称唤这类形式做一

个对象的(审美的)属性*(Attribute),这个对象的概念作为理性的观念是不能切合地表述出来的。(第144至145页;中译本,第161页)

227 康德用来指不可言传这个概念和表达它的形式之间关系的用词——“后果”、“亲属关系”——很有启发性。他在别处还说:这种关系“总是按照类比的法则”(第144页)起作用的:我们已同修辞学里提出的,建立在参与程度、因果性和类似性基础上的转义矩阵相距不远了。

尽管言语是诗的材料,但诗具有美的属性,因此能表达这种言语所无法表达的审美观念;诗是言语内部可以传达不可言传的内容的东西。

美的艺术做此事不仅是在绘画或雕刻里(在这里属性这词常被运用着),而且诗艺和口才把那使他们作品生动活泼的精神也完全从对象的审美属性里取过来,这些属性和逻辑的属性并行着,给予想像力以腾跃,它们在这里面——固然是在未发展的样式里——;让人更富裕地思想着,超过一个概念在一特定的文字表达里所能包括的。(第145页;中译本,第162页)

诗歌言语(言语中的艺术)同非诗歌言语的对立就在于有着这种极其丰富的意义(即便这些意义不如逻辑属性和概念来得清晰和明确)。或者如康德所说,诗歌言语“在我们身上激起一群无法表达的感觉和附带的表象”(第145页)。附带表象的多样性弥补了缺乏主要表象这一不足;逻辑言语是准确的,诗歌言语却不是这样,但靠着多样化,它能表达不可言传的内容。这也是关于天才

* 商务本把 attribute 译为“状形词”,我改译为“属性”,在下一段引文里也一样。

的一种定义(与谢林的定义不同)。

在德国浪漫派中,瓦肯罗德尔*最接近于大家习惯上对浪漫派人物的看法:多情善感、缺乏理性,以及把艺术置于一切之上。莫里茨的这位学生对艺术就是表达不可言传的内容这个观点作了最大的发挥,这并非纯属偶然。另外,在人类活动的最高峰并非只有艺术:它同宗教平起平坐;瓦肯罗德尔的著作里自始至终都把两者作对比,因为它们都是非理性的。

艺术的这种非理性性质表现在从创作者到消费者的全部过程 228
之中:前者永远无法解释自己是如何创作出这种形式的,后者则永远无法对这种形式理解透彻。但在确定艺术作品本身的特点时,对非理性的强调便达到了登峰造极的地步。有时也把自然同艺术相比,那是因为两者都是"神奇的言语",都与贫瘠的语词的语言形成对比。

语词的言语只能表达理性的、尘世间的以及可见的事物。

> 我们借助言语统治了整个世界;我们借助言语毫不费劲地获得了世上的所有财富。只有飘荡在我们头上的不可见的事物才不会受言语之召而降临到我们的心灵里来(第171页)。言语只能可怜地统计和指称变化,而不能让我们看到水滴的不断转变。(第367页)

语词的言语无法掌握不可见的和连续的事物;它是"内心狂热的坟墓"(第367页)。为此,它特别不适合描写艺术作品。"我看真是没有任何方法可以描写一幅美的图像或画面"(第133页)。

相反,艺术(和自然)却允许人们"全面地掌握和理解天上的

---

* 瓦肯罗德尔(1773—1798),德国作家和评论家。

事物”(第171页)。艺术表达“我用言语所无法表达的神秘事物”(第173页)。这些神秘的或天上的事物就等于康德的“审美观念”,它们构成了艺术作品的内容。因此,从理性的角度看,艺术作品便总是显得晦涩、神秘和无法描写了。音乐创造出晦涩和无法描写的印象(第359),它的言语是晦涩而神秘的(第249页)。艺术的言语是无法译成语词的言语的(第345页)。瓦肯罗德尔还感叹说:

> 那些胆小怕事、犹豫不决的爱推理的人要求把这千百篇音乐作品都用言语来解释,他们不愿承认这些作品就像画的
> 229 画一样并没有一种可以言传的意义。他们为什么要这样呢?他们是否想用最贫乏的言语的尺度来衡量最丰富的言语,把蔑视言语的东西溶化在言语之中呢?(第367页)

就如康德所说,这种无法用语词来传达的艺术内容、艺术作品的这种不可转译性,在某种程度上被作品激起的多方面的、无穷的解释所补偿。

> 一幅珍贵的画并不是教科书里的一段话,对后者只要我经过短暂的努力,获得了语词的意义后就可以弃之如敝屣。对出色的艺术作品,享受可以不断延续下去,永无穷尽之时。我们总感到对它们有更深入的了解,它们也永远能一次又一次地刺激我们的感官,我们的心灵永远也不可能把它们穷尽。(第199页)

不可言传性在这里又激起了极其丰富的言语,使能指无法应付所指的需要。

是否还应指出:瓦肯罗德尔在选择他所喜欢的言语时毫不犹豫。“在音乐的王国里,我们所有的疑虑和痛苦都消失在声音的海洋里了,我们忘却了人们的嘁嘁喳喳,任何言语的嘈杂声、任何

奇形怪状的文字符号都不会使人们头晕目眩,而是像一阵温柔的抚摩突然治愈了我们内心的一切忧伤”(第 329 页)。他只有在那里才能感到幸福。

这一连串的说法——艺术所表达的内容,日常言语的语词无法加以翻译;这种不可能性就导致了无数的解释——在《雅典娜神殿》的成员那里可以原封不动地找到。大家也不会对以下情况感到惊奇:诗无法翻译同诗的不及物性是一致的;诗的意义不可穷尽同诗的不断演变性与有机性是相辅相成的。弗里德里希·施莱格尔极力描写这个关系中的两个项:艺术和它的内容;这样做时,他便同奥利金[*]或是亚历山大的克雷芒的观点不谋而合:我们只能间接地谈论神明(如奥利金曾写道:“有些物质的意义绝对不能一
般地用任何人类的言语来表达”。《论原理》,第四卷,第三章,第 230
15 节;克雷芒则说:“所有对神性进行过探讨的人,从野蛮人到希腊人,都隐匿了事物的本原,他们在传达真理时使用谜语、象征,然后是寓意、隐喻、以及其他类似的手段;如像希腊的神谕,德尔斐的阿波罗恰恰被称为‘转弯抹角者’”《杂集》,第五卷,第四章,第 21 节,第 4 小节)。在《关于诗歌的谈话》里,路德维柯声称:“在谈到上苍时只可采用寓意,那正是因为他是无法表达的”(第 324 页);安东尼奥则说:“神灵只能间接地传播或表露到自然界的范围里来”(第 334 页;第二种版本里用“纯粹精神”代替了“神灵”)。未发表的一个注释甚至在间接的或寓意的表达方式和这个信息的神圣内容之间建立起相互一致的关系:寓意性意义必然来自神灵

---

* 奥利金(约 185—约 254),早期希腊教会最有影响的神学家和《圣经》注释者,著有《论原理》,书中系统介绍基督教教义。

(这里再提醒一下:弗里德里希·施莱格尔认为“寓意”这个词是个统称,他不像其他浪漫派作家那样把它同“象征”对立起来)。“一切寓意都指上帝,我们只能用寓意的方法来谈论上帝”(第十八卷,第五部分,第315篇)。这种瓦肯罗德尔称之为“天上的”内容不仅可由艺术,还可以由一切间接的或寓意的表达法来表示。因此,一方面,“一切艺术作品都是无穷尽的影射”(第十八卷,第五部分,第1140篇);另一方面,“象征是永远也无法自我复现的那些部分的符号或复现物”(第十八卷,第五部分,第1197篇)。反之,间接表达法不仅存在于诗中,它还是构成诗的要素。

> 寓意是诗的机制和外表的核心(第十八卷,第四部分,第666篇)。寓意、象征、拟人,还有对称和修辞格都是诗的要素而不是它的部件:**部件**是没有生命的物体。(第十八卷,第四部分,第148篇)

普通的言语无法达到这种高度,诗不能译成散文,而**艺术评论**这个说法本身就有矛盾。诺瓦利斯写道:“艺术评论这说法毫无意义”(第七部分,第304篇)。或者像莫里茨所提出的:它完全可能存在,但条件是自己也得变成诗、音乐或绘画。《关于诗歌的谈话》里的人物说:“只能用诗才能真正地谈论诗”,“关于小说的理论本身就应该是小说”;《吕克昂》里的一个断片这样写道:

> 231 诗只能用诗来评论。一种艺术评论如果在复现演变的必要印象的题材方面,或者在符合古代罗马讽刺精神的优美形式和自由基调方面都算不上是艺术作品,这种评论在艺术的王国里根本就站不住脚。(《吕克昂》,第117篇)

因为艺术表达的内容不可言传,所以对它的解释是无止境的。谢林认为:“对一切真正的艺术作品……可作无止境的解释,我们无法知道这种无限性究竟来自艺术家本人,还是仅仅存在于作品之中”(第三卷,第620页;法译本,第168至169页)。A. W. 施莱格尔认为:“对事物的非诗意的看法把事物当作是由感官感知或由理智确定的已经解决了的问题;诗意的看法则不断地对事物进行解释,并从中看到取之不竭的形象性质”(《艺术理论》,第81页)。诗的定义就是意义的多样性。

《雅典娜神殿》116

〔1〕浪漫派诗是一种渐进的通用诗。〔2〕它的使命不仅
是把诗中已经分开的一切种类又统一起来,使诗和哲学与修
辞学相接触。〔3〕它要把并且应该把诗和散文、才华和批评、
艺术诗和自然诗时而掺合,时而溶化,使诗生动而有社会性,
使生活和社会富于诗意,诗化才智(Witz),使艺术形式充满各
种实在的构成物,并不时用幽默使之活跃。〔4〕它包括一切
具有诗意的事物,从本身包含许多其他体系的最广泛的艺术
体系直至孩童诗人在无艺术性可言的诗中哼出的叹息声和亲
吻声。〔5〕它能够全然消失在它所复现的事物之中,以致大
家认为它唯一的、最高的目的就是刻画形形色色的诗的个性;
然而,没有任何一种形式能够充分表达作者的精神:这样,某
个只想写本小说的艺术家出于意料会把自我表现出来。〔6〕
只有它才能像史诗一样成为整个周围世界的镜子,成为世纪
的画卷。〔7〕然而,它更能漂浮其中,在被复现物与复现物之 232
间,凭借着诗的思考的翅膀,解脱了一切真实的与理念的利害
关系,赋予这种思考越来越大的力量,并像一系列无穷无尽的
镜子把它增殖。〔8〕它不但能从里到外,而且能从外到里出

色地、完整地形成，用相同的方法把本是整体的各个部分组织到它的产品中去，这样就开拓了无限发展的古典主义这个前景。〔9〕浪漫派诗在艺术中间的关系就像才智之对哲学，就像社会、交往、友谊和爱情在生活之中的关系。〔10〕其他形式的诗都已功成名就，现在就可以全部加以解剖。〔11〕浪漫派诗还在演变之中，其实这是它的本质，它只是永远演变，永远不能完成。〔12〕没有理论能把它阐发详尽，只有一种带预见性的评论才敢于刻画它的理想。〔13〕只有它是无限的，正如只有它是自由的一样；它的第一条法则就是：诗人为所欲为，不能容忍任何法则的约束。〔14〕只有浪漫主义体裁超越了一个体裁的范围，可以说它就是诗，因为在某种意义上说，所有的诗都是，或都应该是浪漫主义的。

《雅典娜神殿》的第116号断片是弗里德里希·施莱格尔的作品，一般都把它看成是浪漫派的宣言。我把它抄在这里，以便从中概略地找出我在前面列举的浪漫主义美学的所有特征。①

这篇断片是怎么组成的呢？句〔1〕是浪漫派诗的定义，里面有两个意味深长的词："通用的"和"渐进的"。句〔2〕至句〔8〕说明"通用的"这个词。句〔8〕至句〔13〕说明"渐进的"一词。最后一句——句〔14〕——再一次概括地修饰对象；这句话可以说与句〔1〕在同一平面上。

句〔2〕至句〔8〕阐述的"通用的"一词在这里具有与我所说的"综合方式"（偶尔也具有与"非及物性"）类似的意义：浪漫派诗

① 我们可以在汉斯·艾希纳为"译注本"第二卷写的前言中（第59至64页）看到对断片116作的逐行对照的评论。

是通用的，这意思就是它超越了通常的对立。断片里逐级举了好 233
几个例子。先是在诗内部，浪漫派诗综合了所有体裁，包括人工诗与自然诗（民间诗）；接着，往上升一级，它综合了不同类型的话语（诗只是其中的一个例子）：诗、雄辩、哲学，或者诗与散文。然后再超越言语范围：它综合了诗与生活、形式与题材、智力与直觉，或者在创作领域里则是天才与批评意识。施莱格尔顺便还取消了诗与非诗这个传统的区别，因此，他也改变了诗的定义：从已经具有诗歌性质的孩童叹息直至最复杂的诗歌构造之间存在着不间断的运动：诗歌在产生时就可以通过最简单的话语形式来把握。

句〔5〕探讨浪漫派诗提出的另外两组对立：解释这句话的难处在于施莱格尔的表达法本身也具有对立面交流的性质，而这种交流又正是这句话所要说明的。在第一个从句（“它能够全然消失在它所复现的事物之中”）和第二个从句的开头（“以致大家认为它唯一的、最高的目的就是……”）之后，大家等待的结尾是“复现世界，而不是表达个体”之类的话。施莱格尔好像认为这句话的开头正好表达了同实际上说的相反的内容（对立面的统一），他接下来就说：“刻画形形色色的诗的个性”。在这句话的第二部分又出现了同样的颠倒：在“然而，没有任何一种形式能够充分表达作者的精神”之后，大家期待着出现“以致某个作家只想表现自我时，出乎意料会写出一本小说来”这样的续句。但是，后件又一次被颠倒了：“某个只想写本小说的艺术家出乎意料会把自我表现出来”。这种连接法可以说是违反逻辑的；但是，浪漫派诗就是如此；这里施莱格尔在设法形象地表示他正在说的内容。这样，在表达与摹仿，在（主观的）透明性与不透明性之间的对立便消除了。

后面的句子又回到比较传统的表达形式：从外到内的这段距

离将从两个方向去跨越(同样,诗被说成是拟人和寓意的综合),就像艺术作品(它“漂浮……在被复现物与复现物之间”)中的“现
234 实主义”和“形式主义”都得到保留一样。句〔6〕里表面看来很一般的把艺术比作镜子的那个隐喻在句〔7〕里改变了意义:这“一系列无穷无尽的镜子”除了是两面对放着的镜子还会是别的吗? 那么,世界本身是否已经一直是某种映象呢? 这里,艺术的不及物性被简单地提了一下:艺术“解脱了一切……利害关系”。

句〔8〕表示从“通用的”到“渐进的”过渡。但在此之前,施莱格尔顺便谈到了浪漫派诗的另一个典型特性:这就是它内部的协调性;这种协调性一方面来自各部分之间的类似,另一方面则因为它们都被包括在一个整体的内部。这里谈到了“无限发展”,大家看到它用来修饰“古典主义”,可见这种古典主义并不同浪漫派诗对立。

从句〔8〕到句〔13〕,施莱格尔提到了我所说的“产生”或“表达不可言传的内容”这些特点;他认为两者似乎是一致的。才智、爱和诗都是在各自的领域里的转换因素,是原动的运动,而不是看得见、摸得着的物质;至于句〔11〕(包括句〔11〕),重点是在浪漫派诗的“演变”方面;在这一点上,它同“所有其他形式的诗”相对立。

句〔12〕和〔13〕把注意力移到这种艺术的不可言传方面;这就像是它的无限性引起的一个结果。属于理性和言语的理论无法把它阐发详尽;对诗的唯一有效的评论还是诗:这就是“带预见性的批评”这种说法所表达的意思。施莱格尔甚至走得更远:他提出了一句格言,而他明明知道这同《雅典娜神殿》里的其他断片背道而驰;这句格言就是:诗人为所欲为,不能容忍任何法则的约束。

最后,句〔14〕直接同句〔1〕连接起来,但同时提出了一个问题,而句〔2〕和句〔10〕在阐明这个问题时观点正好相反;这个问题

是：浪漫派诗是否是一种体裁？答案是既不是，也非不是：作为发生的原则，浪漫派诗是一切诗的基础，并不能包括在某种体裁之中；但同时，有的作品比其他作品能更好地体现这种原则；这就是大家一般所说的"浪漫主义体裁"(die romantische Dichtart)。所以就有了这样一句自相矛盾、但又完全能解释得通的话：这种体裁并不是一种体裁……。

《雅典娜神殿》116像是从反面阐述了综合哲学：它不是包括许多思想的唯一思想，而是从多方面来说明一个思想。

象征与寓意 235

当A.W.施莱格尔在1801年系统地提出浪漫主义学说时，他必然参考了他的朋友谢林在上一年发表的著作。这本著作确实已经包含了浪漫主义学说的所有原理；施莱格尔对它表示全盘赞同，只是修改了一处用语。

> 谢林认为：以有限的方式表现的无限(第三卷，第620页；法译本，第169页)就是美，这个定义里应该已经包括了崇高。我对此表示完全赞同，仅仅希望这样能表达得更好：美是对无限的象征复现；因为这样一说，为什么无限会出现于有限之中就变得清楚了……无限怎么被引导到表层，怎么会显示出来的呢？这只是象征地以图像和符号的方式出现的……。作诗(这是最广泛意义上的诗，它是一切艺术的基础)不是别的，就是不断地用象征来表示。(《艺术理论》，第81至82页)

我们可以毫不夸张地说，如要把浪漫主义美学浓缩成一个词，这就是A.W.施莱格尔在这里用的象征这个词；这样，整个浪漫主义美学最终就成了一种符号理论。反之,要理解“象征”这词的现代意义,必须重新阅读浪漫派的文章,就此足矣。“象征”的意义在任何别的地方也没有在象征与寓意这组对立里表现得明确了;这组对立是浪漫派发明的,并可以把他们同浪漫派之外的所有流派对立起来。这里我就简单地谈谈这组对立是怎样逐步提出来的。

歌德

> 物体将由一种深刻的感情来确定,当这种感情纯粹而自然时,就同最好、最高尚的物体吻合,并使它们尽可能地具有
> 236 象征性。这样表现出来的物体似乎就是为自身而存在,然而它们在自己内部的最深处也具有意义,原因就在于理想,而理想又总带有某种概括性。如果说象征现象在复现之外还表示别的东西,那总是采取间接的形式……现在也有些艺术作品以理性、俏皮话、献殷勤来引人注目,我们把所有的寓意作品也归入这一类;大家不必期待这类作品会产生出什么好东西。因为他们同时也破坏了人们对表象本身的兴趣,也可以说把才智赶了回去,并使它无法看出真正复现的东西。寓意与象征的区别就在于后者以间接的方式,而前者却以直接的方式来指称。(1797 年;“纪念版”,第 33 卷,第 94 页)

这段引语出自一篇题为《论形象艺术的对象》的文章,该文写于 1797 年,但在歌德死后很久才发表。歌德第一次在一篇旨在公开的作品里(尽管最终并未达到目的)提出了象征和寓意这组对立。

今天,大家对这组对立在歌德作品中出现之前的历史已经很熟悉了。直至 1790 年,象征这词完全不表示它在浪漫主义时代表示的那种意思:或者它是一系列其他更常用的词语(如寓意、象形

文字、密码、标志等）的简单同义词，或者它纯粹指完全任意和抽象的符号（数学符号）。这第二个意义在莱布尼茨派（如沃尔弗*）的著作里最为常见。康德在《判断力批判》里推翻了这种用法，使“象征”这词的意义接近于现代的意义。象征并不是抽象理性的特征，而是直觉地凭感觉把握事物的方式的特性。

> 近代的逻辑家所采用的关于“象征”这个字的运用是意义倒置着的，是不正当的，如果人们把它和**直觉的**表象对立看；因象征的只是直觉的一种。（第59页，第174页；中译本，第199至200页）

康德的文章一发表，席勒马上就仔细地阅读；他采用了“象征”这词的新用法；而在歌德与席勒的通信里，歌德只是在写我们 237
这里提到的那篇短文的前两年才把“象征”这词用来表示这种新的意义（这当然不意味着康德、席勒和歌德对象征的看法完全一样，只是他们对该词的用法都同以前的作者对立而已）。在交换这些信件之后，歌德决定同他的朋友、艺术史家海因里希·迈尔**合作撰写一篇短文，结果是两人用同一题目各写了一篇文章，而只有迈尔的文章到时发表了①。

---

① 歌德著作中象征的产生和结构已经得到十分仔细的研究，主要著作有：J. I. 鲁热：《歌德与象征概念》，载于斯特拉斯堡大学为纪念歌德逝世一百周年而出版的《歌德》一书，1932年，第285至310页；C. 米勒：《论歌德艺术观中象征概念形成的历史条件》，1937年，和同一作者的《歌德艺术观中的象征概念》，见《歌德协会的四月刊》，第8期，1943年；M. 马拉什：《歌德的思想和作品中的象征》，巴黎，1960年，尤其是其中的第六章（第111页至129页）与第十章（第206页至219页）；B. A. 瑟伦森：《18世纪美学理论中的象征和象征主义及德国浪漫主义》，第七章（第86至132页）。鲁热的文章清楚地展示了一个概貌；瑟伦森的文章说得面面俱到。

* 沃尔弗（1679—1754），德国哲学家、数学家和科学家，莱布尼茨的学生。

** 海因里希·迈尔（1760—1832），瑞士艺术家，歌德的朋友，著有《希腊造型艺术史》。

不管歌德的前人是怎样确定“象征”的能指或所指的，除了我们还要说到的迈尔的那篇论文，还是歌德首先提出了象征和寓意之间的对立。

在《论形象艺术的对象》中，这组对立是在阐述的结尾时才出现的。歌德已经从画家的角度比较了不同对象的各自的长处。然后他就谈到对这些对象的处理方法（die Behandlung）上来，就在这时出现了象征和寓意这两个词。两者的区别是什么呢？

我们先肯定两者有一个共同点：象征和寓意都可以复现或指称；只要引进一个歌德文章里没有用的词，我们就可以说这是两类符号。

第一个区别来自：在寓意里，能指层即刻就被穿透以便理解所指的东西，而在象征里，能指层保持它自身的价值，保持它的不透明性。寓意是及物的；象征虽不及物，但仍能继续指意；换言之，它的不及物性是同它的综合性一致的。因此，象征针对感知（和智力活动），而寓意实际上只针对智力活动。要注意一点：歌德所说的“被复现物”却是我们所说的复现物（能感知的物体）。

这种专门的表意方式使我们能够提出第二个区别。寓意直接
238 指意，就是说它的能感知层之所以存在，全然是为了传达某种意义。象征则间接地指意，要转个手：它先是为自己而存在，只是在第二阶段大家才发现它也意指什么东西。在寓意里，指称是第一性的；而在象征里，指称却是第二性的。我们略为改变一下歌德的用词，也许可以这样说：象征复现并（可能）指称；寓意指称，但不再复现。

从歌德赋予象征的特点里我们可以推断出第三个区别：它关系到表意关系的性质问题。对象征来说，这种关系的性质很具体：

这是一个从特殊(物体)到一般(即到理念)的过程;换言之,歌德认为,象征表意必定带有例证的性质:如一种具体情况,通过它(而不是在它的位置上)大家在某种程度上就能透明地看到产生它的普遍规律。象征性就是样板性、典型性,可以把它看成是某种普遍规律的表现。这样就证明了浪漫主义美学所说的参与关系的价值,并否定了无可争议地统治着古典学说(特别是通过摹仿理论)的类似关系。但作为寓意基础的表意关系暂时却没有阐明。

第四个,也是最后一个区别是感知的方式不同。在象征中,好像因为错觉引起了一种惊讶的心情:原以为事物纯粹是为了自身而存在的,然后发现它也有一种(第二层)意义。至于寓意,歌德强调了它同理性的其他表现形式(俏皮话、献殷勤)之间的联系。对立内部并没有真正分节,但大家已能感觉到:一边是理性统治着,另一边却不是。

*

> 916. 因此,可以把这种完全同自然协调的用法称为象征用法,因为颜色是按照它的效果使用的,真实的关系马上就表达出意义。例如我们用紫红来表示威严,毫无疑问,我们找到了正确的表达法,这在前面已经充分地解释过了。917. 同这
> 紧密相连的是另一种用法,可以称它为寓意用法。这种用法 239
> 更为偶然、更为任意,甚至可以说是约定俗成的,因为首先要把符号的意义告诉我们,然后我们才能懂得它意指什么,如有人把绿色说成表示希望就是如此。(1808 年;“纪念版”,第四十卷,第 116 至 117 页)

这两小段文字引自《颜色学》,在专业问题谈完后有一章叫作“颜色的寓意、象征和神秘主义的用法”。确实这里提到了第三个词:神秘主义;但我们可以把它撇在一边,因为又是只有象征和寓意具有表意性质,后者对颜色的神秘主义用法并不起决定性作用。

这段引文里所说的对立非常简单;唯一使人感到意外的是它同《论形象艺术的对立》这篇论著里提出的二歧式不同,那是因为这次涉及的是有理据与无理据的符号,或者是自然符号与任意(约定)符号之间的对立。从这第一个差别中产生出第二个差别:象征的意义是自然的,所以立即就能被每个人所理解;寓意的意义则来自“任意的”约定,所以必须先学习然后才能理解;先天与后天在这里同普遍与一般相重合。所举的例子可能不那么能说服人:威严对紫红来说是否比希望对绿色更自然呢?前面提出的第四个区别在这里又是处于次要地位:象征产生某种效果,只有通过这效果才会产生意义;寓意直接传达某种意义,但要通过学习我们才能理解;理性的作用在两处似乎又不尽相同。

*

> 天然的火是要表现出来的,哪怕只是为了服从艺术的需要;我们完全有理由把这种安排叫做象征……这是物体,又不是物体,但究竟还是物体;一个概括在心灵的镜子里、并终究同事物一致的图像。相反,寓意却远远落在后面;它或许也充满了才智,然而大多数时间里它却是修辞性和约定俗成的,它越接近我们所说的象征就越有价值。(1820 年,“魏玛版”,第四十一卷上册,第 142 页)

这段文字出自对菲洛斯特拉托斯*的《画记》的评论，它明确 240
地为**象征**的概念和说法辩护。歌德举例描写了一幅画（在耶稣被捕的那夜，圣彼得呆在火边），说它十分“简练”，因此无人再敢说它具有寓意性质；它是象征性的。这里我们再来看看同寓意相比象征有些什么特点。

第一个特点还是我们第一段里提出的直接指示与间接指示间的差别：复现的火首先是一种火；如果它另外意指什么东西，那至少是在以后第二阶段的事。

我们已经熟悉了第二个差别：象征尽管具有意义，但它是不及物的。这种矛盾的地位被一句同样矛盾的句子一解释就更突出了：象征是一个事物，但当它是事物时又不是事物……（不及物性还是同综合性并驾齐驱）。象征的事物同它自身既一致又不一致。相反，寓意是及物的、功能性的、实用的、没有自身价值的：这也许是这里说的“修辞性的”这个形容词的意义。

对第三个差别大家也已经熟悉：寓意是约定俗成的，因此可以是任意的、无理据的。象征自己却是一个图像（Bild），属于自然的范围。

第四个差别：寓意“充满了才智”；象征则同“心灵的镜子”只有一种间接的关系。这里可以看出寓意具有理性的性质，与之对立的是象征的直觉性质。

最后，歌德两次强调了象征的简练而浓缩的特点。这里涉及的似乎是同话语的扩展性相对立的象征的稠密度：只画了一样火，

---

* 菲洛斯特拉托斯，指“利姆诺斯人”菲洛斯特拉托斯（约190—？），著有两卷本《画记》中的第一卷，第二卷为他的孙子所完成。歌德对前者十分感兴趣。

而象征解释却给它加上了新的价值。寓意则没有这么简练，就是说在它内部似乎必须进行解释；同明确的话语一样，寓意也具有扩展性。

还要补充一点：同在前面几段文字（特别是第一段）里一样，歌德在这里没有掩饰他对象征的偏爱。

*

> 诗人究竟是为一般而找特殊，还是在特殊中显出一般，这
> 241 中间有着很大的差别。由第一种程序产生出寓意，其中特殊
> 只作为一般的例证才有价值。但是第二种程序才真正是诗的
> 本质，它表现出一种特殊，并不想到或明指到一般。谁若是生
> 动地把握住这特殊，谁就会同时获得一般而当时却意识不到，
> 或只是到事后才意识到。（1822 年；“纪念版”，第 38 卷，第
> 261 页）

这是有关象征与寓意的对立的最为著名的说法。这段话是他在把自己同席勒比较之后提出的；两个概念间的差别也正是两位诗人间的差别，歌德显然把象征诗人的角色留给了自己。这里仍然突出两个对立项中的一项，这不仅是因为歌德把自己和象征等同起来，也是因为从根本上看，诗，所有的诗，都是或都应该是象征的。请注意，这是第一次把这组对立应用于诗，而不是应用于一种可见的材料。

这里更强调从特殊到一般的过渡，同时内容也更具体了。对象征来说，这种强调是必不可少的，但在寓意里这种现象也存在：因此，两者的区别并不在象征物和被象征物的关系的逻辑性质，而在于通过特殊展现一般的方式。

歌德似乎更关心象征与寓意的产生和接受过程。在完成的作品里,我们总是同一个特殊的事物打交道,而这特殊的事物总能使人想起某种一般的性质。然而,在创作过程里会出现一些差别,有的从特殊出发,然后从中发现一般(这就是象征);有的则先有一般,然后才寻找它的特殊体现。这种走向的不同就影响到作品本身:我们不能把生产过程同产品截然分开。因此,最重要的对立是:在寓意中,表意是必不可少的(这一段引文则说是“直接的”),作品中出现的图像是及物的;在象征中,出现的图像自己并不表示它还另有他意,只是在“以后”,或无意识时我们才去进行重新解释工作。这里我们从产生过程,经过作品本身这个中介,过渡到接受过程:总之,关键的区别似乎主要就在这里,在解释的方法上面;或者用歌德的说法,在从特殊到一般的过渡方式上面。

歌德在这里并未提出根本不同于前几段文字的新观点,然而
他简短地提到了作者—作品—读者这条线索,强调了各个心理过 242
程(产生过程和接受过程)的不同,而不是突出作品固有的逻辑差别,这就给了我们一种新的启示。

*

> 寓意把现象转换成概念,把概念转换成意象,并使概念仍然包含在意象之中,而我们可以在意象中完全掌握、拥有和表达它。象征体系则把现象变成理念,再把理念变成意象,以至理念在意象中总是十分活跃并难以企及,尽管用所有的语言来表达,它仍是无法言传的。(《遗稿》,“纪念版”,第 35 卷,第 325 至 326 页)

这是歌德关于象征—寓意这组对立所说的最后一段格言,写

于他晚年。同在上一段文字里一样，这里注意力集中在理念的产生过程上。这两种观念十分相似，甚至比前一段文字里更相似，因为现在没有了过程的不同（在象征里是从特殊到一般，在寓意里则是从一般到特殊）；所有的产生过程都遵循特殊——一般—特殊这条途径。开始时总有一个具体的现象，接着是一个抽象阶段，最后到达也是具体的意象（只有意象存在于完成的作品中）。但从这里起，差别就产生了。首先，在两种情况里抽象过程不一样：在寓意里是纯属理性的概念，与之相对的是象征中的理念；我们可以认为康德的影响把象征引向总体的和“直觉的”领悟上去了。这个区别很重要，并是新提出的：歌德第一次断言象征和寓意的内容并不相同，用它们表示的不是“同一个东西”。如果回到第一段文字里所说的最初的区别，这种不同就不再涉及到处理的方法，而是涉及到处理的对象了。

第二种区别在别的文章里已经酝酿了，但从来也没有说得这样明确：这就是寓意中的可以言传和象征中的不可言传（Unaussprechliche）之间的不同；大家看到，这个区别是在谈到概念与理念的区别之后提出的。同它平行的还有另一个区别，后者只是前者的结果，并引出了生产过程与产品、演变与存在之间的区别：寓意的意
243 义是有限的，象征的意义却是无限的、取之不尽的；或者说，在寓意里意义是完成了的、终止的，因此就可以说是死亡的；而在象征里，它却是活跃的、生动的。这里，即使不同态度是由作品本身的特性（对此歌德这次却未加说明）确定的，象征和寓意的不同主要还是由它们迫使接受者思想所做的工作来确定。

我们应该把歌德作品中提到的关于象征—寓意这组对立的各

种观点看成是互补的,而不把它们看成是分歧的;只有把这些话语进行对比核实才能得出完整的定义。关于象征,我们又遇到了浪漫派提出的形形色色的特征:它是能生产的、不及物的、有理据的;它实现了对立面的融合:它既是,又意指;它的内容是无法用理性把握的:它表达的是不可言传的内容。相反,寓意显然是已经完成的,它及物、任意、又是纯粹的指意和理性的表达。除了这些固定的说法外,歌德还补充了几点具体的意见。两类指意转移的差别不在于它们的逻辑形式(象征和寓意都是特殊来指一般),而在于产生和接受的过程不同,它们正是这两个过程的终点或起点:象征是无意识产生的,并引起了无限的解释活动;寓意是有意的,并且不用"它物"就可以理解。象征的解释作为典型的表象也是属于个人的。最后,还有一点形态上的差别(因而也是特别有趣的),即指示活动的直接和间接性;尽管歌德提到了这点,但在他的著作里这一差别却没有起重要的作用。

谢林

谢林对 A. W. 施莱格尔的建议十分敏感,并可能想同歌德的思想相似,所以在他的概念系统里也引进了象征这个概念。这是他在 1802 至 1803 年的讲课中提出的,这些讲稿在他死后才发表,名为《艺术哲学》。我们甚至可以说,象征这个同寓意相对立的概念就像这部著作所描述的那样在整个建筑中占据最高的位置。确
切地说,象征—寓意这组对立在文章的两处出现,但很可能它们的 244
意义在两处并不相同。因此,最好还是对它们分别加以研究。

象征这词第一次并不是在同寓意的对立中,而是在一个三个项的系列里出现的。这三个项就是:图式、寓意、象征。这里我们

还应该回顾一下康德对某些词的用法。我们已说过康德对象征这词的意义倒置负有责任；在《判断力批判》的同一节里（指第59节——译注），他把象征同图式对立起来（后一个词在《纯粹理性批判》里就已经出现了）。

> 一切的表现（Hypotypose，subjectio sub adspectum）作为感性化是在二种场合：或是图式的，悟性所把握的概念有着和它相照应的先验的直观。或是象征的，那是一个概念，只是理性能思索它而无任何感性的直观和它相应，而理性把一个这样的直观放在它的根基上，用这个直观，判断力的手续只类似它在图式化的场合所观察到的。（第173页；中译本，第199页）

除了指意外，图式和象征还有些共同之处：这就是 hypotyposes 或表现，即能感知部分不像在字、词或代数符号里那样只是纯粹透明和无关紧要的那种单位；换言之，同其他无理据的符号不同，它们是有理据的符号，其中的感性部分“完全不含有属于客体的直观的东西。”（第174页；中译本，第200页）这第一个共同特征却使它们更明显地对立起来了：图式所指可以恰当地表达，因此它的指称是直接的；相反，象征所指就像审美观念一样，不包含恰当的指称，不包含适合它的“感性直观”；它只能间接地、通过同另一个图式的类比才能得出。可表达性同直接性一致，无法表达性则与间接性、即象征一致。

谢林可以说是集中了康德关于图式和象征，以及歌德关于寓意和象征这两组对立，得出了一组三个项的系列。但是这几个词的内容却变了。谢林所下的定义较之他的两位前人的定义更符合
245 逻辑：三个概念间的差别来自一般和特殊这两个基本范畴间的不同组合。

> 这种一般意指特殊或者特殊必须通过一般才能把握的表象(Darstellung)就是**图式**。然而那种特殊意指一般,或者一般必须通过特殊才能把握的表象就是**寓意**。两者综合起来,这时一般并不意指特殊,特殊也不意指一般,而是两者完全合成为一体,这就是**象征**。(第五卷,第407页)

图式就成了一般对特殊的指称。最常见的图式显然就是语言:总是表示一般的语词却能够指称个别的现实。谢林还举了另一个例子:工匠按照一个图样或一种想法制造出某个物体,这时他体现了同样的一般与特殊的关系。

相反,寓意却是由特殊来指称一般。这个词的这种用法是新的;因为老的传统把寓意的两部分之间的关系说成是相似关系,所以联系的是两个特殊体。即使到18世纪末,莱辛在《论寓言》里还把**寓意**(一种特殊体对另一种特殊体的指称)同**例证**(特殊指称一般)对立起来。谢林的"寓意"则更接近于莱辛所说的例证(当然也接近于歌德所说的寓意),而不是古典的寓意。谢林补充说:寓意文章和寓意阅读之间是有区别的:我们可以用寓意的方法去阅读任何的书。"荷马的诗和所有神话的魅力就在于它们也包含着寓意式表意的**可能性**(其实我们可以把一切都寓意化)。希腊神话里意义的无限性就在于此"(第五卷,第409页)。

至于象征,它的特征就是把一般和特殊这两个对立物融合在一起,或按照谢林喜欢的说法:象征不仅指意,而且本身就**是**;换言之,它的特征就是象征物的不及物性。在象征里,"有限同时又是无限,而不是仅仅意指无限"(第五卷,第452至453页)。"象征就是客体不仅意指概念,而且本身就是这个概念的意象"(第五 246
卷,第554至555页)。他分析的例子也表达了同样的意思:

如不要说：朱庇特和弥涅瓦意指或应当意指什么。因为这样就会取消这些形象的诗学独立性。这些形象不是意指某个事物，它们就是事物本身。（第五卷，第400至401页）

另一个例子是：

因此，玛丽-马德莱娜*并不只是意指悔恨，而就是悔恨本身。所以音乐的主保圣人圣·塞西利亚*并不是寓意意象，而是象征意象，因为它的存在既独立于意义但又不失却意义。（第五卷，第555页）

大家会看到：即使谢林像莫里茨一样强调寓意的外部目的性和象征的自身目的性（他还写过："不是为自己而是为他物的东西才意指他物"，见第566页），但他永远不会忘记象征就是，但同时又意指（而莫里茨更倾向于说：它不意指，而就是）。在这方面，象征有别于意象：后者在感知时就会穷尽：

确实，我们既不满足于完全不指意的事物，如纯意象所表现的事物，也不满足于纯粹的指意；我们要的是：应该作为绝对艺术表象的对象的事物十分具体，以至同意象一样与自身相等，而这事物同时又和概念一样带有普遍性，并充满了意义；所以德语就把象征这词称作 Sinnbild，即有意义的意象。（第五卷，第411至412页）

这样确定的象征在外延上就同艺术，或至少同艺术的实质相吻合。

---

* 玛丽-马德莱娜，《圣经》人物，《路加福音》第七章里提到一个女人，原是个罪人，见了耶稣表示忏悔，耶稣就赦了她的罪。后人把她同伯大尼的玛丽联系在一起。在基督教文化中常用她象征悔改。圣塞西利亚，基督教女殉道者，死后被罗马人尊为音乐的主保圣人。

思想是纯粹的图式运用。相反，一切行为都是寓意的（因为以特殊意指一般），艺术则是象征的。（第三卷，第 411 页）

同时，象征同美吻合：

根据这些意见，我们可以用象征的风格把表中的所有要 247
求归结为一个：即一切都服从于美，因为美总是象征的。（第五卷，第 558 页）

象征和神话之间的类似就更突出了（在这方面谢林承认自己曾受益于莫里茨）。

在寓意中，个别只是意指一般；在神话中，个别本身又同时是一般。（第五卷，第 409 页）这种研究似乎就产生了一个必然的结果：一般的神话和具体的诗篇都不应用图式或寓意的方法，而是用象征的方法去把握。（第 411 页）因此，神话要求的并不是它的象征简单地意指某些概念，而是这些象征成为为了自身而表意的、独立自主的存在。（第 447 页）

就像对一般的象征那样，谢林在谈到神话时特别强调了它的定义的矛盾性：神话既是一般的，又是特殊的，它既是，又意指；甚至可以进一步说：正是因为它是，所以它才意指：

应该把每个神话形象看成是它自身，因为正是通过这点它才会被看成是它意指的事物。这里意义同时又是存在本身，它已进入到客体，因为它同后者本是浑然一体的。一旦我们让这些存在去意指什么东西，它们本身就什么也不是了……它们最大的吸引力就在于：它们在只是绝对地存在于自身而没有任何关系时，同时却让意义透过自己显现出来。（第五卷，第 411 页）

这就是谢林所说的象征和寓意的第一种意义。它在《艺术哲学》的第39节；在其他段落里，这两个词也保持着相同的意义。然而关于这两个概念还有过一次很长的讨论；这就是在谈到绘画时。

先是图式—寓意—象征这个三段式缩成了两个项，因为在艺术中大家感知到的只有特殊，因此永远不能把一般作为出发点。

248 或者形象艺术通过个别意指一般，或者个别一方面意指一般，同时又是一般。第一类的表象就是**寓意**，另一类就是**象征**。（第五卷，第549页）

象征和寓意在这里保持着原先一样的意义，但是情况很快就起了变化。确实，谢林在具体分析象征画和寓意画时他的出发点似乎就是斯多噶派的诠释学所特有的一组对立，即字面意义或历史意义同寓意意义的对立。“象征绘画完全同大家所称的历史绘画相吻合，这样叫只是为了表示这种绘画的有力罢了……按照我们的解释，历史绘画本身也就是一种象征绘画”（第五卷，第555页）。至于寓意，它也可以根据古代诠释学所熟悉的范畴进行细分：“在画中，寓意可以是物质的，这同自然物体发生关系；或者是道德的，或者是历史的”（第五卷，第552页）。

这种寓意同以前文章里的寓意并不一样，证明就是：在前面举的例子里，并没有在特殊和一般之间形成关系，而是同古代的寓意概念一样，有着两个特殊之间的关系。下面是物理寓意的一个例子：

尼罗河和它泛滥时高达十六尺的洪水按古老的说法意指肥沃富饶，再现时就用众多的儿童坐在巨人的脚下来表示。（第五卷，第552页）

这里，历史寓意里的历史一词同在“历史意义”（或字面意义）

里的意义不一样：

> 某个城邦由于君王的照顾得以复兴，这在古代钱币上就通过一个男性把一位女子的身体举离地面来表示。（第五卷，第554页）

然而，江河与儿童，城市与人体都是一些具体的实体；它们之间的关系只能是类似，而不可以是例证。

阐述寓意（和象征）的第二部分里有一段话特别清楚地说明了这种意义的变化。谢林似乎划分了非严格意义的寓意和严格意义 249
的寓意，前者相当于他对寓意下的第一个定义（特殊指称一般），后者则局限于（在我们看来是更不严格地）指出指称物和被指称物之间的区别。很奇怪，恰巧在这时，谢林（像康德一样）记起了另一种古典理论，即把有理据符号同无理据符号对立起来的理论。

> 一般可以把寓意同一种普通语言相比，后者不同于特殊的语言，并不建立在任意符号，而是建立在自然的、客观上有价值的符号的基础之上。寓意通过真正的、具体的意象来意指概念，所以艺术语言，特别是形象艺术语言（一位古人曾把它说成是一种无声的诗）可以说应该以个人的方式、通过形象来表达自己的思想。但是我们这里同时预设的严格意义的寓意概念却是：复现的事物意指自身之外的别的东西，表示与自己不同的某个事物。（第五卷，第549页）

令人惊奇的是：谢林到具体分析的时候又回到了寓意和象征这组对立的古老的（因此在这种情况里就是平庸的）意义上去了（即使象征以前没有这样用过）。尽管如此，通过这样使用这两个词，谢林就把自己同整个浪漫主义传统联系在一起了。这种用法前所未有，谢林是在他著作的总论部分对它加以发挥的。

其他人

第一个公开把象征和寓意对立起来的并不是康德（他在重新给象征下定义时并未提及寓意），也不是席勒（他只是在给歌德的信里才考虑过这问题）和歌德（他把论述这问题的著作锁在抽屉里），也不是谢林（他生前并未发表《艺术哲学》），而是歌德的朋友，艺术史学家海因里希·迈尔。就在歌德第一次论述这个两歧式的1797年，迈尔也发表了同样题为《论形象艺术的对象》的论著。这篇论著显然受到他与歌德讨论的启发。即使不应该认为这
250 篇论著是歌德所写，我们也会理解为什么迈尔在这两个概念的历史中没有起主要作用：他使用这两个词时缺乏批判精神，也不注意确切说明两者的不同。下面是他论文里最像定义的两段话：

> 这些事物在诗的、历史的或象征的意象的外表下隐藏了重要而深刻的真理，并只有在得到满足的意义不再期待任何东西后理性才能发现它们；这些事物我们就称之为纯粹寓意的……在表示神祇或他们的特性的象征意象里，形象艺术创造了最高级的东西，它强迫思想和概念以能感知的方式出现，迫使它们进入空间，迫使它们取得外形并暴露在睽睽众目之前。（《短文集》，第14、20页）

在象征里，是所指变成了能指，在符号的两个方面产生了融合。相反，在寓意里，两个方面是完全分开的：我们先是注视着可感知的部分；一旦意义已经穷尽，理性就介入进来，并发现了独立于这些可感知的形象之外的意义。然而大家可以看到，迈尔所说的程序正好同歌德所说的程序（诚然，后者的提法要晚20多年才发表）相反：这里是寓意从特殊到一般（从“形象”到“真理”），而

象征是从一般到特殊(从“思想和概念”到眼睛看到的东西)。从这件事就可以看出迈尔并不注意对立:第一句话几乎是寓意的定义,但中间出现了“象征”这个词,而且表示的是非技术意义。

迈尔的另一种说法更能引起现代人的注意,但它却在十余年后才提出来。在解释象征和寓意的对立时,他求助于是与意指这组对立;谢林的著作中就已有过相同的用法。在此之前,这两个动词就已连接起来了,而且说得更清楚。这就是在 1791 年 3 月 13 日歌德在给迈尔的信里所说的(“寓意”在这里指的是他以后所称的“象征”):“关于创意,我觉得您谈到了寓意所不应超越的界线。这是些意指全体,但并不意指它们表示的东西之外,我甚至可以说 251
不意指它们所是的东西之外的事物。”这期间,赫尔德在 1800 年写的《卡里贡》一书中曾说:乐音“不光指意,而且本身就是……。”下面是迈尔关于象征和寓意(他怪温克尔曼对两者不加区分)的那几句话:

> [象征]没有任何其他的关系,但确确实实是它们所表现的东西:朱庇特是威力无比、地位至高无上的形象……维纳斯是为爱情而创设的女子,等等。因此,这些都是最高级的特性,或是艺术体现的一般概念;大家把这类表象称为象征,它们和严格意义上的寓意不同……象征表象是已经成为可感知的一般概念的本身;寓意表象只是指与它不同的某种一般概念。(《温克尔曼作品集》的“注释”,第 684—685 页)

象征是,寓意指意;前者把能指和所指融合在一起,后者把两者分开。

在迈尔的两篇文章之间,有人发表了另一种说法,它更像是谢林,而不是歌德的说法。大家可以在弗里德里希·阿斯特的著作里读到这段文字。他的《艺术理论体系》出版于1805年,可以说包括了谢林的美学原理(当时尚未发表)的概述。下面的区别就在论述根据及物性这个范畴把自然与艺术对立起来的那一页里。阿斯特写道:

> 宇宙的具体产品只是关于绝对存在的一种寓意,就是说它与绝对存在相连,不用复现整体,因此不用复现某个绝对存在就可意指整体;相反,艺术作品却是绝对存在的象征,就是说既意指又复现绝对存在。(《艺术理论体系》,第6页)

阿斯特可能无意识地运用了狄德罗用来把言语的诗歌用法和实用用法对立起来的术语:在前一种用法中,人们同时意指和复现,而在后一种用法里却只限于意指。参考阿斯特在别处就艺术作品的性质,甚至一般话语的性质所谈的观点,我们可以毫不犹豫
252 地解释这个区别。感性和理性间的关系在象征中是有理据的,在寓意中则是无理据的。这就使作品的不同层次多少协调起来了(从上面看出,阿斯特对此十分重视)。

当时另一位论述这个问题的作者是W.冯·洪堡。他在一篇论述希腊国家的论文的结尾处讨论了象征与寓意的关系;洪堡研究了希腊人特有的艺术形式(我略去了例子):

> 我们并不是总能正确地把握象征这概念的,而且经常会把它同寓意的概念混起来。确实这两种情况都用一种可见的形象来表达一种不可见的概念,但是表达的方式很不相同……(在)寓意表象(里)……思考得很清楚的一个概念任意地同某个意象联系在一起……(在)真正的象征(里)……它们从简单的自然物体出发……毋需剥夺它们的丝毫个性和特点,就可达到事先不知的、甚至就其本身来说永远也无法把

> 握的概念……因为象征的特点是表象和被表现物不断地进行相互交换,刺激并强制思想更久地停留在上面以更深入地进行理解;相反,寓意则一找到所要传达的思想就像得出谜底的谜语,我们只能对运用巧妙的形象产生出一种冷静的欣赏或轻微的满足感。(第三卷,第216页至218页)

洪堡在这方面同歌德一样,他没有忘记象征和寓意的共同特征:就像康德所说,它们都是表现,或 hypotyposes。但重点却落在差别上面。寓意的特征说得比较简要:它一方面是任意的,这可能就是指无理据性;另一方面,它的意义是有限的,可以完整地说出来。关于象征,洪堡没有说它是有理据的,但这点可以从它与寓意的对立中归纳出来。寓意的意义是一个完成的产品,在象征里则产生过程和产生结果具有同时性:意义只是在产生时才存在。同样,寓意意义的封闭性和象征特有的无穷无尽的指意过程相对立;就从这点来看,象征也更适合于表达不可言传的东西。另一方面,象征与被象征的两个方面不断互相渗透,换言之,象征方面指意, 253
同时又一直就是。

洪堡的这段话值得我们注意:当时即使他能阅读到同时代人的未发表的著作,他也只能找到象征和寓意之间的简单对立,但他作出的描写却综合了构成浪漫主义艺术理论特征的所有范畴:象征同时是产生过程、不及物性、理据性、综合性和对不可言传的东西的表达;此外,两个概念的差别并不在于阐释的对象,而在于这些对象引起的态度。我们也应该记住象征与被象征之间不断互换这种说法。

有趣的是:在大约15年之后(1822年),当洪堡完全投入对言语的研究时,他重新又使用了这组对立,但是却变换了术语:谈的已不是象征和寓意，而是艺术和言语。这次是艺术使感性与理性融合起来，而言语却把两者分开；艺术是自然的，言语却是任意的。还是大家来作判断吧：

> 一方面，言语……可以同艺术相比，因为它同后者一样，倾向于以可感知的方式来表示不可言传的事物……但另一方面，言语在某种程度上同艺术对立，因为言语只是把自己当作一种表达的手段，而艺术却在现实和理念分开出现时就把两者都取消，而用作品来取而代之。从作为符号的言语的这个局限性，又可产生出言语和艺术之间的其他差别。语言表现出更多的习惯和约定的痕迹，具有更多的任意性，而艺术却具有更多的自然性……。（第四卷，第433页）

克罗伊策*与佐尔格

大家很容易就可看出，刚才回顾的那些文章里的观点完全来自浪漫派的美学理论。但我们要谈的最后两位作者：克罗伊策和
254 佐尔格的情况却不是这样；确实，他们同《雅典娜神殿》时代相隔有十多年之久。这两人都在浪漫派的范围里活动，并且原封不动地采纳了浪漫派的某些思想。如果说两人没有对浪漫主义的全部理论，至少也对象征和寓意这两个词的意义和对立关系作出了独特的贡献。

克罗伊策需要区分上述两个概念（还有许多别的概念）来完成古代民族的神话这个庞大的建筑。有意思的是他的著作的题目

---

* 克罗伊策（1771—1858），德意志古典学者，最主要的著作是《希腊等古代民族的象征学和神话学》。

里有“……象征学和神话学”的字样。克罗伊策以极其积极的态度参加了恢复神话的价值和建立象征—寓意、逻各斯—神话等二歧式的工作；他甚至在另一部著作中说东方像一个“象征世界”，西方则像一个“三段论的世界”。在《象征学和神话学》(1810年)一书的引论中，他在“肖似”这个总栏里给我们关心的这两个术语以及其他好几个术语下了定义。他赋予象征许多已为我们熟知的特性：这是对“无穷”的表达(第57、62页)，是对“无限”的表达(第62页)，对“不可言喻”的表达(第63页)，它既意指、同时又是，而寓意则只意指(第70页)，等等。但是，克罗伊策的特殊贡献在于他把象征—寓意这组对立同时间这个范畴联系起来了。下面请看他是如何确定隐喻的特征的(他认为隐喻是象征的一个子类)：

> 这种形式的表象其主要特征仍然是：它产生某种统一而不可分割的事物。分析和综合的理性为了形成概念把多种特征逐级集合在一个系列里，这另一种领会方式却把一切都同时端了出来。只要一眼，直觉一下子就形成了。(第57页)

象征和寓意间的总的对立同隐喻的这种瞬间性是一致的(在另一段文字里，克罗伊策把象征比喻为“突然照亮黑夜的闪电”，第59页；这种说法使人想起谢林在当时尚未发表的《艺术哲学》里的一种说法：“在抒情诗里同在悲剧里一样，隐喻往往就像突然照亮暗处，然后重新又被黑夜吞没的闪电一样在起作用。在史诗里，它存在于它自身，而且自己也变成了一篇小的史诗”，第五卷， 255
第654页)：

> 两种形式[象征和寓意]的不同应该在于寓意中所没有的瞬间性。在象征里，思想一下子全部闪现出来，并具有我们内心的全部力量。这是从存在和思维的黑暗深处发出、照到

> 我们眼里并穿透我们整个天性的光芒。寓意吸引我们却尊重和遵循在意象中隐匿着的思维过程。一面是瞬间的整体，另一面是分成若干阶段的进程。因此不是象征，而是寓意包括了神话；与神话完全适应的是渐进的史诗；大家在后面会看到，神话只有在神的传说里才会逐渐浓缩成象征。因此，某些修辞学家把实现、或者说发挥某个同样的形象（转义、隐喻等）叫做寓意是符合事实的，因为这样实现和处理形象一般来说是寓意的天生的倾向。（第70至71页）

寓意是前后承续的，象征是同时并列的。参考古代修辞学家的说法却要受骗。克罗伊策提到了昆体良所说的隐喻和寓意之间的对立，后者被说成是一个展开的隐喻。但是，昆体良所说的长度存在于语言的能指之中（不是一个，而是好几个语词），而克罗伊策指的长度显然涉及到理解和解释时的心理活动。克罗伊策使用的象征和寓意两个语词既同古人的用法不同，也同他的同代人把好几个范畴集中在一个概念里的做法不同：如谢林（我想我们所有人也都是这样）认为，神话可同象征（而不是同寓意）列在一起，因为两者都侧重字面意义；更广泛地说，是寓意使时间暂停，迫使我们作出非时间性的解释，而象征却同叙述（因此也同时间的进展）联系在一起。然而，大家清楚地看到克罗伊策的结论来自何处：并非来自古典修辞学的教导，而是来自在起作用的象征和寓意的其他特征。象征的瞬间性是同对产生过程的重视、同象征能指和象征所指的融合、同理性无法用其他方式分析和说出象征所指
256 等现象联系在一起的。克罗伊策在浪漫派所列的单子里又增加了一个先前所没有想到，但在20世纪美学里再一次使用（特别是被本雅明复活了）的范畴。

现在来谈佐尔格。象征是他美学里的主要概念；它同美，因此也同艺术有着共同的外延；它只是同其他的能指关系，如符号、意象或图式相对立。在这个意义上，象征具有我们所熟悉的若干特点：它是活动而不是作品，是不及物的而不是工具性的实体，它实现了对立面（这里指精神与物质、一般与特殊、是与意指）的融合。但在这种普遍的象征机制内部，我们还可分出几种形式，佐尔格令人困惑地称之为象征和寓意。这里研究的就是狭义的象征和寓意之间的这种对立。

对佐尔格赋予这些术语的意义的最好解释方法就是认为他是按照 A. W. 施莱格尔等对象征和寓意的区分方法来区分古典派和浪漫派，并令人惊讶地把现代浪漫艺术同寓意联系起来的，后者竟成了前者的基本表现方式。[①] 这种理论是佐尔格自己提出的。他

---

① 就像佐尔格一样，黑格尔在他的《美学》里也想找出形式分类（象征、寓意）和历史阶段（古典型、浪漫型）之间的相互联系。但在他的著作里，象征和寓意并不是直接对立的，所以他的学说在本章里并没有什么地位。

关于历史阶段，我们有三个项，而不是两个项。古典型仍然同 A. W. 施莱格尔下的定义一样，但对立的范畴可根据究竟是形式还是思想占优势细分成两类。在黑格尔的著作里只有后一类才称为"浪漫型"；如感性与理性结合的消失有利于形式，则这种结合就令人困惑地被叫作"象征型"。因此，这个三项式通过佐尔格和 A. W. 施莱格尔，使黑格尔同他们的共同来源谢林接近了。两个系统就可以联系起来：谢林，图式—象征—寓意；黑格尔，象征型—古典型—浪漫型。

在形式方面（它们像是某种象征艺术里的一个小类；但能否把这种困难的分节归咎于黑格尔呢？），他提出了另一个同前面完全一样的三项式，它由谜语、寓意和图像组成。对等式是这样的：谜语—象征型，图像—古典型，寓意—浪漫型（最后一个对等式同佐尔格的一样）。

黑格尔著作中最普遍的、能像浪漫派的象征—寓意一样起作用的对立就是象征和符号。象征（同"象征型时期"中间相隔了一大段距离）的定义是有理据和非必须的（次要的）。但我们不能把歌德的寓意和黑格尔的符号等同起来。

不管是着重字面还是研究概念，应该看到尽管黑格尔的《美学》充满了浪漫主义思想，但他并没有继续研究象征—寓意这组对立。

写道：

> 寓意统治着基督教艺术……相反，在古代艺术中却是象征占据统治地位[这句话的下半句已经说明对立的内容是什么了]；在象征中统一体尚未分解，而在寓意里它却被分解了。(《埃尔温》，第301页)

还有一段更复杂的文字；

257 > 在古代艺术的精神里，本质和表现总是在活动中象征性地统一起来的，而在这里[在现代艺术里]，它们却处在一组寓意的对立中，这组对立只有用才智作为中介，它把事物间的孤立联系集中在一起，因而也突出了它们的孤立性……。(《埃尔温》，第376页)

象征和寓意的特点都是对立面的集合，但集合的方式不同，从希腊艺术和基督教艺术的对立（在谢林的著作里甚至包括自然和艺术的对立）存在以来大家就了解这一点了：对立面可以和谐一致，或者因为本质上不可克服而同时存在。统一或者消失，或者保持，就像它可以被意识到或未被意识到一样。对才智在这里起的作用我们无法一一细述：关于寓意，即关于对立面间的不可克服的、可以说是无望的同时存在，才智可以作为一种缓解的手段，或者像佐尔格说的取消（Aufhebung）的办法：寓意就是一种否定之否定。

从这第一个特点可以引出第二个特点，它并不涉及到某一方特有的综合性，而只涉及处于不断演变的状态。两方面都是这样，但寓意更像是分裂，象征更近似一致，前者可以说存在于后者之前，因此更接近于纯粹的演变，而象征趋向于过程导致的结果（这里又引入了时间这个维度）。

> 寓意包含的东西同象征一样，只是我们在其中更感受到思想的活动，而在象征里这种活动已经完成……当我们从活 258
> 动的角度来观察（广义的）象征，我们从中尤其可以发现：1. 在它内部一切行动好像都已完成，因此活动本身也像是物体或物质，然而在这种物质里行动还是被看作是行动。这是狭义的象征。2. 美作为仍是在行动中被感知的物质，作为仍同两个方面联系着的某个活动阶段。这就是寓意。（《美学讲座》，第131、129页）

对立面和演变在两种情况里都存在；但是这种二元性在寓意里更为强烈，在象征里则更协调地被吸收了。或换一种说法：在寓意里活动染有物质的色彩，在象征里则是物质染有活动的色彩（同上）。

在佐尔格的著作里，象征和寓意*之间*的对立借助于浪漫主义美学所熟悉的、但通常只是用来描写浪漫主义象征的范畴来实现。一下子，在歌德、谢林、阿斯特、洪堡那里对寓意的不可避免的贬损消失了，因为现在寓意具有与广义象征同样的性质，有时甚至比狭义的象征在更高的层次上拥有这些性质。佐尔格在这方面同克罗伊策一样，也明确地主张象征与寓意享有同等的权利："两种形式具有相同的权利，任何一种都不应该无条件地比另一种得到更多的优待"（《美学讲座》，第134页）；他满足于赋予每一方一个更为合适的活动范围：

> 象征的巨大优越性在于它能以感性存在的形式出现，因为它把整个思想集中在表达某一点上……。但寓意对更深刻的思想来说则有无穷的优越性。它能把真实的物体作为单纯的思想来把握，同时又能使它不失之为仍是物体。（《美学讲

座》,第 134 至 135 页)

在 1797 年至 1827 年(歌德发表最后一个断片的大概时间)期间,肯定有其他许多作者曾写过象征与寓意的问题;但我却就此止笔了。如果大家承认浪漫主义美学的主要特点在于上面列举的那些范畴:产生、不及物性、协调性、综合性、表达不可言喻的东西等,
259 那么大家也会同意象征这概念在上述这个或那个范畴上同寓意对立,因此,光是这个概念本身就集中了整个浪漫主义美学的内容,或至少也集中了它的主要点。

书 目 简 介

弗里德里希·阿斯特:我引用了下述著作:《艺术理论体系》,莱比锡,1805 年;《语文学概论》,兰茨胡特,1808 年;《语法、诠释学和批评的基础》(简称《基础》),兰茨胡特,1808 年。

弗里德里希·克罗伊策:《古代民族的象征学和神话学》(1810 年),1819 年版,第一卷。这部著作有个法译本,但无法使用。

歌德著作引用"纪念版",如没有时则引用"魏玛版"。

威廉·冯·洪堡的引文根据普鲁士文学院的版本。他的《杂文集》有一个法译本,书名为《加维语论著导论》(巴黎,1974 年版),这里我未用此书;法译本还在边上注明了普鲁士文学院版的页码。

康德:我引用的《判断力批判》根据 Philonenko 版法译本,巴黎,1974 年。

海因里希·迈尔:我引用了《艺术短文集》,海尔布隆,1886 年;以及他在温克尔曼的《作品集》里加的注释,第二卷,1808 年。

卡尔·菲利浦·莫里茨的引文根据《美学和诗学论文集》,校

勘本,蒂宾根,1962 年;或根据《神的学说,或古代神话故事》,拉尔,1948 年(简称《神的学说》)。

诺瓦利斯的著作我只得参考阿梅尔·盖纳(Armel Guerne)负责编辑的两卷本的《全集》,巴黎,1975 年,这是法文最全的版本。我并没有总是照引盖纳的译文,因为有错译,许多地方译得不确切。我更喜欢冈狄亚克(M. de Gandillac)的译文,书名是《百科全书》,巴黎,1960 年(但没有前者全)。

谢林的所有引文来自德文版的《作品集》,斯图加特和奥格斯 260
堡。有法译本时我都注明法译本的页数(除了《艺术哲学》外的全部引文):《先验唯心论体系》的最后一章根据谢林的《文集》,巴黎,1946 年;《论形象艺术与自然的关系》引自 1847 年版的《哲学著作》;《神话哲学引论》,巴黎,1946 年,第一卷。

奥古斯特·威廉·施莱格尔的引文摘自:《关于文学和艺术的讲稿》(简称《讲稿》)第一卷《艺术理论》斯图加特,1963 年;以及《论戏剧艺术与文学》,斯图加特,第一卷,1966 年;第二卷,1967 年。后一本书已译成法文,但译文无法使用。相反,我却摘引了贝尔纳(Ch. Bernard)的漂亮的译文,这就是附在谢林的《哲学著作》(巴黎,1847 年)之后的《艺术理论》的摘译。

关于弗里德里希·施莱格尔的著作:《吕克昂》和《雅典娜神殿》后跟的数字表示断片的号码;这两个集子收在校勘本第二卷(当心 A. 盖纳的译本,而且它不全)。他生前未发表的断片还有:《文学笔记:1797—1801》,伦敦,1957 年,数字表示断片的号码。《语文学哲学》参照科尔纳(J. Körner)的《弗里德里希·施莱格尔的"语文学哲学"》,《逻各斯》第 17 期(1928 年),第 1 至 72 页。《关于诗歌的谈话》根据校勘本第二卷,数字表示该卷页数。

弗里德里希·施莱尔马赫：我引用《诠释学》，海德堡，1959 年。

K. W. F. 佐尔格：《埃尔温》，慕尼黑，1971 年(1907 年版的重印本)；《美学讲稿》，1829 年。

W. H. 瓦肯罗德尔：引文根据巴黎 1945 年版的《关于艺术的遐想，一个喜爱艺术的修士著》德法双语版。

第七章　言语及其重影 261

最初的言语。野性的言语

知识女神不会对那些无视古人者微笑。

——拔致诃利*

圣奥古斯丁认为有本义符号和移用符号;修辞学家习惯说本义和引申义;浪漫主义美学则区分寓意和象征。我们已经发现,这些二歧式相互之间并不重合,它们说明提出二歧式的人已经意识到这些形式间的区别,尽管大家(有时)还把它们都归在符号这个大类里。另外,很少有人只满足于单纯指出符号的多样性:对立一提出,甚至在提出之前,它们已经非常受到重视。这一章就谈谈在人类科学的传统里极有影响的一种突出这类对立的观点。

确实,符号与象征(我们暂时先保留这两大类表意形式的名称)的存在导致了两种矛盾的态度,这已是屡见不鲜的了。

一方面,在实践里,我们不厌其烦地把符号变成象征,把无数的象征移植到符号上;

另一方面,在理论上我们又不断声称一切都是符号,象征并不

---

* 拔致诃利(570？—651？),印度教哲学家、诗人、语法学家,著有论述语言哲学的《词学》。

存在或不应该存在。

象征活动越是频繁，就越会产生一种抗体，即认为我们根本没有见过象征这样一种超象征的说法。尽管有些不同，但这还是像人们曾经不承认地球不是宇宙的中心，不承认人类来自动物或理智不是支配行动的唯一因素一样，他们现在又肯定言语是唯一的
262 表象方式，说它完全由狭义的符号，即由逻辑和理性所组成。确切地说，因为很难完全无视象征现象，我们就声称自己（当代西方正常的成年人）已免除了象征思维的弱点，而象征思维只存在于他人，如动物、儿童、妇女、疯子、诗人（不伤人的疯子）、野人和祖先的身上，而且他们只具有象征思维。这就产生了一种奇怪的现象：在好几百年里，人们说是在观察别人的符号，实际上却描写了自己的象征。似乎因为审查得严格，所以只好用“疯狂”、“幼稚”、“野蛮”、“史前”等名词才能谈论象征一样。地区（野蛮人）、时间（智人、儿童）、生物（动物、妇女）或意识形态（疯子和艺术家）等方面的禁忌不允许把象征现象接纳进我们的生活，特别是我们的语言中来。然而（这正是这里我的论题），对“野蛮的”符号（其他人的“野蛮的”符号）的描写正是对（我们的）象征的一种野蛮的描写。

这就包含着两种反应。

首先，我们可以证明自己的思维过程同“原始人”或“病人”的思维过程是一致的。这项工作因为同我们自己的习惯关系太密切，所以很难完成；然而，它已经随着对一系列“中心说”——种族中心说、人类中心说、成人中心说（皮亚杰发明的词）、逻辑中心说——的批评而开始了。另外我们还可以培养在自己的思维里发现所谓原始手段的习惯。我想在这里举两个例子。我之所以选择它们乃是因为它们属于这样一种推理：我们的思维只了解符号，而

"另一种思维"才了解象征。

第一个例子来自列维-布留尔。"原始心灵"这种最初的提法在得到广泛赞同的同时,因为使用了"原始"、"前逻辑"、"互渗"、"神秘"等词而遭到某些非议。在近30年里,列维-布留尔不得不在前言或结束语中就他赋予这些词的意义连篇累牍地为自己辩解。"原始"不是指原始,这只是个约定俗成的称呼而已;"神秘"并不指神秘,而是指相信其存在看不见的事物而已……只是他从来也没有想用别的词来替换这些语词(根据他自己的学说,这些语词是任意的,在这一点上,他的学说把西方语言同原始语言对立 263 起来了)。莫里斯·莱纳特在《札记》的前言①里写道:"难道不是为了作品在当时新鲜这个理由他才不顾神秘这词的不足,也不顾自己不喜欢而选中了它的吗?如果有人建议他去掉一个S而用神话这词*,他一定会微微一笑,表示不同意的……。"

然而列维-布留尔的读者是有道理的。几十页的解释也未能说服他们,未能使他们相信列维-布留尔使用"神秘"这个词时要表示的意义和这词的通常意义没有任何共同之处。列维-布留尔在谈到原始人的名字时写道:"在我们看来,把一个名字给予一个事物丝毫不会改变事物的性质,任意建立起来的同音现象不会产生任何实际影响。对原始人来说,情况却完全不同:名字是人的主要属性,是人自身,所以同音就是同一②"。然而他的读者的反应却同后者一样,对他们来说,两个同音的"神秘"正说明它们完全

---

① L.列维-布留尔:《札记》,巴黎,1949年,第XIV页。

② 《原始人的神秘活动与象征》,巴黎,1938年,第236页。

* 法语中"神秘"为mystique,"神话"为mythique,-th-在这里发-t-的音。

一样,或至少也有着相似的意义。再说,列维-布留尔自己的反应也是如此,否则的话,他为什么既保留这词,而同时又感到不满呢?在《札记》里,他放弃了谈论原始人的前逻辑和不矛盾律,但他对决定他们自己思维的方式却还是那么轻率盲目:在考虑例子时,他写道:"对读者最说明问题的例子是 Bororo-Araras 的两重性……"但是,他没有发觉这个例子之所以取得这么大的成功并非是因为它在逻辑上的新奇,而在于两个词完全一样的语音结构:bororo 和 arara……。

另一个例子来自皮亚杰。这位著名的心理学家描写了儿童大量使用象征和成人大量使用符号的现象。他指出:象征里插入了一种叫"转导"(transduction,似乎同归纳和演绎相对立)的推理,他借用的是斯特恩的说法,这种推理的定义是:"这是一种未加调整的(非必要的)推论,因为它针对的是介于个别与一般之间的形式[①]。"所以,对雅克利娜来说,一个得了流感的驼背孩子一旦流感痊愈就不应该是驼背了:各类疾病直接同化,而不必经过疾病这个总类然后区分引起驼背的疾病以及其他疾病。然而,当皮亚杰转
264 向符号功能的演变时,他断言儿童使用大量的"象征",而成人则几乎不用象征,并下结论说:"考虑到符号的功能,我们在接受索绪尔对符号与象征的划分时,不就可以认为从形象的象征到分析的符号已经是在演化了吗?[②]"

我们先不管"分析的符号"是否在成人身上占着主导地位,也

① 《象征在儿童身上的形成》,巴黎-纳沙泰尔,1945 年,第 248 页。

② 《结构主义》,巴黎,1968 年,第 97 页(中译本,商务印书馆,1984 年,第 80 页)。

不管符号的来源是否就是象征（这一点是皮亚杰在别处明确否认了的），而只谈推理的方式。象征的一种特殊性能（比较少见）使皮亚杰推断出它的另一个性能（向符号演化）。这就像是看到19世纪音乐比绘画“多”，而20世纪情况又相反，就得出结论说音乐向绘画演化……这是一个极好的“转导”的例子，它却出现在一个成人（皮亚杰）的思维里，而成人的思维却只应该具有“分析的符号”，即正确的演绎的！

因此，首要的任务就是要在那些自称为没有“象征思维”的人身上发现“象征思维”的程序。第二个附带的任务就是要重新解释为所谓“原始心灵”或“最初的言语”所做的描写。这些描写不一定错，但它们的对象却错了：我们以为是在观察他人的符号，实际上却常常在描写我们的象征。当然也得注意不要对“原始心灵”这个概念作出过分强烈的反应，这不仅会否认在别人身上具有这种心灵，还会否认除了符号和符号的逻辑之外还有别的东西。列维-布留尔在重新考虑他晚年认识到的一种错误主张时，在《札记》里（第62至63页）写道：“在一切已知的人类社会中，精神的逻辑结构都是相同的，就如它们都有语言、都有风俗习惯和机构制度一样；因此就不必再谈什么‘前逻辑’了，而要明确地说明我摈弃这种说法的原因，说明我摈弃这种说法所可能蕴涵的一切东西”。“人类精神”的结构可能从古至今到处都是一样的[①]，但是这并不意味着这种结构是独一无二的：象征不能变成符号，反之亦

① 就像勒鲁瓦-库昂（Leroi-Gourhan）所指出的，人并非来自猿，而是来自另一个人。

然。列维-斯特劳斯写道:“不要把巫术同科学加以对立,最好还
是把它们作为两种认识方式并列起来,当然它们在理论和实践上
265 的成果是不能相提并论的……但这种不同并非来自两方面必须具
备的心理运演方式:这些运演方式主要不是在性质上,而是在它们
分析的现象的类型上有所不同。”①大家可以考虑这种说法是否出自一种颠倒了的种族中心主义(或者逻辑中心主义),在彻底拒绝巫术之后,现在又对它过分抬高了:不仅是巫术中有科学的成分,而且在科学中也有巫术的成分;这不就是在符号和象征中根深蒂固的两个原则吗?它们不仅在功能上,而且在性质上,不仅在结果上,而且在涉及的心理活动上都不相同。科学和巫术可能再一次成为同一个东西;但这是同一个东西吗?与其把过去关于原始符号的研究忘却不管,不如检查一下那里有没有对象征的最初的描写,要有的话那总是有用的。

我这里描写的各种立场并不确切属于哪个历史时代,所举的例子则引自时间跨度很大的不同作者。对最初的言语的思辨在遥远的古代就有,对疯人言语的思辨今天仍在继续。大家可以看到,浪漫主义勃兴时它们也没有销声匿迹;我们甚至想说:情况恰恰相反。当瓦肯罗德尔用别处区分符号与象征的范畴把语词的言语同艺术的言语对立起来时,他就同维柯和列维-布留尔处在同一聚合关系之中了;差别(有时并不存在)在于对象征的评价,在这里是否定的,在那里却是肯定的(这一判断显然不是浪漫主义象征观点的全部内容)。我所说的传统既不是“古典主义”,也不是“浪漫主义”,而似乎是对所有理论的一种必须的补充:那是它们的重

① 《野性的思维》,巴黎,1962 年,第 21 页。

影;这里我选择了两种说法:“最初的言语”和“野性的言语”。[1]

最初的言语 266

我的假设是:我们以为是在描写言语活动和语言符号的起源,或者它们的幼稚阶段,实际上却是无意识地把对现在存在的象征的某种认识搬到以前去。

关于言语起源的思辨极其丰富,即使用一大本书也无法加以概括[2]。所以我在这里不想介绍这些思辨的历史,因为我即使介绍也肯定是十分肤浅的;我倒想画出一幅没有时间性的草图,只记下几个典型的特征,而且还只局限于一个方面:有关能指和所指的关系问题。

这些理论的传统划分是把 phusei 和 thesei,即自然起源和约定俗成的起源对立起来。这些词可以包含两组对立:有理据的(自然的)和无理据的对立,或者社会的(约定俗成的)和个人的之

---

① 这是一种任意的选择,如也可以从对精神病人言语的精神病学描写出发来做同样的研究。那我们就要对诸如下面的说法进行反思:“我们的病人都像儒尔丹先生(译按:莫里哀的喜剧《醉心贵族的小市民》里的主角)一样,是些无意识的象征主义者……只要有病就可发现象征体系的规律”(J. 普特鲁:《对几名精神错乱者的胡言乱语的看法》,波尔多,1929 年,第 56 页)。“精神分裂症患者在表达思想时喜欢用普通词组成某种象征性的感叹句,但这些词的排列在逻辑上符合句法规律”(C. 波蒂埃:《对类妄想狂精神变态引起的言语紊乱的思考》,巴黎,1930 年,第 129 页)。阿里埃蒂的公式:精神分裂=古逻辑学是个可以大加发挥的题目。

② 再说也有人已经写了:这就是 A. 博斯特写的六卷本的《巴别塔》,斯图加特,1957—1963 年。要了解综合性的观点可读罗森克朗茨的《语言的起源》,海德堡,1961 年;或者 A. 索默菲的《语言的起源:理论和假设》,《世界史手册》,第一卷(1953—1954),第四期,第 885—902 页;或 W. S. 艾伦的《古代对语言的起源和发展的看法》,《语文学学会会刊》,1948 年,第 35 至 60 页。G. 里维兹的《语言的起源和史前史》(法译本,巴黎,1950 年)里也有一些有用的材料。

间的对立。然而所有的人,或者几乎所有的人(下面大家会看到几个例外)都没有说过**自然**的言语因此就是**个人**的;言语的约定俗成的——即社会的和强制的——性质事实上已被观点对立的双方所接受。因而可以得出这样的结论:真正的对立在于有理据与无理据上面。那样的话,则只有前一种情况可以看成是对最初的语言,确切地说是对能指和所指的关系的假设:确实,要按现在言语的样子来研究过去的言语,那就只有不去考虑在两者之间除了时间因素外还会有其他的差别。换言之,从积极方面看,所有关于最初的语言的假设都集中到寻找符号的两个组成部分间的**理据性**上,或者按照 A. W. 施莱格尔的说法:“原始语言可能由自然符号组成,也就是说由同指称物发生必然关系的那些符号组成”(《艺术理论》,第
267 239 页)。因此,主要是这种理据性的形式需要我们加以阐明。

更概括地说,我们可以把对理据性的研究按顺序分成三个阶段:1. 从抽象言语(现在的)到形象言语;2. 从形象言语到象声词;3. 从象声词到手势语。这种渐进的基础就是参照物在符号中出现的程度。的确,如果事先假设理据性存在,但又总是限于符号,这就只能研究外延关系(存在于符号与参照物之间)或象征关系(在能指和所指之间不可能有理据性)。涉及到转义或语词的象征,我们可以把两个同质的项——本义和引申义——进行比较。在象声词里,一般来说是参照物的一部分变成了参照物的符号。最后,在手势语里,参照物几乎原封不却地保留下来了。现在让我们迅速地分别研究一下这三个层次。

当对起源的研究限于**语词**,而不参照其他的表意方式(如象征)时,这种研究就称为**词源学**。然而从语义角度看,词源学除了

转义之外并不涉及别的关系。为了阐明这种观点，我推荐斯蒂芬·于尔曼对他的实践所作的综合而清晰的介绍①。在回顾了对词源学家的操作程序的诸多分类后，作者提出了不可再减少的两个原则，它们分别产生了“逻辑分类”和“心理分类”。先看看逻辑分类。它“可以归入古典的和中世纪的修辞学传统”，因为“语义学的先驱者达梅斯特泰、布雷亚尔、克莱达*和其他一些人尚不能摆脱修辞学的观点”（第 271 页）。结果就是：

> 进行分类要借助对变化前后语义范围的纯粹数量比较。这就有三种可能：新的范围会比以前的广，它也可能更窄，最后则是两个概念的范围相等。（第 271 至 272 页）

因此就有三种情况：扩大，如拉丁语里的 arripare 表示“到 268
岸”，而在法语里却产生出 arriver（到达），后者的意义更广；缩小，如拉丁语里的 vivenda 表示“食品”（所有食物），它在法语里成了 viande（肉类），后者的意义显然地窄了；转移，如 canard 可以同时指鸭子和报纸，这里“对它们的范围的任何比较都是荒谬的”（第 273 页）。

大家的确可以清楚地看出“修辞学观点”的痕迹。不管是局限于古典修辞学还是转向现代的说法，我们总可以看到同样的转义关系：提喻可以以种喻类或以类喻种，即可以扩大或缩小它的外延；另一方面是隐喻和借代，它们转移外延，但不改变范围的大小。因此，我们显然还没有跳出修辞格的范围。

第二种分类是心理学的，即利用对心理联想的分类。这里可以分成四种情况：

---

① 我引用他的《法语语义学概论》的法文本，伯尔尼，第三版，1965 年。

* 达梅斯特泰（1846—1888），布雷亚尔（1832—1915），克莱达（1851—1930），三人都是法国语言学家。

1. 两种意义的类似(隐喻);2. 两种意义的邻近(借代);3. 两个名称的类似;4. 两个名称的邻近。(第277页)

梳“齿”,这就是隐喻引起的变化;法语中风格(style)一词来自拉丁语的stilus(刻字的凿子、尖刀),这就是借代。第三种情况可用forain(集市的)这例子来说明:大家把这词同foire(集市)联系起来,实际上它开始时只指“外地的”;尽管这是个假词源,但它还是按照转义,确切地说是按照借代产生的(外地人经常出现在集市上),它并不能算作例外。最后,说明第四种可能性的例子是capitale(首都)这词,它用来代替ville capitale(首要的城市):这是一个扩展性的提喻,即用品质来代替品质修饰的事物。谈论邻近性和类似性等于在说明前一种分类里融合了隐喻和借代的那个范畴。因此,第二种分类并不独立于第一种分类之外,而只是前一种分类里的一个细类。词源学仍然是修辞学的一个部分。

也许是我没有选择好起点。我永远也举不出足够的例子来就此证明我的说法,因此我将满足于简要地介绍当代最杰出的一位
269 词源学家——埃米尔·邦弗尼斯特*——的观点。在题为《重构时的语文问题》①的一篇方法论文章中,邦弗尼斯特是这样提出词源学的首要规则的:“在遇有不同意义的相同语素时,我们应该考虑是否在某种用法里这两种意义会得到统一”(第290页)。这里有两个例子。英语中story(故事)和story(楼层)是完全同音词。“把它们统一起来的障碍并不在于我们感情上觉得故事和楼层是互斥的,而是因为无法找到两种意义可以互相替换的用法”(第

① 收入《普通语言学问题》,巴黎,1966年。

* 埃米尔·邦弗尼斯特(1902—1976),法国语言学家,著有《普通语言学问题》两卷。

290 页)。历史的验证肯定了两个语词的不同。相反的情况可用法语动词voler来说明,它既是 fly(飞)又是 steal(偷)的同义词。这里,相同的上下文是存在的。“这个上下文就在有关鹰猎的语言中,即 Le faucon vole la perdrix(隼抓住了山鹑。voler=在飞翔中赶上并抓住)”(第 290 页)。

乍一看,意义的修辞学标准被一种分布的形式标准代替了。但我们还是再仔细地看看这后一个标准吧。使我们能够说 voler 的两个意义有共同来源的是能够找到一个意义组成另一个意义的上下文:原义是 fly(飞),steal(偷)这个意义显然是一个提喻:这是隼的一种特殊的飞翔方式。或者还可举另一个例子:在印欧语里,**采集**和**秋天**有联系,因为实际上**秋天**就是“采集的时间”;然而,“采集”和“采集的时间”之间却有一种借代关系。因此,又是原来的转义手段在这里起作用了,当然还要借助邦弗尼斯特的可靠而渊博的学识。

要追根溯源,我们就要依靠转义这个模具,然而后者确定的是言语的现时而不是它的过去的特征(大家知道是圣奥古斯丁第一次把两者结合起来的)。从此,当听到说起古代言语的隐喻性质时,尽管这些说法并不限于词源学的范围,我们也不会感到惊讶了。维柯就这样说过:

> 第二种语言相当于英雄时代,据埃及人说,它可能运用了象征;我们可以把英雄的徽纹归入这一类,这种徽纹是无声的摹仿;英雄用来书写的这种符号被荷马称为 sémata;这就是隐喻、意象和明喻,随着有声语言的出现,它们就形成了丰富多 270
> 彩的诗歌。[1]

① 维柯:《新科学》,巴黎,1953 年,第 438 页。

勒南*写道：

> 这样，转移或隐喻就是言语活动形成的重要手段。①

耶斯佩森**则说：

> 思想的表达变得越来越机械或缺乏诗意。然而，如果从原始人的言语性质看，他们却常常不得不以辞格的方式使用各种词语：他们被迫用诗的言语来表达思想。现代野人的语言经常被描写成充满了隐喻，并且富有各种辞格的和隐喻的表达方式。②

然而这种结论实际上并不是必然的。确实，我们预计会出现这样一种情况：大家发现所有语词都是通过隐喻、提喻等引申而来，就把现在的言语看成是充满辞格的，而最初的言语倒不是引申的而是本义的；但是基本上确定的情况恰巧相反。维柯会说这种意义转移在一开始就已发生，今天大家却忘了大多数语词的隐喻来源：因此正是过去，而不是现在才是隐喻的时代。孔狄亚克认为：最初年代里的转义和现在的转义有着质的区别：前者是真正的转义，是因为需要才产生的（当时只有很少的语词可供使用），而后者是没落和濒死的标志，因为它们只是用来装饰的（这里又出现了昆体良著作中的意义的转义—美的转义这组对立）；因此，不是具体的转义，而是转义这手段使过去配得上"辞格的时代"这个称号。耶斯佩森也认为：今天的语言里之所以有那么多死去的转

---

① 勒南：《论言语的起源》，巴黎，第二版，1858年，第123页。

② 耶斯佩森：《语言的发展》，伦敦，1894年，第353页；或《语言》，伦敦，1922年，第432页。

* 勒南（1823—1892），法国哲学家，著有《宗教历史研究》、《基督教起源史》等作品。

** 耶斯佩森（1860—1943），丹麦语言学家和英语语法权威。

义,那是因为这些转义曾经也有过生命力:因此,最早的语言就是辞格的,等等。不管怎么解释,结论总是一个:原始符号的基础就 271
是可能具有理据性。

研究最初语言的第二个重要阶段就是向象声词和感叹词的过渡(依据有言语的摹仿理论或言语的表达理论)。孔狄亚克主张感叹词理论,他说:"激情的呼声帮助心灵活动的发展,并自然地构成了行动言语。"在谈到最早的人类时,他说:"自然的呼声向他们提供了创造新的言语的模式。[①]"勒南提倡象声词的观点,他认为:"选择语词的决定性动机在大多数情况下可能是摹仿要表达的事物的愿望……因此,人类的最初语言可以说只是自然在人类意识中的反响"(第136页)。A. W. 施莱格尔总结这些理论时开玩笑说:

> 最初的人类是这样的:他们除了因欢乐、痛苦、愤怒而发出含糊不清的喊叫外,又要像暴风雨那样呼号,像汹涌的海浪一样咆哮,他们用嗓子发出巨石滚动的轰鸣声,或像豺狼一样号叫着、像鸽子一样咕咕作声、像驴一样大叫。[②]

我还要提醒一句:这些理论在当代的语言学家中还有支持者。一位名叫 A. M. 加佐夫-金兹伯格的苏联作者在《语言最初是表象的吗?》[③]这本书中提出了摹仿理论的一种新版本。象声词在此有了一个高雅的称呼:摹拟词(mimème),这门学问就成了**摹拟学**

① 《论人类认识的起源》,《孔狄亚克哲学著作》第一卷,巴黎,1947年,第61页。

② 《谈谈一般的词源》,《用法文写的著作》,第二卷,莱比锡,1846年,第124至125页。

③ 《语言最初是表象的吗?》,莫斯科,1965年。

(mimologie)。摹拟词可以按照声音的来源分成四类:1. 人类内部声音的再现;2. 外部声音的再现;3. 为口鼻的无声的动作与摹拟配上声音;4. 无意重复音,用最简单的声音结合来表示最常见的
272 事情和经历。接着作者分析了原始希伯来语的词根,证明在 180 种情况里有 140 种出现了象声词,其他的词都是外来词或来源不明的词。

另一位语言学家雅克·凡·吉纳肯可以代表感叹词理论的最新形式;他写了一本题为《人类古代语言的分类重建》[1]的书。在书中凡·吉纳肯也扩大了感叹词的概念,并用喀嗒(clic)这概念来代替。"喀嗒"是一种复合声音,它常常包括在语言的音位系统里所没有的声音,但它产生于人的自然动作。凡·吉纳肯写道:

> "喀嗒"符号的口腔动作过去和现在都真正是一种天生的、人类普遍具有的动作,它用于儿童的吮吸,当时的一些偶然区别以后就成为我们的不同意识状态的标记……母亲不在时,每个正常的儿童在出生二三个月后都会感到吮吸的愿望,并开始在想象中进食。(第 63 页)

凡·吉纳肯的例子取自所有的"人类古代语言"。

最后,追溯最初的言语的第三阶段把我们引向手势语,或者像 18 世纪时所称的行动言语。维柯、沃伯顿[*],特别是孔狄亚克对它们都作了详细的描写。孔狄亚克在《语法》一书的第一章里写道:

> 阁下,手势、脸部活动和没有发出的声音,这些就是人类

---

① 阿姆斯特丹,1939 年。

* 沃伯顿(1698—1779),英格兰基督教圣公会格罗斯特会督,文学评论家。

> 用来交流思想的最初手段。由这些符号组成的言语称为行动言语。(同前,第428页)

这言语既是自然的(即有理据的),又是后天获得的;它是唯一适合于所要表达内容的言语,因为它并不受线性特征的限制;而思想也是同时而不是先后涌现的("表达同时涌现的思想的言语是唯一的自然言语",第430页)。

孔狄亚克所说的纯粹精神上的、并未得到经验材料证明的东 273
西(尽管他谈到过德·莱伯修士办的"聋哑人学校",第429页)到19和20世纪时却成了具体研究的对象。尤其是在北美的印第安人中发现了若干种手势信码,这就推动了对独立的、甚至是最初的"行动言语"的研究。这里特别应该提出对这类研究影响最大的库欣的论著:《手语概念》[①]。但试图把手势语的所有材料系统化,以便把它提到言语的绝对起源上来的还是凡·吉纳肯。他认为:手势语是第一性的,因为它本身就是所指动作的一个部分;我们达到了符号的零等级,因为这符号表示的是它自身。

> 在这种情况下,手势不是其他,它就是在外部开始了的动作以及在内部再生的手语概念。因此它是自然的言语,因为这里没有任何约定俗成的东西。这里符号就是自然符号,因为它就是所指本身。(同上,第127页)

要描写齐全,我们还应该读读平行的对文字的研究。维柯已经对人类的"三种语言"和埃及人的三种文字(象形文字、象征文字与书信体文字)作了严格的比较。维柯的一位同代人,格罗斯

---

① 发表在《美国人类学家》第五卷(1892年),第289至317页。

特的会督威廉·沃伯顿在《摩西的神圣使命》中详尽地探讨了这种类比;此书当时就被摘译成法文,题为《论埃及人的象形文字》(1744 年)。[1] 语言的三个阶段是:现在的抽象言语、隐喻式言语和行动言语;文字的各阶段是:

"最初的文字尝试就是单纯的图画"(第 5 页);所举的是阿兹特克人的例子。大致来说,他们的文字属于图画文字。——然后是象形文字阶段。从一种文字到另一种文字的过渡有三种方式。"第一种方式是用某个主题的主要状况来代替全部……如要表示
274 骚乱或百姓闹事,他们就画一个武装的人在射箭"(第 19 至 20 页):这可以说是个提喻。"第二种方法具有更多的艺术性,那就是用事物真正的或者隐喻式的工具来代替事物本身。因此,突出在上方的一只眼睛就可代表上帝的无所不知"(第 20 页):用修辞学的术语来说,工具代表事物就是一种借代(沃伯顿提醒我们说:这也可能是隐喻)。"埃及人用来简化图画文字的第三种方法表现出最多的艺术性。这就是让一个事物取代并代表另一个事物,这就要通过对自然的观察或根据埃及人的迷信传统找出用来代表的事物与另一个事物之间具有的某种细微的相似或类同"(第 21 至 23 页):我们这里谈的就是隐喻。——就是在这第二阶段中,我们还可以分出两个时期:象形文字时期和富有装饰性的中国表意文字时期。——至于第三阶段,就是无理据性标记的字母阶段。

最后要注意一点:沃伯顿并未局限于在象形文字与转义间建立起形式上的等同关系,他还把这类关系扩大到其他的象征活动,

---

① 关于沃伯顿所起的作用,请参考 M.-V. 大卫所著《17、18 世纪关于文字和象形文字的讨论》一书,巴黎,1965 年。

特别是梦里面去(这里大家又感到亚历山大的克雷芒的影响)。在分析阿尔米多罗斯的《释梦》时,他发现解释梦中图像的方法就是在象形文字和转义中所采用的方法。“古代圆梦者在解释梦中所见事物时依据的规则就是这些事物在象形文字中的意义”(第210页)。“圆梦者从象形文字的象征里借用了它们的读解方法”(第238页)。那么释梦的起源是否就在象形文字呢?①

让我们研究一下全部的材料:占支配地位的、直接或间接地起 275
决定作用的特征可以用这种方式来表达:最初的言语是按符号和它的指称物之间越来越密切的邻近关系,或如我上面所说,按参照物在符号里存在的程度来考虑的。行动言语是最原始的言语,因为它就意指它自己,并且参照物的存在程度也最大:它就**是**指称物,而不是只指称这事物(大家可以回忆歌德和谢林的说法)。原始言语的幻影也就是言语消失的幻影,因为事物取代了符号,而且因为符号在人和世界之间产生的距离最终也缩小了。

应该指出,这种言语观同今天大家所认为的言语的真正性质是全然相反的。从共时的角度看,现代符号学的创始人经常强调:被指的事物对符号只起“微不足道的作用”(皮尔斯*),它是“外

---

① 我并不因此就想暗示沃伯顿是弗洛伊德的先行者。在古代,转义(两种意义间的关系)的分类建立在对心理联想(两个心理实体间的关系)进行分类的基础之上。这似乎是显而易见的。然而,我们很难理解为什么有人竭力声称弗洛伊德的伟大发现就是给借代命名为转移和把隐喻命名为凝聚;而拉康(1901—1981,法国心理分析学家——译注)的伟大发现是(在弗洛伊德的术语中)“发现了语言学提出的两种主要辞格:借代和隐喻”。这真是一种进步吗?再说凝聚—转移这组对立也不等同于辞格间的对立。请读J.-F.利奥塔(译按:1924年生,法国哲学家)的《话语,形象》,巴黎,1971年,第239至270页。以及J.贝勒曼-诺埃尔的《精神分析斯万的梦?》,《诗学》,1971年,第8期,第468页。我们在下一章还要详尽地谈论这个问题。

* 皮尔斯(1839—1914),美国实用主义哲学家,现代符号学创始人之一。

部的存在”（索绪尔）。从历时角度看，我们如不一开始就假设参照物在符号中不存在，我们就没法设想言语的起源；就如勒鲁瓦-库昂所写的。“这就等于把言语变成从实际经验中解放出来的工具。”[①]相反——古人一切思考的真正理由就在于此——象征能指可以是象征所指的一部分，反之亦然。

从最初语言的第一个特征得出的推论——或不同说法——就是认为最初的语言单纯由具体名词构成。既然物体应该存在于符号之中，抽象本身就是一种不存在，所以总被认为是后出现的。这种观点（可以在洛克的《人类理解论》里找到标准的说法[②]）是现在大多数词源研究的基石。然而邦弗尼斯特的一种反向分析（见《普通语言学问题》，第 298 页起）明确地指出了“具体论者”的偏
276 见会使语言学家对事实视而不见。他谈到一组同“忠实”这概念都有联系的同词源的语词：trust，true，truce（英语，分别为：信任、真实、休战），它们从语音和形态的角度都同希腊语、梵语、英语等语言里的“树”（tree）这词有关，“有时则专指‘橡树’或者一般的‘木材’”（第 299 页）。传统的解释是由奥斯托夫 * 提出的，这种说法“认为在形态和语义开始演变时有一个印欧语词，这词在希腊语

① 《手势和言语》，第二卷，巴黎，1965 年，第 21 页。在这个意义上，文字标志着“向人类进化”迈出的又一大步：它不仅意味着参照物可以不存在，甚至连对话者也可以不存在。

② “我敢说，在各种语言中，许多名称所表示的事物虽然不是被感官所知觉到的，可是我们如果一追溯它们的起源，就会看到，它们亦是由明显而可感的观念出发的”（第三卷，第一章，第五节；中译本，商务印书馆，1962 年版，第 384 页）。列维-斯特劳斯在《野性的思维》的第三页起明确地指出无法为这种观点辩护。

* 奥斯托夫（1847—1903），德国语言学家。

中由 drûs(橡树)代表,从它就得出了 Treue 和 truste。哥特语形容词 triggws,古上德意志语 gitriuwi,即德语‘getreu,忠实的’,本义是指‘如橡树一般坚定’。在日耳曼人的心目中,‘橡树’可能曾是结实和信任的象征,‘橡树’这个形象引出了所有关于忠实的描写”(第 299 页)。

这种被普遍接受的解释方法充分说明了具体先于抽象,但邦弗尼斯特却毫不费力地证明了它是不可信的。首先词根 drū 只有在希腊语里才指橡树;研究印欧语系的其他语言,就无疑可以证明它的意义是一般的“木材”和“树木”,即便是在希腊语中,另一种意义也是比较新的;这点也完全可以理解,因为并不是所有印欧语系覆盖的地区都长“橡树”的! 邦弗尼斯特自己重新进行分析,并指出它在印欧语中的意义只可能是“坚定、结实、健康”(第 300 页)。

> 这样,“树”这个指称也具有了这种共有的意义。同奥斯托夫的推论相反,我们认为°derwo-,°drwo-,°dreu-表示“树”只是“坚定、结实”这个通常意义的一种特殊用法。并不是橡树这个“原始”名词创造了“结实”这概念;相反,是结实这个表达法被用来一般地指称树木,具体地用来指称橡树。(第 301 页)

邦弗尼斯特马上还举了一系列类似的例子。

“原始”言语的第三种普遍特征是:开始时所有词都是专有名词。这是把前一个特点极端化的结果:如果认为语词越来越具体,
最终就会给每一个事物一个名字。亚当·斯密就提出:“确定指 277
称每个具体事物的专有名词(就是说选择体词)可能是朝着言语

形成迈出的第一步”；[1]其他词则是以后通过换称(根据“这是一个恺撒”这个模式)派生出来的。最初的语词可能是事物的专有名词，语言可能是一份品名录。在卢梭的著作里我们也可发现类似的说法。

在这一点上，索绪尔在一段文字中的态度是明白无误的，我想在这里引用一下。他写道：

> 言语的基础并非由名词组成。如果语言符号在意义上正好以**马**、**火**、**太阳**，而不是以“他放”这种形式同意义确定的事物一致，这纯属出自偶然。不管这一点有多重要，还是没有任何明显的理由要把它看成是语言的典型……在关于最终言语是什么这个问题上，虽不言明，但还有一种倾向我们不能视而不见，也不能置之不理，这就是具体事物的品名录这种观点。**先有**事物，然后是符号；因此(我们永远都不会同意这一点)，符号是由某个外部基础产生的，言语就可以用下面的关系来表示：
>
> 事物 { * —— a / * —— b / * —— c } 名词
>
> 然而真正的图式应是 a—b—c，而毋庸了解建立在确切的事物基础上的 * —a 这类关系。无论在何处，如果事物可以是符号依附的对象，语言学马上就会完全不是现在的样子了。[2]

---

① 《论语言的起源和形成》，转载于《语言学论集》，波尔多，1970 年，第 307 页。

② 《未发表的笔记》，《费·德·索绪尔期刊》，第十二期(1954 年)，第 68 至 69 页；《普通语言学教程》，校勘本，威斯巴登，1967 年，第二分册，N°1089—1091，第 148 页。

最初的言语的第四个特点：既然语词接近于事物，那它就靠自己而存在（它*自然地*表意），并同现在的语词相反，不需要隶属于
一个严格的系统。勒南这样下结论说："在人类起源时，言语比以 278
后任何时候都更是属于个人的"（同前，第176页）。使用者有某种自由来选择这个或那个符号，因为所有符号都具有自然的理据性，所以一下子就能理解。我们难道不觉得又是在读对*我们*言语里的隐喻用法的描写了吗？

我略去了也是从上述特点派生出来的其他特点：最初的言语的情感性、非理性、贫乏性或混合性[①]。在这类思辨中，符号和象征是混淆不清的；然而，在大家很难接受的其他一些说法中对符号和象征的主要特性却已勾画出了轮廓。但这是否就足以说明惠特曼和他之后的许多其他人（他们在提到对言语来源的研究时说："在这问题上大多数说过和写过的东西都是些毫无根据的话……"）都错了呢？

野性的言语

现在让我们转向这一立场的第二种说法：我们说是研究别人的符号，而描写的却是象征。这里涉及的不是过去，而是"别处"：时间被空间代替，历史被人种志取代。

这种态度的典型（典型的，而不是孤立的）代表就是吕西安·

① 这是指对主观因素和客观因素的不加区分。如勒南曾写过："似乎原始人生活中并没有独立于自然，而是同外部世界浑然一体、难以区分"（第211页）。他引用并同意曼恩·德·比朗的观点，后者认为原始人"完全存在于自身之外"（《曼恩·德·比朗作品集》，第三卷，第42至43页）。

列维-布留尔:这就说明了为什么尽管他有些失宠,但大家今天仍对他的著作感兴趣。不必对他的主要思想再作批评,这已经有人做过了;相反倒是应该设法阐明他(部分是无意地)勾画的关于象征现象的理论。

还是要从象征所指在象征能指中的**存在**开始说起。

> 使它们得以产生的既不是一种可以觉察到的关系,更不是约定俗成。象征在某种程度上被认为就是它再现的存在或
> 279 事物,"再现"在这里的字面意义就是使之在眼前出现……死去的孩子的颌骨对母亲来说全然就是她孩子的"代表",就是说,它完成了孩子在现实中的存在。①

同有人想的不一样,这并不是一种同一关系(那样就不会有象征了),而是一种隶属关系,因为象征是物体的一部分,从这意义上说,象征**就是**物体。

> 如原始人所认为的,从隶属到象征的过渡可能是难以觉察的。因为象征同隶属一样,都具有它们"复现"的存在物或客体的属性,并因而保证了这种存在物或客体的现实存在。(同上,第 200 至 201 页)

对象征的这种看法不仅适用于手势和物体(如孩子的颌骨),而且也适用于表示指示意义的语词(所以指示意义同象征意义相近);因此,专有名词就如大家所希望的成了最好的例子了。

> 在我们那里,名字并不是在若干人中指称某人或认出某人的一种简单方法,也不是插在每人身上、可以任意选择、在需要时可以改变并在该人之外、同他的内部人格没有任何共

① 《原始人的神秘活动与象征》(下面简称《象征》),巴黎,1938 年。

> 同之点的一种标签。相反,真正的名字……从它的完整意义上说,隶属于叫这名字的人,并与其他隶属物一样和叫这名字的人是同质的。(同上,第 236 页)

我们已经看到,列维-布留尔也同意这种野蛮的态度,他还是拒绝改变标签,即使需要时也仍然如此……。

在这一点上,我们不就想起了隶属关系是一种修辞转义——提喻——的基础吗?大家的印象是:千变万化的名字(隶属、互渗、部分代替整体、提喻)似乎只是在原始人那里才掩盖了事物的统一性。“很久以来大家就注意到原始人大胆地运用**部分代替整体**(pars pro toto)这个公式而没有发现什么困难……原始人之所
以能这样自由地运用这个公式,那是因为他们感到生物体的各部 280
分和它的整体之间、它的隶属物和它本身之间就是这样在内部互渗的”(同上,第 176 至 178 页)。列维-布留尔还在《札记》里写道:“人们便设想:部分似乎‘代表整体’,即通过某种形式的约定俗成……起符号、象征的功能……”(同前书,第 109 页)。

但是,如果象征同转义相似的话,那能否说前者是野蛮人特有的领域呢?列维-布留尔感到奇怪的是:在野蛮人那里,颜色并不像在我们这里由抽象名词,而是由带有这种颜色的物体来指称(扩展性的概念提喻);这时他忘了我们也是用同样方式来使用 orange(法语:橙,橙色)(以水果指颜色)或 rose(法语:玫瑰花,粉红色)的。在他举的例子里很容易找到其他的转义。但列维-布留尔的一位弟子还是写道:“我们的语言教授我们逻辑思维,它不会表达其他形式的思维。”①

---

① E. 卡耶:《象征体系与原始灵魂》,巴黎,1935 年,第 145 页。

再说,列维-布留尔自己也觉察到原始象征和修辞转义在形式上的相似,然而是为了摈弃它:"我们不要认为那是一种隐喻,一种还起作用的'辞格'"(《象征》,第270页)。如果寻找这种拒绝态度的原因,我们就会发现列维-布留尔认为隐喻只是种"游戏",是同"严肃"对立的。但是,把诗学转义当成是多余的装饰物无论如何是大量(错误)看法中的一种。列维-布留尔这时拒绝的并不是辞格,而是对它的某种描写。

不承认原始象征中存在转义还有第二条理由:这就是我们都习惯于把所有的转义都看成是隐喻,甚至只看成是建立在物质相似性基础上的那种类型的隐喻,而且我们不会识别其他的转义。这就使列维-布留尔有时感到茫然无绪。他写道:"原始人的象征……并不一定是这些存在物或客体的复现或意象"(同上,第180页),或者:"象征要**成为**自己所代表的死者,它完全不必再现死者的相貌"(同上,第204页)。那么,什么是象征赖以建立的关系呢?列维-布留尔举了住房对住在里面的人这个例子,或者取自斯潘塞*和吉伦**的经典著作中的描写:

281 > 问起土著某些画意指什么时,他们总回答是因为好玩才画的,它们并没有意义。但在形式上完全一样的画一旦画在用于宗教仪式的物品上,或画在某个特殊的地方,就会具有非常具体的意义。①

① 《原始社会中的智力机能》,巴黎,1910年;我引的是1951年版。(下面简称《机能》)

* 斯潘塞(1860—1929),英国生物学家和人类学家。

** 吉伦(1855—1912),澳大利亚人类学家,与斯潘塞合作发表过《中澳大利亚的土著部落》和《中澳大利亚的北方部落》等著作。

或在《札记》中：

> 足迹并不是人的一部分，而是人的一种象征……。（第206页）

列维-布留尔对这些现象的解释是：这里出现了一种新型的抽象，他称之为神秘的抽象；然而只要分析一下例子就可发现这就是修辞里所说的**借代**。画像只要不是由人种学家画的，那就不会引起不安：施动者—动作这种借代关系较之意象和复现的存在之间的隐喻（或提喻）关系更为重要。某幅画只要刻在一个特殊的物体上才有意义：只有通过地点的借喻关系才取得意义。象征住户的住房，或者足迹与人的关系都是这样。表面上不存在转义，实际上却存在着隐喻之外的转义。

按照逻辑，象征体系的特性来自象征的定义。

先是在孤立的象征层次上。首先，只要损及名字（或象征）就会损及存在物，因为前者是后者的一部分；或像列维-布留尔所写的："对某个存在物或客体的象征起作用，就是对那存在物或客体本身起作用"（《象征》，第225页）。下面就是个例子。根据J.穆尼*的说法，"印第安人不是把名字当作单纯的标签，而是把它同眼睛或牙齿那样看成是个人的一个明确的部分。他认为不怀好意地使用他的名字会像使他身体某部分受伤一样，肯定也会让他感到痛苦"（《机能》，第46页）。我们难道都是印第安人吗？

第二个结果。名字相同意味着所指的存在物相同，至少是部分相同。我们发现列维-布留尔虽然提出了这个原则，但他并未 282

---

* J.穆尼（1861—1921），早期美国印第安人人种志学者，著有《东部苏人部落》。

理解这原则也适用于他自己的话语。下面是从卡耶书里摘出的一个例子：

> 过去流传着关于《传教会》(Société des missions)叫法的另一句玩笑话。大家把它同马尔加什语里的 asosay ity(同英语中的 society 发音相似)比较，这两个词意指"让他们加入到我们中间来"。他们说，这些海外各国来的使者接受了使命，以便把霍瓦人*的国家并入他们的出生国里去。

卡耶的结论是：

> 词的语音组合比它们的意义更为重要。在我们寻求同义词的地方，未开化者等待的是同音：语词受到了参照物那样的待遇。(第 120 至 121 页)

象征能指是象征所指的一部分，这种现象产生的第三个后果是：复现或说出一件事物，这已经在使这事物得以存在。所以，预言之所以实现并不是因为预言者会预卜未来，而是因为这些言语赋予它们所指的事物以生命。列维-布留尔列举了一些情况：用直陈语气来称呼事物就能使事物得以实现(《象征》，第 286 至 288 页)。卡耶介绍说：让人提防灾难的话语会引起人的惊恐，因为这话语本身就已经使灾难部分出现了。

第四个后果：野蛮人把先后顺序和因果关系混淆不清。根据格雷的说法，"一个人在路上走着，看见一条蛇从树上掉到他面前，第二天或下星期他获悉自己的儿子在昆士兰死了，他就把这两件事联系在一起"(《机能》，第 72 页)。列维-布留尔这样概括了这些理论："原始人……把前件同原因混淆起来了。这就是极为

---

* 霍瓦人，居住在马达加斯加岛中部地区的民族。

普遍的推理谬误，大家称之为 post hoc，ergo propter hoc（此后即由此）的诡辩”（同上，第73页）。他本人从中看到的是一种“前件和后件之间的神秘关系”（第74页）。但这个特点仍然是象征的属性引起的后果。既然象征能指是象征所指的组成部分，既然同音能导致同义，象征能指的邻近就会导致象征所指的邻近：两个象征能在一起并非出自“偶然”。在这方面，罗兰·巴特是这样来确定（文学的和非文学的）叙事作品的规律的：

> 叙述活动的动力正是连续和后果的混淆不清，因为叙事 283
> 作品中**后面**发生的总被看成是**由此产生的**。这样，叙事作品可能系统地犯下一种逻辑错误，经院派在指责这种错误时曾把它归纳成 post hoc，ergo propter hoc 这个公式。

弗洛伊德——每个人谈的都是自己熟悉的对象——则认为这个野蛮的逻辑在梦中也在起作用：

> 心理分析告诉我们：应该把时间上的邻近转换成事实间的相互依存。梦……把**逻辑关系**表现成**同时的**……。**因果关系**用**先后顺序**来表示①。

难道应该把叙事作品和梦算作野蛮人的行为或者神秘的互渗吗？

至于象征**体系**，只有颠倒过来才能理解列维-布留尔的观念。的确，他认为象征使用的特点就是没有系统。他是这样解释的：“它们（象征）所‘复现’的事物在原始人的头脑里似乎是非常模糊

---

① 罗兰·巴特：《叙事作品结构分析导论》，见巴特和其他人写的：《叙事作品的诗学》，巴黎，1976年，第22页。弗洛伊德：《释梦》，巴黎，1967年，第216页，第271至272页。

而不确定的"(《象征》,第195页)。但是,大家可以考虑:这种不确定性、这种所谓的缺乏系统是否实际上正表明有着列维-布留尔所没有察觉到的另一个系统,而我们则可以根据他所举的例子分析出这系统来。

一个象征能指表示好几个象征所指,原因并不是缺乏系统,而是因为每个象征所指又可以转变成象征能指。列维-布留尔举了下面的例子:一片树叶象征踩在上面的脚印(借代),脚印又引向踩着树叶的人(还是借代),这人又象征他所属的部落(提喻)(同上,第230页起)。

在卡耶的《象征理论与原始灵魂》这本书里有一个说明转变的特别令人信服的例子,我们可以把它归纳成一句话:"在月亮发
284 红的时候生的人会成为国王。"这种说法可以这样解释:红色是同血联系在一起的,所以也同权势有联系。可以这样表示这个象征过程:

象征能指	血	红色	月亮	人	⟹	国王
象征所指	↘权势	↘血	↘红色	↘月亮		权势

血是权势的象征能指(借代),但又是红色的象征所指(提喻)。红色是血的象征能指和月亮的象征所指——确切说是月亮的某个周期的象征所指(另一个提喻)。然而,这个周期(在获得权势的意义之后)就通过时间的借代转变成在这时生的人。每个象征能指都会轮到成为象征所指;这种转变可以延伸成一个无限的链系,每个新的象征能指得到前一个象征过程中的象征所指:这样,尽管没有直接的象征关系,红色还是通过血为中介得到权势这个"意义"(就像月亮的某个周期或在这个周期生的人一样)。然

后，这过程中止了，关系也变了（我用双道箭头表示，以同单道箭头相区别）：国王也象征权势；两个不同的象征链系由于具有相同的象征所指（《权势》）而相交了。我们就面临着一种象征系统所特有的新关系；大家可以把这称为建立等值关系。

象征理论里的另一个典型运算是复因决定。不了解这一点，我们就还会认为这是缺乏系统的标志。卡耶举了下面这个例子：

> 一位年轻的土著的第一个儿子死了，就把第二个儿子叫作 Roalahy。我问他时，他解释说：我叫他 Roalahy（=2+人），因为他是自己，而又代替了第一个儿子，也因为他名字的发音让人想起 Roland 这个音，后者可能是一位有名的白人。（同上，第 119 页）

因此，乔伊斯*并不是这种手法的发明者：所有使用象征体系的人都这么做。

待续……。

* 乔伊斯（1882—1941），爱尔兰小说家，著有《尤利西斯》等小说，是现代派小说的先驱。

285 # 第八章　弗洛伊德的修辞学

语词的风趣与思维的风趣。凝聚、复因决定、影射、间接表象。统一、移置。谐音游戏、多用途、双关意义。节省与无意义。弗洛伊德的修辞学和象征学。

大多数作者往往只对具体文章进行解释,很少有人对话语形式的一般描写感到兴趣,所以后者的研究更应引起我们的注意。在这些独辟蹊径的人之中,从莱辛的《论寓言》到普罗普的《民间故事形态学》之间,最突出的位置应该属于《风趣话及其同无意识的关系》这部著作。

大家知道,经典作品的价值并不在于它们受到了崇拜。可惜这部著作得到的却只是这些。一片赞扬声阻碍了许多读者采取弗洛伊德本人所教导的态度,即对观察对象作出尽可能准确完整的描写。这也是弗洛伊德在《风趣话》这本书里所指出的道路:研究的一般结论来自对特殊例子的语言学与修辞学的分析。"要解决[他论点的价值]问题,只要看看在结合每个具体例子时某种合理的评论能否证明这种对风趣技巧的看法会歪曲事实,并因而曲解其它任何更为简单、更为深刻的观点;或者相反,这种评论能否说明研究梦时提出的命题真能得到对风趣研究的证实。"①我正

① 第255页(1971年Gallimard出版社的袖珍本的页码)。下面所有不指明版本的引文都出自此书。弗洛伊德的其他文章的版本是:《释梦》,法国大学出版社,1967年;《精神分析引论》,Payot出版社,《小图书馆》丛书,1965年;《精神分析新论》,Gallimard出版社,1971年;《梦及其解释》,Gallimard出版社,1969年(这些著作都在巴黎出版)。

是想结合每个具体的例子让弗洛伊德的文章经受上面所说的考验。

风趣话的机制同梦的机制是一致的,所以弗洛伊德在研究了 286
一个问题之后就开始研究另一个问题。然而,风趣话比梦有着另一个人们似乎没有注意到的优点(至少我认为是这样),那就是它更易于观察。分析梦时,我们不得不依靠做梦人的解释和联想(这很难控制);而研究风趣话时我们却有着固定的、确凿的语言材料,并且同一种文化里的人对解释这些语词会有一种社会的共同看法(而如弗洛伊德所说:梦"既不是一种社会表达,也不是取得别人理解的一种手段。"《精神分析新讲》,第14页)。因此我就违反了弗洛伊德著作内部的顺序,先从风趣话出发,第二步才把它同其他问题(如梦)进行比较。

就像它的(法文)名字所指出的,风趣话是言语的一种产物(……话)。有关它的所有论点都应该以对它的语言性质的观察作为根据。弗洛伊德在多数情况里遵循了这条规则,但他并不总是那样;所以当他区分的依据不是语言特征时,我们这里就不谈了。如他写道(第57页):"双关语手法的一个新品种……:它们共同的妙处主要依靠性方面的内容。可以把这组风趣话称作模棱两可(Zweideutigkeit)。"然而,在 Doppelsinn 或双关语(大类的叫法)和这个 Zweideutigkeit 或模棱两可(子类的叫法)之间——就像这两个称呼所表明的——并不存在语言上的差别,性方面的内容并不是一个语言范畴。因此,我们将只局限于对风趣的话语进行描写。我研究的角度同弗洛伊德或追随他的精神分析学者不同:风趣话本身并不能引起精神分析的兴趣,它只是作为了解无意识(或人的一般心理现象)的手段才吸引了精神分析学家。那么是

否可以说弗洛伊德(特别在他的书的第一章里)所作的语言描写工作意义不大呢?我认为情况全然相反:尽管本文的机制问题并
287 非是弗洛伊德注意的中心,他还是看出了这些问题,并对它们进行了出色的论述。因此必须细心地阅读这一章,同时要设法说明他的直觉,指出矛盾的原因,掌握整体的逻辑。

从另一个角度看,一开始就要在方法论上特别小心,要从根本上对弗洛伊德的描写工作提出疑问,但奇怪的是这并不会引起严重的后果。在《风趣话的技巧》这一整章中,弗洛伊德给人的印象似乎都在描写风趣话的类别;然而只有把它们看成是范畴,他的描写才能从整体上被人接受,但范畴却并不就此组成相互排斥的类别:"重要的一组"(第 64 页),"上面各组"(第 68 页),"这两组例子"(第 86 页),"新的一组的技巧"(第 107 页),等等。只要举一个例子就足以说明唯一能保留这种划分的办法是不把这些部分看作为互不渗透的小组,而把它们看成是可以先后识别、并可能同时用在一种风趣话里的若干特征。

在全书开始时,弗洛伊德用"不同成分的语词的凝聚"来说明一组风趣话的特点;换言之,就是根据形态结构的原则来下定义。如:

> 当福楼拜发表故事发生在迦太基的著名小说《萨朗波》时,圣伯夫挖苦地把这本小说称作"迦太基古玩"(carthaginoiserie),因为作者过分追求细节上的真实。(第 30 页)

然而,在差不多 80 页之后,弗洛伊德又提出了"通过相似复现"这另一组,其中有一小类是用类似来影射,并举了下面这个词的例子:

> Dichteritis,用白喉(Diphtériè)流行的危险来影射缺乏灵

感的诗人(Dichter)的大量出现。(第112页)

之所以能把这例子归到影射类是因为在白喉与诗人之间有着语义上的类似。

然而,显然这两个例子分别都可以用描写对方的方法来加以描写。福楼拜的迦太基像一件中国古玩*;而Dichteritis(=Dichter+Diphtheritis)却正是一个"不同成分组成的语词"! 弗洛伊德只是 288
举了其中一个例子来说明词法手段,而用另一个例子来说明语义手段。这里是两种不同的手段(两个范畴),而不是相互排斥的两个类别。对许多其他"组"的风趣话也是如此。有时弗洛伊德自己也发现了这一点(属于统一这组的词也可包含影射,甚或凝聚……;请注意同样的例子不自然地出现在好几个组里,如第47页和第58页)。

这种混淆尽管带有根本性,但丝毫也不影响分类系统:只要不断地记住类别和范畴之间的区别就行了。因此这里就不再根据这点对分布得不恰当的例子重新进行分类了。

下面就是弗洛伊德在《风趣话》的第一章里所介绍的总体分类。

在弗洛伊德的著作中,下面的图表从未完整地出现过,但它的 289
各部分可在第59页、第86页(那里移置和曲解都被描写成是推理错误)和第116页("推理错误—统一—间接表象是我们所了解的表现思维风趣的主要技巧")里找到。

---

* 法语中从形容词chinois(中国的)派生出chinoiserie(中国古玩),圣伯夫根据同样的规则创造了carthaginoiserie(来自carthaginois,迦太基的)一词。

- 风趣话
  - 语词的风趣
    - 凝聚
      - 不同成分组成的语词
      - 带修改
    - 相同材料的使用
      - 完整的语词及它们的组成部分
      - 倒置
      - 轻微修改
      - 同样的词表示实义或虚义
    - 双关意义
      - 专有名词与物体名词
      - 隐喻意义与字面意义
      - 文字游戏
      - 模棱两可
      - 带影射的双关意义
    - 谐音游戏 ———
  - 思维的风趣
    - 推理错误
      - 移置
      - 曲解
      - 其他错误
    - 统一 ———
    - 间接表象
      - 借助对立面
      - 借助相似面
      - 明喻

语词的风趣与思维的风趣

让我们先看看语词的风趣与思维的风趣这组大的对立。奇怪的是这个两歧式从未正式提出过,然而弗洛伊德在谈到时却把它当成是一个早已确立了的范畴,如:“根据风趣话技巧所用的材料,我们前面区分了语词的风趣和思维的风趣”(第 132 页)。尽管如此,这个两歧式所起的作用显然是十分重要的;弗洛伊德这样写过:“风趣引起的愉快有两个来源:语词的游戏和思维的游戏;由此引出**语词的风趣和思维的风趣这个根本的区别**。这就使用简短而精确的公式来对风趣进行一般的陈述变得极为困难”(第 209

页,着重号为托多罗夫所加)。当弗洛伊德在第二部分里从"风趣的心理发生"角度(而不再从言语技巧的角度)来进行分类时,这个根本的对立竟经受住了这个彻底的变化。

再说,"语言的"和"心理发生的"这两种分类间的关系也值得我们花些时间去研究。弗洛伊德从心理发生的角度出发,把所有的风趣话分成三组:1. 文字游戏(第 180 页起)。2."能找到某些已知成分"的语词(第 183 页起)。3. 曲解(第 188 页起)。这三个组是怎样适应语词的风趣—思维的风趣这组对立的呢?弗洛伊德首先表示第三小组(曲解)"包括了大多数表现思维风趣的语词"(第 188 页);因此,大家的印象是第 1、2 小组属于语词的风趣。然而几页之后,弗洛伊德又说:"第一和第三[组风趣的技巧]……都是心理上减轻负担,在某种程度上可把它们同属于第二组技巧的'节省'相对立。这样,所有关于风趣的技巧,即这些 290
技巧产生的乐趣都可归纳成这两个原则……这两类技巧和两类'乐趣的享受'至少大体上可同语词的风趣和思维的风趣这种区分一致起来"(第 192 至 193 页)。奇怪的是 1 和 3 属于语词的风趣,2 则属于思维的风趣。就在几页里 2 和 3 就颠倒了位置。

不管新的分类是如何组织的,语词的风趣—思维的风趣这组对立继续存在,并在弗洛伊德的描写中占有重要的地位。但就像前面所说,他只是使用这组对立,而没有对它具体加以确定(请看第 107 和 110 页的其他例子)。我们最好是在他介绍属于思维风趣的第一组语词(即表示移置的那组)时就设法弄清其差别。他写道:"我们的例子(蛋黄酱拌鲑鱼)说明:借助移置的风趣话对它的语言表达来说是非常独立的。它并不取决于一系列的语词,而取决于一系列的思想"(第 74 页)。今天,我们把"语言表达"与

"思想"之间的对立用能指与所指来表达。那么是否能说对立在于:只在能指中实现的风趣和只在所指中实现的风趣呢?

这显然是弗洛伊德提出的对这两歧法的解释,但这须要略加说明,因为任何风趣——话(就像法语名称所表明的)都不可能摆脱两方中的任何一方。像"迦太基古玩"这个语词涉及到能指,但显然也涉及到所指(否则就不会有风趣了);另外风趣只可能用语词,就是说通过能指才能实现。第一种情况是否就是对能指的修改(正像"迦太基古玩"这个例子一样)呢?要是那样,就应该从第一组里除去"使用相同的材料"和"双关意义"(这名字已经表明同所指有关)这两个小类;这下,第一组的内容就所剩无几了。

所以就要用别的方式来解释这组对立。所指总是同问题直接有关的,能指也总是必要的。但是,能指(语词)还可以(或不可以)被替换。如果我们能够用一个同义词去代替产生风趣的语词而不因此影响发笑,我们就是在"思维"的领域里。如这种替换损及了风趣,我们就处在"语词"的领域(因此并不需要修改能指)。

291 凝聚、复因决定、影射、间接表象

凝聚这术语在弗洛伊德的论证中起着特别重要的作用,所以我们就从研究它的不同用法开始。①

它第一次出现时是指这样一种错合现象:从"familier"(法语:家庭的、亲热的)和"millionnaire"(法语:百万富翁)产生出"famillionnaire"(第26页);凝聚在这里指几个音节的省略。

---

① 见J.-F.利奥塔在《话语、形象》(巴黎,1971年)一书中(特别是第243页)对这术语(在《释梦》中)的分析以及让-保罗·马丁的《凝聚》(《诗学》第26期,1976年,第180至206页)。阅读它们肯定是有益的。

但在分析另一个例子，即 rote Fadian(德语:rote，红的；Fadian，线)这个例子(第33至34页)时，“凝聚”的意义就扩大了：

> 不就是那个赤发鬼(rouge Fadian)在喋喋不休地说着关于拿破仑的无聊话(NapolŌonides)吗？(第31页)

这句话来自这样两句句子：“就是这个赤发鬼写的关于拿破仑的无聊话(fadaises)”和“红线(Faden)越抻越长了。”* “凝聚一方面达到了明显的缩略，另一方面它虽然没有编出一个由不同成分构成的惊人的词语，却实现了两部分的各个成分之间的相互渗透”(第34页)。它在这里指的不是消除几个音节，而是消除整句句子，我们在解释时就要恢复这些句子。除此以外，红线借助隐喻还表示统一的整体(见第31至32页)**；所以这又是一种凝聚。因此，每次一个能指引起我们想到一个以上的所指时，或简单地说：每当所指比能指更为丰富时，可以说就有凝聚。伟大的神话学家克罗伊策就是这样通过“存在与形式的不适应以及内容超出它的表达方式”(《希腊等古代民族的象征和神话》，第59页)来确定象征的。

在弗洛伊德的这本书的后面部分，这个术语仍然是含糊不清的。

有时它用来表示一切所指对能指的超越。如在第60页，弗洛伊德放弃了他刚提出的(凝聚和双关意义间的)区别，(借助节省这

---

* 当时维也纳有位名人写了一系列关于拿破仑的文章，另一个人对此嗤之以鼻，说了这么一句风趣话。因为那人长着红头发，就叫他 rote Fadian，所用的动词以线作主语时表示越抻越长，以人作主语时则表示“滔滔不绝”。

** 指歌德在长篇小说《亲和力》的前言里所用的一个隐喻：英国皇家海军的缆绳里都夹有一根红线，歌德把贯穿女主人公奥蒂莉日记里的主题比作这根红线。

292 个更不清楚的概念，我一会儿还要阐述这点）把凝聚变成了包括一直分开的各个小组的一个统称。他举了一个双关意义的例子：

> 大家知道，拿破仑第三统治时首先做的一件事就是没收奥尔良家族的财产。大家就此事编了一句出色的玩笑话："这是雄鹰的第一次翱翔"。（第 52 页）

接着他这样评论说："但这翱翔是一次掠夺；这里用的是 vol 一词的双关意义。其所以用这词，乃是因为 vol 既表示用翅膀飞这个动作，又表示偷盗。这里不是既有凝聚又有节省吗？"（第 60 页）。或在第 250 页，他把表示风趣的过程同做梦的过程比较："梦的某个成分对梦思来说只代表一个交点、一个岔口，一般应该认为它是由这些思想'复因决定'的"。如果一个成分代表两条思路的交点，那就是它同时属于两条思路，因此具有"双重用途"。

有时凝聚却反而继续和其他同一层次的术语——如转移与间接表象——相对立（参阅第 253 页）。

应该开始就阐明"凝聚"和"双关意义"之间的对立，这个对立由于在包含关系和排斥关系上犹豫不决而被掩盖了：同时指称好几个所指（如 famillionnaire 使人想起 familier 和 millionnaire）与先后指称好几个所指（如红线这个例子）相对立。接着提出的问题就是要知道凝聚这个术语是指这两类所指对能指的超越还是指一类？如果只指一类，那么指哪一类？我觉得尽管弗洛伊德前后说法矛盾，如把统称留给凝聚可能更忠实于他的思想（也更忠实于他在《释梦》中对该词的用法）。介绍凝聚时所用的两个例子已促使我们这样考虑了：der rote fadian 包含着一个先后的象征过程；fami-llionnaire则具有同时多重象征的性质。再说，凝聚是对产生风趣话的象征密度的程序的一种叫法，这种密度和所有的语言象

征体系都有相同的外延。它同复因决定（这是弗洛伊德特别在
《释梦》中使用的、可以同“凝聚”交换的一个词[①]）和转化一样都 293
是一种程序，用这两个术语可以恰当地指称同时进行的和先后产
生的两类凝聚。

“凝聚”这个术语在描写语词的风趣时很常见到，而在描写“思维的风趣”时却销声匿迹了。这应该引起我们的注意：这概念是否会藏在另一个词的后面呢？弗洛伊德有一句话使我们预感到这一点：“几乎无法把具有变化的影射同使用替换的凝聚区分开来……”（第112页）。两者的相似关系是以第三个项作为中介建立起来的：这个项就是“省略”，根据我们前面的意见可以得出这样的结论：它是凝聚的同义词[②]，但也是同影射不可分的一个特征：“实际上所有的影射都包含着某种省略，如对一系列思想的省略就产生了影射”（同上）。现在影射起着类似以前凝聚所起的作用：“影射可能是风趣话技巧里最常见、最方便的手段”（第115页）。影射的一个例子：

> 我们在公共浴池前又遇见了这两个犹太人。其中一个叹息道：“竟又过去一年了。”（第114页）

---

① 关于凝聚，弗洛伊德写道：“还可以用别的方式来表达能说明这一切的事实，并认为梦的内容的每一个成分都是复因决定的，就像在梦思里多次得到复现一样”（《释梦》，第246页）。后来常常有人指出这些术语非常相近。请参阅E.琼斯的《象征理论》（《精神分析杂志》，波士顿，1961年）第106页注二：“复因决定……：这和凝聚是一回事”；或拉普朗什与蓬塔里斯的《精神分析词汇》（巴黎，1968年）第468页：“复因决定是凝聚作用的结果”。弗洛伊德在试图确定“复因决定”的意义时强调了关系的同时性：“更常见的复因决定是：使内容越出思维线索的某个梦的成分同时用来表示某种功能状态”（《释梦》，第430页；着重号为弗洛伊德所加）。

② 可能是部分同义词，但毕竟还是同义词。请看《释梦》第244页：“首先，凝聚似乎要通过省略才能产生……”

影射恐水,也就是影射犹太人的不干净。

怎样来确定影射呢?“它的特点是用概念上的联想成分来替代……”(第109页)。换言之,影射不是别的,就是让人联想起同所用语词的直接意义和原始意义不同的别的意义,也就是一个能指存在着不止一个所指。但这一次,这个术语却只适合于前面所
294 说的两种不同过程中的一种:先后提及(而不是像在复因决定中的同时提及)的过程。在另一本著作(《精神分析引论》,第159页)中,弗洛伊德对在一般话语、在风趣话以及梦中出现的影射作了有趣的对比。它的逻辑形式总是一样的;但在一般话语里,这种逻辑形式应该同时满足另外二个条件:“影射应该明白易懂,并且在影射和真正的思想之间应当具有内容上的联系。”风趣话可以取消第二个条件;梦则把两个条件都取消了(这里我们又发现弗洛伊德的观察力超过了他的描写能力)。

和凝聚、复因决定和影射属于同一语义类别的还有第四个术语,即间接表象。但它起的作用有限,另外也明显地同影射发生关系。弗洛伊德是这样介绍的:“顺便我给影射下个定义:这是一种‘间接表象’。我发现不同的影射方式,以及借助反义或正在研究的其他技巧构成的表象(也只就剩下明喻了)都可归入同一大类;我认为用‘间接表象’这个名称可以包括更广泛的内容”(第116页)。但是,这些不同的影射方式在第107页里却被说成是“相似的”、“有关的”或“所属的”东西:因此它不是别的,而正是表示隐喻、借代、提喻的另一套术语而已。再加上“借助反义的表象”(即反语)和明喻,我们就几乎有了一份完整的修辞转义单子了。大家知道,这些修辞转义确实也是“间接表象”。

因此,这里介绍的转义就像是影射的不同模态。那么在转义

与影射之间难道就没有任何区别吗？第35页的一条注释（在这一页里“影射”这词第一次出现）给了我们一些眉目：“把咒骂改头换面就可成为代替咒骂的影射，但是只有借助三段论才能达到目的”（着重号为我所加）。转义和影射都具有先后象征（转化）的性质；但它们又在另一个角度上有所区别，这在弗洛伊德的著作中并未得到阐述，我们先暂时不谈这个问题。转义的确中止了语词的字面意义（但并未使它完全消失），并用一种新的意义来代替它；相反，影射保留了句子的最初意义，但使我们通过演绎再加上一种新的论点。① 当然明显的是：所指都超越了能指，这就说明了为什么它们都用一个术语——即凝聚——来表示。 295

统一、移置

现在让我们转到弗洛伊德分类的其他几个范畴上来。

首先是统一。这术语在描写语词和思维这两组风趣时都曾经出现过。在第一组中，它表示已经确定的其他机制之外的另一种技巧。第一次使用它时是描写施莱尔马赫创造的一个词：

Eifersucht ist eine Leidenschaft die mit Eifer sucht was Leiden schafft（第49页）。（德语：妒忌是极力寻求悲痛的一种激情。）

弗洛伊德评论说：“这就是建立一种不寻常的统一关系，用这个词的各个音节，也可以说是用这个词的本身来确定 Eifersucht 这个词”（第50页）。他在谈到另一个类似的例子时说：“这里可以援引统一的观点，即在话语的各成分之间建立起一种比原来更紧

① 参看本书第93至99页，以及《语言的象征表达》（见本书第94页注），第593页起。

密的关系”(第56页)。

尽管例子很简单,但很难知道弗洛伊德在谈统一时所指的确切的语言现象是什么。在上面(第56页)的句子里,他并不是要确定所谓的词源手段,而是要确定投射在邻近的组合关系上的(聚合关系的)语义邻近。但怎样才能测定这种“邻近性”呢?

统一还出现在第二大组里;它被用来确定思维的风趣话里的一个小类。特别有两个例子需要使用统一这个术语:

> 一月是向好朋友们表示祝愿的月份,其他的月份则是这
> 296 些愿望没有一个能实现的月份。(第95页)人生由两个阶段组成:第一阶段是在盼望第二个阶段中度过的,第二阶段则又在希望回到第一阶段中流逝。(第95页)

弗洛伊德写道:“我甚至会说:这里组成了新的、意想不到的单位,形成了表象间的相互关系;用一个定义来确定另一个定义,或用它们和第三个共同因素的关系来下定义。我建议这一过程叫统一;它显然和通过压缩同样的词语实现的凝聚相类似”(第96页)。

弗洛伊德一方面坚持了语义邻近这概念;他在第97至98页的一个很长的注释里确认了这一思想,他认为“统一”就是在语词之间存在一种主题上的联系:如“绞索”——“绞死者”——“绞架”等是“统一的”词语(英国语言学的传统就会说这些词语发生组配关系)。下面弗洛伊德就朝这个方向论证了:“统一不是言语材料上的重复,而是概念间的关系上的重复……”(第187页)。

但是,他又加了两个补充性的修饰词。首先,所说的统一体应当是新的和出乎意料的(请参阅第122页:“这是一个统一的例子,一个建立一种出乎意料的关系的例子”;但在第50页他就已

经写过:"一种不寻常的关系")。因此,这同前面的说法正好相反:不是聚合关系上相近的单位,而是聚合关系上独立的、甚至是相隔很远的单位在组合关系中出现在邻近的位置上。这里,关于统一的两个定义不可能都是真实的:除非假设把主题上相近的单位放在一起是十分令人惊讶的事情。暂时我们先接受这种说法;那么怎样来测定这种"惊讶"的程度呢?再说,根据大多数举的例子来判断,需要记住的是第一个定义(关于聚合关系上邻近的那个定义),因为把"绞索"、"绞死者"和"绞架"联系起来怎么会令人惊讶呢?

弗洛伊德在谈到统一的第二个新的特征时把统一和凝聚放在一起,这就更使人感到混乱了。我们知道:凝聚是指任何一个能指展示出不止一个所指,是现有的某个句子和这个句子以某种方式象征的一个或几个没有出现的句子之间的关系。这是一种不在现场的(in absentia)关系。相反,尽管大家对"统一"的确切定义还 297
把握不准,所有举的例子(Eifersucht,Eifer,sucht;Leidenschaft,Leiden,schafft 等)都说明这是存在于两个或好几个现有单位之间的一种关系。因此,这是一种在现场的(in praesentia)关系。很难把两者混同起来(再说弗洛伊德以后又重新考虑了对施莱尔马赫的句子所作的分析,并把这句话列入到纯粹的玩笑话里面,就是说一种纯粹的在现场的关系。请参阅该书第 195 页)。

那么在"思维的风趣"中是怎么会细分出"间接表象"和"统一"的呢?它怎么能细分成两个无法类比的单位的呢?这就好像把"黄色的动物"与"水族"并列起来一样。[①] 即使假设这些是范

① 我在《精神分析引论》里找到一个在异质性方面可以与此相提并论的分类法:"我们前曾研究梦的元素和隐念的关系,我们发现这些关系共计四种:以部分代替全体;近似或影射;象征关系;可塑的言语表象"(第 155 页,并可参考第 135 页)。

畴而不是类别,那也还是解释不通:因为两个概念并不属于“同一个类”。我们已经谈到了间接表象与凝聚之间的相似处:这显然是一种不在现场的关系;这种关系不能同某种在现场的关系相对立。

那么“思维的风趣”的第三类——“推理错误”——的情况又怎样呢？为了对此有所了解,我们先研究一下其中最重要,也是最有趣的一种,即**移置**;再说这个术语在弗洛伊德的其他著作,特别是在《释梦》中起很重要的作用。

让我们先在这里把谈到它的主要段落挑选出来。

弗洛伊德提出的第一个定义并不能使我们满意。他写道:“主要因素是思路的偏离,是心理重点从原始主题移置到一个不同的主题之上”(第74页)。移置就是移置……尽管如此,指出心
298 理重点位置的变化是很可贵的。另外,弗洛伊德下的其他定义也都表示同样的意思。要产生移置,就至少应有两段对话,并且“心理重点”在两段话里不落在一个地方。“移置总是发生在一段话语和一段接话之间(zwischen einer Rede und einer Antwort),并且接话时的思路同前面话语的思路不一致”(第78页注)。在谈到第二个说话人的行为特征时,弗洛伊德说他是“答非所问”(第72页),说他“离开了原定的思路”,说他“溜了号”或者“从句子的某个成分出发……好像这词就是这句话的核心”(第73页)。这时他又再次谈到“回答里意义的偏离”,谈到“角度的改变”或“心理重点的转移”(第72页)。

为了说明这些观点,可能要使用几个补充概念。风趣话包括双重的表述情况。先是人物间交换的对话,然后是叙述者和

听者[①]。我们把这几个交谈者编个号码：1 号和 2 号（对话双方），3 号和 4 号（叙述者和听话人）。现在让我们看看言语交换所经过的不同阶段。交谈者 1 说了一句话，并选择了一种意义，而不选择其他可能的意义，因此就“突出了”这种意义。交谈者 2 有意或无意地弄错了对这话语的解释，并用第二种解释来取而代之，接着对这转换了的话语作出回答，这回答并不适合于原来的话语。所以这些都由交谈者 3 来转达；交谈者 4（我们听话人）需要重新经过这些过程，但是反向而行。他先听到交谈者 1 的语段；因为没有任何上下文，他就像交谈者 1 那样解释这段话；听到交谈者 2 的接话时，他发现接话同第一段话不接茬；为了解释这种不协调，他就用一种新的解释来代替自己第一次对开始那段话语的解释。因此，整个过程包括了质量上不同的两个阶段，而交谈者 2 和交谈者 4（后者同交谈者 1 的情况相似）遵循的次序正好相反：对前者来说，先有错误的解释，然后是由此产生的接话中的不协调；对后者来说，则先发现接话中的不协调，然后才作出补救性的重新解释。

移置这个术语是否描写了这整个过程，或者只是描写了两个 299 部分中的一个？如那样的话，又描写了哪一个呢？前面提到的第 78 页的注解排除了这种犹豫：移置不是任人解释的最初话语的“双关意义”，而是在前后两段接话中产生了断裂。弗洛伊德补充说：“最能说明移置与双关意义间的区别的是两种手法相结合的那些例子：这种话语里的语词可以产生双关意义，而说话人并没有意识到这点，但回答中却产生了移置。”

---

① 弗洛伊德指出这第二层次有三个而不是两个不同的角色（见本书第 361 至 364 页）。但这同现在谈的问题没有直接关系。

让我们检验一下这种描写是否适合弗洛伊德所说的一个"明显的"移置例子：

> 一个马贩子向他的顾客推销一匹马，他说："骑上这匹马，你早上四点出发，六点半就能到普雷斯堡了。""我早上六点半到普雷斯堡去干什么？"（第78页）

第一段话被看作是一个全应话语，可以有几种用途（这里并不是语义上的歧义，而是语用上的歧义）：它可以被看成是说明马的质量的一个例子（这样，去普雷斯堡的旅行就是假设的），也可以被看成是在描写一次真正的旅行；这是个可以有双重解释的条件结构，因此话语就具有全应非表现价值。但是，如果只有第一段话语，我们就只作一种解释：非真实的条件式，即具有"例举"价值的这种解释。从这种解释出发，交谈者2的接话就显得不协调了；要使回答真有意义，我们就要考虑对条件式和整个第一段话语作出另一种解释（即应该用另一种方式来突出它）。移置就是一段本文的两个部分间的不协调，这种不协调要由我们改变解释来加以消除。

分析一个"典型的、同移置产生的风趣话形成对比的例子"就可进一步肯定对移置所下的这个定义：

> 一位做交易所买卖的著名银行行长同他的一位朋友在维也纳的环城路散步。走过一家咖啡馆时这位做交易所买卖的人提出："进去来点什么吧！"* 那位朋友拉住他说："不，董事先生，里面有人。"（第74页）

300 乍一看这机制同移置一样。第一段话语有好几个意义。我们（交谈者4）本能地选择了第一个意义，但接话使我们理解到交谈

---

* 这句话既可理解为"进去喝点什么"，也可理解为"进去拿点什么"。

者 2 选择了另一个意义。为什么没有移置呢？因为两段对话没有组成不协调的话语。那位朋友也许纯粹是考虑避开人群、声音和烟雾腾腾的气氛。引起我们惊讶的并不是移置，而是听到叙述这段对话时的语境：我们知道（靠着元话语的说明）这是一段风趣话；但像我们刚才说的那样理解，那就毫无风趣可言了（除了交谈者是一个做交易所买卖，即名声不太好的人）。因此，“移置”这词的特定意义毫无疑问就是：“一段话语和一个回答”之间的不协调性。

弗洛伊德另外举的好几个移置的例子完全同这描写一致：海涅在苏利埃面前说的关于金牛的话；蛋黄酱鲑鱼的故事；想去奥斯坦德的向人借钱的犹太人的故事。有一个例子值得我们花些笔墨来研究一下，因为弗洛伊德对它特别重视，另外相对来说它比其他例子也来得复杂。

> 两个犹太人在一所公共浴室附近相遇。一个问道：“你洗了个澡吗？”另外一个说：“怎么？难道会少一个澡吗？”*（第 70 页）

弗洛伊德评论说：“我们的印象是：在第二个犹太人的回答中，不了解澡这个概念比在“取”这个词上产生的误会更为重要……”（第 71 页）。“第一个人问：‘你洗了个澡吗？’重点在‘澡’。第二个人回答时好像问题的重点是‘你洗（取）了个澡吗？’”（第 73 页）。

移置在这里是比以前描写过的例子更为特定的现象：重点就在我们眼前从一个语词转到另一个上面（而不是从一种意义或用法转到另一种意义或用法上面）。但让我们再检查一下弗洛伊德

---

* 西方许多语言中“洗澡”这概念都由表示“澡”的名词和表示“取、拿走”等意义的一个动词组成，所以有这误会。

所作的分析。第一次重点难道真是落在"澡"这个词上吗？如果我们同意（这似乎是必然的）"重点"落在构成对象的部分，而不是落在主题上，这例子里就的确有一个重点转移；但这并非是弗洛伊德所作的描写。在对开始那句话的第一种解释里，重点并不落在
301 "澡"这个词上（我们并不期待会有诸如"不，我洗了个淋浴"之类的回答），而是落在由短语"洗澡"组成的整个谓语上面。相反，第二种解释却像弗洛伊德指出的把重点仅仅落到动词"取"（洗）上面；短语被拆开了，"澡"这个词不再是动词的一部分，而是重又回到直接宾语的位置上去了。

尽管描写的失误，这里弗洛伊德还是正确地看到了一种新的效果，它不仅仅来自对一段话语的重新解释（选择一种意义，不选择另一种意义），而且来自强调的语段的不同，因为"对象"有时是整个谓语，有时只是一个动词。他也许还有理由认为（在这种特殊的风趣话里）第二个区别比第一个更为重要。我们不理解的是他竟把上面所有的例子都说成和这例子一样：肯定这样描写的"移置"在所有例子里都一样。如果要求句子中的重点转移作为移置的必要条件，那就只有洗澡一个例子与之相符。相反，所有的例子（包括洗澡这个例子）都具有我刚描写的"不协调——重新解释"这个过程。重点位置的变化是一个确实存在的现象，但它只能补充而不能代替重新解释；这是一个可有可无的条件，把它提高到基本特征的地位就错了。两者之间的差别同我在谈到统一时所用的范畴一样：意义的选择在不在现场的词语（只有一个出现，其他的都不出现）中实现，而语段的选择则在同时出现的词语中进行。

但是，弗洛伊德在他的著作里并未把上面确定的移置的意义贯彻始终，特别是它同《释梦》里谈到的这个词的意义不一致；在

后一本书里，弗洛伊德只注意强调一个语段而不强调另一语段这最后一个程序，而没有提出这种“重点变化”的条件。“我们感到对内容来说十分重要的成分在梦的思想里只起很不显眼的作用。反之，在梦的思想里显然是核心的东西有时在梦中却完全不表现出来”(第263页)。“梦的运作中表现出一种心理力量，它一方面将含较高心理价值的成分的强度减弱，另一方面又利用复因决定赋予较低价值的成分更大的价值，使它们得以进入梦中”(第265 302
至266页)。重要的作用对不显眼的作用，高强度对低强度：这倒确实是一种重点的变化；但弗洛伊德却不谈这种变化可能引起不协调，正是这种不协调促使交谈者(解释者)进入相反的程序，即重新实现话语协调的再解释程序。

同样，在《精神分析引论》里谈到移置作用时弗洛伊德也没有再提开始时的不协调，而只提了另外两种我们认为截然不同的意义：“移置表现为两种方式：第一，一个隐含成分不以自己的一部分为代表，而被关系较远的某个事物，即被一种影射所替代；第二，心理重点从一个重要成分转移到另一个不重要的成分之上，这样梦的重心改变了，并且显得离奇古怪”(第158页)。“离奇古怪”这种说法是《风趣话》里遗留下来的唯一用语。

术语意义的变化原因可能是因为梦和风趣话的性质有所不同：前者由间断的静态画面组成，这就使发现两个前后承接的语段间的不协调受到了妨碍(或者使这种不协调显得无关紧要)；后者具有话语的线性特征，每一部分必然出现在另一部分之前或之后。因为我无法对梦进行描写，所以只能对此不作结论。但是，当弗洛伊德在《风趣话》中阐述梦的机制的运作时，他又照搬了《释梦》中对移置的描写，而没有发现把这术语用在风趣领域时产生的矛盾：

“移置表现为:在梦思中,一切外围的、次要的事情在明显的梦里就被转移到中心来,并强烈地让感官接受;反之亦然”(第251页)。

反正在《风趣话》的描写部分,即唯一直接关系到言语现象的部分里,移置(或语义上的不协调)同用来消除它的再解释是截然分开的;这是一种同凝聚或间接表象等无法相比的关系。相反,它却同“统一”关系相似,后者也是*在现场的*各部分间的一种关系。我们甚至看到正在建立一种对称的关系:如统一就是一种组织得
303 过分严密的话语,里面除了相邻词语间的组合关系外还有某种聚合关系;而在移置(或其他的“推理错误”)里,我们可以说是遇到了一种“组织不严密”的话语:先后接话之间没有丝毫的协调。总之,弗洛伊德把这术语用在好几个意义上并不重要;我们感到有意义的是要区分:1. 任何一种意义替代;2. 重点从一个语段转移到另一个语段;3. 相邻语段间的语义不协调。显然这词的第一种意义最没有价值(因为最一般);其他两种内容较为丰富,但不管哪一种被称作“移置”,我们都不应该把两者混为一谈。

从这里我们可以看出,想按照拉康的观点把弗洛伊德的凝聚和移置这两个概念引向诸如隐喻和借代这样的修辞范畴是多么偏颇了(当然除非重新组织其中一组术语的意义,但那样做又有什么好处呢?)。凝聚包括了隐喻和借代在内的所有转义,还包括其他的意义联想关系;[①]移置并不是一种借代,也不是一种转义,因为它并不是一种意义的替代,而只是把两种同时在场的意义联系

① 就像弗洛伊德在别处所说的:“还有些关系似乎比其他关系对梦的形成机制更为有用,这就是通过类似、接触和对应产生的联想。梦用它们来支持自己的凝聚作用”(《梦及其解释》,第66页);在《释梦》中,他也谈到“通过邻近和通过类似产生的联想”(第268页)。

到一起。① 但应该承认，歧义产生于弗洛伊德著作的本身。在出色地阐述了移置是先后承接的各部分间的一种关系，在把移置同凝聚与间接表象区分开来之后，弗洛伊德却在《释梦》中写道："我们谈到的移置似乎就是以某种表象代替与它结合得很紧密的另一个表象，它们用于梦的凝聚，因为这样一来就不是两个成分，而只是一个具有双方共有特性的成分才进入到梦境里去"（第 291 至 292 页）。在《风趣话》里他又写道："应该列入移置的不仅有思路的偏离，还有各式各样的间接表象，特别是用无关紧要的、表面上 304
对审查来说没有问题的另一个成分来替代某种意味深长然而刺耳的成分，前一个成分则是对后者的极为间接的影射，是一种象征、一种等值或只是一个细节……梦的制作滥用间接表象的这些手段。由于审查的压力，任何关联都可借助影射来创造出一个替代物；一个成分似乎可以向任何其他成分移置"（第 263 至 264 页）。这样移置就包括了先前大家竭力想与之区分开来的象征、转义、影射和间接表象。这个术语既然包括如此广泛的内容，也就引不起任何兴趣了，因为它已成了一个多余的同义词；但它却能帮助确定至今尚不为人知的一个语义过程。在这种特殊的用法里，②它是应该引起人们注意的。这里我们无法同意这位弗洛伊德的意见：如果风趣话致力于移置手法的话，我们不明白为什么科学研究中

① 更确切地说：借代的矛盾之处在于它既有所谓的替代（一种意义"代替"另一种意义）又具有邻近（两个意义都指同时在现场的物体或动作）的性质。在现场和不在现场这两种情况在这里都有。

② 这对理解风趣的机制是十分重要的。这里我不同意利奥塔的观点，他认为："风趣话……主要是在凝聚语言单位时起作用的；因为它需要继续存在于交际中，并且取得突如其来的效果，它就限制了使确认意义十分困难的移置手段"（见前书，第 306 页注）。

也要这样做。

另外还要保留一种重要的区分，但它在弗洛伊德的著作里竟不起任何作用：这就是在现场的各部分间建立起的关系以及它们与不在现场的部分形成的关系这两者的区别。

谐音游戏、多用途、双关意义

现在让我们回到第一组“语词的风趣”的内部分类上来。大家已看到：凝聚并不是一个子集，而是适用于所有风趣话的一个范畴。剩下的两个小组是“相同材料的使用”和“双关意义”，我还加上第四个组：谐音游戏；弗洛伊德著作第59页的表上并没有它，但在“思维的风趣”的第一个小范畴——移置——之前弗洛伊德就对它进行了探讨。

把谐音游戏放在这样一个次要地位必然反而会引起人们的注
305 意。弗洛伊德把这归因于受到“一般人对这类风趣话所表示的蔑视”（第64页）的影响。这种蔑视是公开的，即使少数对风趣话感兴趣的人也不例外。“谐音游戏是一种蹩脚的风趣话，因为它不是把语词看作语词，而是把它当作声音来玩弄。”弗洛伊德在第66页引用了K.菲舍的这段话。再举另一个例子。一位名叫路易·勒努的人尽管对梵文传统十分感兴趣，竟也说“谐音游戏或头韵手法粗俗。”[①]弗洛伊德了解这个传统，并且自己也同样对谐音游戏表示蔑视。“它们的表达技巧极为简单，而真正的文字游戏却要求最高雅的技巧”（第64页）。“谐音游戏只是其中的一个小类，真正的文字游戏是里面的最高典型”（第67至68页）。文字

① 《古印度文学里的谜》，《第欧根尼》第29期，1960年，第39页。

游戏是"高雅的",谐音游戏则低下……为什么？弗洛伊德是这样来说明谐音游戏的技巧的:"只要两个作为媒介的词具有某种相似性(一般结构上的相似、半谐音或头韵等)并相互暗示就可以了"(第64页)。但同样的描写也适用于"文字游戏"。弗洛伊德自己也提到了这一点:"在文字游戏里,也存在同某个意义联系着的半谐音。日常言语并不在两者之间作出明确的区分,如果对谐音游戏表示蔑视,而对文字游戏又表示某种尊敬的话,乃是因为这种评价似乎并不取决于技巧,而是出于别的考虑"(第66至67页)。而这一章恰恰是在谈技巧,这真是种奇怪的"考虑"！再说弗洛伊德从来也没有解释过"带贬损的"差别究竟在什么地方。

下面一个例子可以代表书的这一部分里所举的其他例子:

> 一位意大利诗人尽管具有反帝制的观点,还是不得不用六韵步诗来赞美一位德国皇帝。赫维西说了这样一句话:"他虽然未能赶走恺撒,至少也可不念顿挫*。"(第65至66页)

这里的"技巧"就是在组合链上把能指相似而所指独立的两个语词放在一起,因而产生某种语义效果。

现在让我们把这段描写和"相同材料的多种使用"这组里的 306
"带轻微修改"这个小类的风趣话进行对比。如:

> 他说,议员先生,我以前知道您的前犹太主义(antésémitisme),却不知道您的反犹太主义(antisémitisme)。(第47页)
>
> 翻译者(Traduttore)即反逆者(traditore)。(第47页)
>
> 情人(Amantes)即疯人(amentes)。第(47页)

* 许多西方语言中的顿挫一词来自拉丁语的caesura,和恺撒(Caesar)发音相近。

anté-anti，traduttore-traditore 等所指之间没有任何相似关系，但能指却相像；把它们在语链中放在一起就产生了一种语义效果（类似或对立的效果）。这些风趣话从语言角度上都和前面的例子（César-césures）一样。弗洛伊德的分类错误在于他说是使用了相同的材料，而实际上这材料是经过改变的，哪怕只是轻微的改变：anté 不是 anti，César 也不是 césures。

为什么对谐音游戏会产生这种普遍性的拒绝态度，为什么对两个语词中的“某种相似性”这样贬损，为什么描写中会出现这些错误呢？菲舍对“谐音游戏”和“文字游戏”的区分把只有能指（相似）关系的所有句子都归入谐音游戏，而把除了能指关系外还有某种所指关系的句子叫做文字游戏。这样的区分就可说得通了：一方面是“无根据的”语音上的接近，与之相对的是它的语义“负荷”。

问题在于这种对立完全是人为的：因为能指关系总会产生某种所指关系，这是分析谐音游戏时得到的一个重要收获。要查阅词典的话，“恺撒”和“顿挫”之间没有任何共同的义素。但用邦弗尼斯特的术语来说，词汇表里语词所有的涵义和在话语中起作用的意义并不是一回事[①]（博泽许会用义项与意义这对术语）。在赫

① 埃米尔·邦弗尼斯特在他最后的几篇论文里强调了分清它所称的符号学（即列成清单的符号）和语义学（即连接成话语的语词）这个言语活动中必然有的区别。从这个对立中，我们要记住在两种情况下意指行为表现出的不同方式。“意义（从刚才确定的语义学角度看）存在于某种特定的组合形式之中，并通过这种形式得以实现，与此不同的是符号学部分则通过聚合关系来确定。”在符号学部分，基本单位是符号，后者“总是只具有统称的概念价值。因此它不允许特殊的或偶然的所指；一切个体的成分都被排除在外；所有具体的情景都被认为是无效的。”相反，在语义学部分，基本单位是语词和句子。“说话人集中一些语词，这些语词在这种用法里具有一种特殊的‘意义’。”语词（而不是符号）的意义“正是来自它们的结合方式”（《普通语言学问题 II》，巴黎，1974 年，第 225 页起）。另外弗洛伊德有时也运用这种区别：“我更倾向于认为同一内容[＝涵义]在不同的人身上，在不同的语境里会有不同的意义”（《释梦》，第 97 页）。

维西的那句话里,恺撒和顿挫成了反义词;重要的(赶走恺撒)同 307
无关紧要的(不念顿挫)相对立。从话语角度看,一个语词的义素结构不再是有限数目的基本范畴的交点:组成意义的义素的单子从来也不会是封闭的(这也就是说:我们不能根据涵义推断出意义)。再说,诗学实践已经使我们习惯于下列现象:只要两个词一押韵,或者只是简单地放在一起就会产生出一种语义效果来。因此,在话语中就不存在没有所指间关系的能指间的关系。从这意义上说,也就不存在"谐音游戏"与"文字游戏"的区别;我们所能看到的只是语义关系是否丰富,以及能指关系上的理据性或大或小而已。

不过还要解决术语这个次要问题。至少在法国论述这个问题的传统里,这里谈的手法有另一种叫法,这是一种修辞格(我们十分遗憾弗洛伊德在谈论修辞时竟然不知道它的名称),叫作**近音词连用**(paronomase),一般都把它说成是"在同一句子里集合语音几乎相同,但意义却全然不同的语词"[1]的一种辞格。

归入"相同材料的使用"这一类的那些例子情况如何呢?在分析的13例风趣话里,仅有3例符合这个名称。

×夫妇生活甚为阔绰。有些人说:丈夫可能赚了大钱才躺在丝绒上的;别的人则说:可能是妻子先躺在丝绒上才赚了大钱的。(第46页)

Put not your trust in money but put your money in trust(直译为:不要把你的信赖放在金钱上,而要把你的金钱放在信赖上)。(第46页)

[1] 封塔尼埃:《话语的辞格》,巴黎,1968年,第347页。

308 一位考生(在考法律时)要翻译法典里的一段话:Labeo ait……他说:“我栽了……”考官接着说:“我说:你栽了”。考试就考完了 * 。(第 47 至 48 页)

在上述几种情况里确是重复了同样的“材料”,就是说同样的词,但这些词的所指并不相同,所以可以叫“相同材料的多种用途”。再说,这种形象在修辞学上也有一种叫法,这就是复词(antanaclase)。封塔尼埃对它下的定义是:“重复使用同一单词表达不同意义”(第 348 页)。近音词连用和复词间的差别在于类似与同一的差别;后者包括的一个子类就是派生词(或动词变位,或性、数、格的变化):关键是词根不变。① 另外大家还可注意一点:复词同移置相近,但后者还要求:1. 这词不必再次出现,而是通过蕴涵推断出第二个所指;2. 这两个意义应在不同交谈者的接话里表现出来(我不认为应当在这层次上考虑意义变化是有意还是无意)。

再来看弗洛伊德举的“相同材料的多种用途”(即我从现在起所说的复词)的其他例子:

瞎子遇到了瘫痪者,问道:“你好吗? ** ”后者回答说:“就像你见到的那样”。(第 48 页)

对这例子所属的子类是这样规定的:相同的词或用作**实义**,或用作**虚义**,确切地说或用作词汇意义,或用作成语意义。但这里能

---

① 应该指出,塔布罗(1549—1590,法国诗人)已经使用部分相似和全部相似(或同一)这个不同来区分近音词连用(他称之为“影射”)和模棱两可(amphibologie),或双关意义:“影射由某个名词的几个相近的发音构成,而一个名词的模棱两可则是它代表的两种意义……”(《杂感》,1583 年,日内瓦,Slatkine 出版社再版,1969 年,第 80 页)。

* Labeo 是古罗马的著名法学家,该考生不知道这个人,把这个词当成是动词“栽倒”,考官顺着他的意思开了一个玩笑。

** 法语里“你好吗?”逐字可译成:“你走得怎么样?”

否像弗洛伊德那样把它说成是“多种用途”呢？动词 aller（去、走）和 voir（看）都只出现了一次；它们都同时具有两个意义：词典意义与短语意义。所以这是一个双关意义，而不是多种用途。

确实，弗洛伊德在区分这两个范畴时曾长期犹豫不决。有时 309
他求助于对立（“在这特殊情况里，多种用途比双关意义更为明显”，第 55 页）；有时他又认为对立没有用：“多种用途的其他模态也可以用双关意义的名称分在第三个范畴里，并可以再细分成小组。就像第三个范畴从总体上看与第二个范畴区别不大一样，这些小组实际上也没有太大的不同”（第 50 至 51 页）。他还说：“就如我们所说，把第二和第三两个范畴合并起来并没有困难。双关意义与文字游戏是使用相同材料的理想的例子”（第 60 页）。我们说从修辞学观点看，前一种直觉是正确的：“双关意义”同复词并不一样。一边是语词（能指）仅仅出现一次，另一边是语词的多次出现。再说，一个语词能在同一句子里同时具有几个意义已经收入修辞学著作：这就是兼用（syllepse）。但是，弗洛伊德不相信自己的范畴，所以在他的“双关意义”这栏里出现了复词，而在“多种用途”栏里又出现了兼用。

我们刚从弗洛伊德所举的例子里得出了两个他没有说清楚的范畴：能指的同一与类似间的对立，相同或相似（在有不止一个所指的情况里）某个能指的一次出现和多次出现间的对立。然而两个维度的组合系统会产生四个项，但至今我们只见到了三个：同一能指的一次出现是兼用，同一能指的多次出现是复词，相似能指的多次出现是近音词连用。那么第四个范畴——相似能指的一次出现是什么呢？它是否存在呢？怎么去设想它呢？

这个神秘的类是存在的，它甚至具有两个重要的品种。第一个就是弗洛伊德描写的“不同成分的语词组成的凝聚”。这种风趣话的机制是什么？再看一下分析过的第一个例子：

> 希尔施-雅辛特[*]吹嘘自己同豪门罗思柴尔德男爵关系密切，说了这么一通话：博士，上帝赐恩于我，让我坐在萨洛蒙·罗思柴尔德的旁边，他以 famillionnaire 的方式同我平起平坐。（第 21 页）

310 能指“famillionnaire”只出现一次，它表示 familier（亲密的）和 millionnaire（百万富翁）两个所指；尽管能指并不相同，但也相仿。要表示两个所指，就需要创造一个包含两个所指的由不同成分构成的能指。语言学上指这种结构为**错合**（或者称作集聚词）。

这种形式的象征似乎在梦境中很常见，最后可以创造出“集体人物”。根据的模式有：单纯相加或像高尔顿成像法中的复叠[**]（见《释梦》第 254 至 255 页）。

这也可以指能指相似但不引起错合的两个所指。这就要求实现另一个条件：在使人联想起能指 1 的上下文里用能指 2 代替能指 1。最简单的情况是在短语、谚语或为人熟知的引文这类上下文里一个词被它的近音词所替代。下面举几个例子：

> 我同他 tête-à-bête 地旅行。（第 34 页）
>
> 一位年轻人一直在国外寻欢作乐。在很长时间没有露面后，他去看一位朋友。后者看到他戴着结婚戒指，惊讶地问道：“怎么，你结婚了？”那人回答说：“是的，Trauring aber

---

* 希尔施-雅辛特是德国诗人海涅在游记《卢卡浴场》里描写的一个汉堡的修脚工。

** 高尔顿（1822—1911），英国自然科学家，优生学的创始人，曾提出把照片叠合以求得一般特征的方法。

wahr”。（第 28 至 29 页）

用一个语音上相近但语义上不同的词来代替成语或格言（tête-à-tête；Traurig aber wahr[*]）内部的某个词，然而被替代的那个词因为有上下文所以大家还能记得。下面的例子是这种手法的一个变种。

Jeder klafter eine Königin。（根据 Jeder Zoll ein König）（第 111 页）

Er hat ein Ideal vor dem kopf（而不是用 ein Brett）[**]。（第 112 页）

这里还是在固定表达方式内部进行的替换，但能指之间（Zoll-Klafter，Ideal-Brett）的类似性却不见了，它们之间只有语义上的联系，但是固定的上下文却足以使人联想起被替代的那个词。

这类风趣话一直有一个名字，再说弗洛伊德的法译者有时也用这个词，这就是谐音游戏。

因此，我们建议不用“凝聚”、“多种用途”、“双关意义”和“谐 311
音游戏”，而用建立在类似和同一、一次出现和多次出现这两个对立基础上的另外四个小组：**复词**、**近音词连用**、**兼用**，第四种情况根据第二个能指是部分或全部消失再分成**错合**和**谐音游戏**两个子类。

---

* tête-à-tête，法语副词短语，即面对面地，两人单独地。这里用 bête（畜生、笨蛋）来代替后一个 tête 就把对方骂作笨蛋。Traurig aber wahr，德语，直译为“可悲，但是事实”，这里用 Trauring（订婚戒指）来代替 Traurig，这句话就表示“真是订婚了”。

** Jeder Zoll ein König 是莎士比亚的一句名言，即“每英寸都有一个国王”，这里改成“每英寻都有一个王后”。一英寸为 0.5 米，一英寻为 1.83 米，所以后一句话又暗示王后腰围之粗。ein Brett vor dem Kapt haben 是德语成语，意为“一窍不通”（直译为“面前横着一块木板”）。用 Ideal 代替 Brett，就成了“他面前有着理想”。

节省和无意义

刚才已巡视了弗洛伊德用来描写风趣话技巧的主要范畴。在结束这方面的研究时，现在需要回过来看看他对风趣这现象的总体解释。

在阐述风趣话技巧的整章里，只在涉及到“节省”这个概念时他才谈到这种总体解释。“一种压缩（或更确切地说：节省）的倾向支配着所有这些技巧”（第60页）。还有：“这种节省的倾向是我们研究语词的风趣得出的唯一重要的共同因素……”（第117页）。在研究“愉悦的机制和风趣的心理发生”这章里，他又重复并发展了这种解释：“在所有这些重复相同关系和相同言语材料的例子里，在所有这些重新发现已知的或新鲜的事物的例子里，我们或许可以把感到的愉悦归结到心理消耗的节省上来……”（第188页）。

然而弗洛伊德在阐述这个假设时所举的例子却不能说明问题。在第一个例子里，节省来自“vol”这词同时用于两种意义。但是，通过发一个词（而不是两个词）的音而省下的体力不是被为了寻找一个能恰当地表达这些意义的语词所必需花费的脑力抵消了吗？再说，“钢铁的防线（front de fer）——严实的银箱（caisse de fer）——铁的王冠（couronne de fer）。要是没有‘铁的’（de fer）这种说法，要用很长的句子才能表达出这种思想。这样一比，省掉了多少词呀！”（第61页）。但那样说来，所有的词都是节省了：没有它，我们可以用迂说法来表达它的内容；因此，就不可能通过这点来确定某些话语，并把它们同其他话语区别开来。

同样，弗洛伊德也认为：在事物名称内部发现对事物本身的描
312 写，或者甚至把刚听到的语词用在不同的意义上，这些都是经济的

做法:但在这种情况里,显然需要更多的心理消耗(因为表达的是另一个意义),而且在语音上也没有任何“节省”。要把提喻(通过细节的表象)归在节省里(第117页)那就似乎更无法让人接受了:部分确实小于整体,但要获得同样的结果却必须在精神上增加而不是减少一道程序。弗洛伊德另外还写道:“同一个语词表达的两种概念越是差距大,它们越是互不相干,靠着风趣技巧实现的思维过程的节省就越大”(第181至182页)。但还应该补充一条:这风趣话蕴涵的消耗也越大。

节省这概念经不起推敲,弗洛伊德也看到了这一点;在介绍这个概念时,他就表达了一种怀疑的看法:“再说,我们应该承认:风趣的技巧所实现的节省并不能使我们信服。有的甚至使我们联想起某些家庭妇女的做法:她们消耗时间,花费车钱,就想在远处的某个市场上能够买到便宜几分钱的蔬菜。那么风趣通过它的技巧节省了什么呢?它省掉了在大多数情况下很容易就可找到的几个新词,相反它却要我们煞费苦心地寻找能够包括两种思想的语词;经常它还先要我们为其中的一个概念找出某个很少用的、但能同另一个概念发生联系的表达方式。那么,两个概念是什么样就怎么表达,而不必去寻找什么共同的表达方式,这样不更简单些,这样不才是真正的节省吗?言语的节省同智力上增加消耗相比不就得不偿失了吗?”(第63至64页)。在后面,弗洛伊德肯定了这种怀疑:“在使用同一些词或避免概念上的重复时实现的节省同我们思考活动中的巨大消耗相比是微不足道的”(第237页)。

那就似乎排除了节省这种解释。但事实上,这一范畴先得到肯定,继而又被否定,但却并未消失,所以便处于一种模棱两可的地位。在同一本书里出现这类情况在弗洛伊德的著作中是屡见不

鲜的。在修正过的对风趣的解释里保留了节省这概念，但把它局限在风趣的一个类别。弗洛伊德写道："风趣在心理抑制上省下
313 的力同心理上消耗的全部力相比是微不足道的，但它对我们来说仍然是愉悦的一个来源，因为它使我们节省了一种习以为常的、这次我们也还准备作出的消耗"（第238页）。接着他总结说："这样，由于对风趣的心理过程有了更正确的理解，对我们来说，减轻这个概念就代替了节省这个概念"（第239页）。对这种特殊的减轻他是这样下定义的："我们发现，同梦的运作一样，风趣话的主要性质就是产生风趣时理性批判的要求与不愿放弃往昔的无意义和文字游戏带来的愉悦这种情绪之间实行的一种妥协"（第314页）。风趣的秘密在于**回复到原始的无意义**上去。

把风趣同无意义等量齐观，这种看法值得我们仔细研究。弗洛伊德写道："放弃思维业已探索过的道路较之对此坚持不懈来得容易和方便，把异质的成分杂乱地放在一起比把它们相互对立起来来得容易和方便；但更为省力的是采用逻辑上已经放弃了的三段论公式，最后不顾意义把语词和概念组合在一起。这一点是肯定无疑的。然而这些正是所说的风趣技巧的方法所在"（第189页）。弗洛伊德"简单地"把它称为"无意义的愉悦"。

读了关于风趣技巧这一章后再读到这些话我们难免会感到奇怪。他竟说坚持已知的格式要比放弃它们更为困难。这还不算。问题是怎么把他在以前描写的风趣实践用这里所说的语词在表达风趣时"杂乱地放在一起"并丝毫也"不顾意义"等说法一致起来呢？然而，只有这后一种说法才能把风趣归入到"无意义的愉悦"这个节省的变体里去。

弗洛伊德一方面想说明存在一种同"理性的桎梏"相对立的

经验,另一方面却在描写中继续维持着这个桎梏。前面那段话只能表示:一切不属于意义的东西就是无意义。一切同传统的关于意义、逻辑和理性的概念不一致的东西只可能是它们的对立面,只能为了实现无意义的愉悦而存在。任何时候他都没有想过这种活动可能受到“意义”之外的另一个原则的支配,而这种想法本来是可以抵消那个否定的判断的。用无意义作解释的代价是:只承认“意义”是我们精神活动的唯一指导原则。这种看法竟出自弗洛 314
伊德这样一位主张无意识过程的独立性的人写的文章,这就不免使我们感到奇怪了;然而这是唯一可以说明用无意义来解释风趣的地方。[①] 弗洛伊德理论的布局并没有在符号及它们的逻辑所体现的机制边上为象征机制留下一席之地。

确切地说,弗洛伊德把象征的使用让给了那些与我们——当代西方正常的成年人——不同的人;这种做法在他之前和之后已经重复过无数次了。他承认“无意义”(即象征)的存在,但只是在别人——疯子、野蛮人、儿童——那里才有……“儿童在组合语词时并不关心它们的意义,而是为了享受节奏和韵律带来的乐趣”(第189页)。假设这已经得到确认,那为什么要把节奏的愉悦降为无意义的愉悦呢?“在某些类型的精神病态里也可看到这些行为”(第190页)。或在醉汉身上:“酒精把成人变成地道的儿童,他们乐于遐想而不顾及逻辑的约束”(第192页)。在原始语言问题上,弗洛伊德同列维-布留尔或勒南的观点相去不远:“所有适宜于表达思想的最细腻的言语方式,如连词、介词、词尾变化和动

---

① 我们不必对此感到奇怪,而应该从中看到这是弗洛伊德思想的革命性的一种(反面的)证据;就像海德格尔所说:“一种思想落后于所想的内容,这正是这种思想有创造性的特征”(《随笔与讲演集》,巴黎,1958年,第142页)。

词变位等,所有这些都因为无法表达而被省略了,只有思维的未加工的材料还能像在原始语言里一样不顾语法也得以表达”。他还说:当象征丰富时,“这种现象可以归因于精神装置的一种复古回归”(《精神分析新论》,第29页)。弗洛伊德在拒绝分析象征现象时竟然公开宣扬种族主义和杰出人物统治论:“很容易就可看到:一个孩子、一个平民百姓、某些种族的人在叙述或描写时不愿使用清晰的、明确的语词来向听者传达他的思想,而用一种具有表达力的手势来传达内容,他把手势语同口语信息结合起来,特别突出数量和强度”(第296页)。

315 用节省或无意义来解释风趣的代价如不是公开声称种族主义这种自我中心论的话也是全面取消象征领域,我们不能,也不愿意付出这个代价。如果象征现象存在(不仅存在于儿童和“某些种族”的野蛮人中,而且还存在于成人和我们自己身上),如果象征不仅仅简单地不是符号,那么上面的解释就无法接受。风趣的秘密尚有待于发掘。

弗洛伊德的修辞学与象征学

在对风趣话和梦进行研究时,弗洛伊德描写了一种特殊的机制,他经常称它为“(梦的)运作”,他认为这是无意识所特有的,因此也是无意识的一个特点。弗洛伊德指出的诸如凝聚、间接表象、移置、谐音游戏等手段不应该单纯属于梦,而是一切无意识活动所共有的,并且只属于它们所有。“梦的运作中并没有什么专门的精神象征活动。它运用的是无意识中早已存在的象征”(《释梦》,第300页)。当弗洛伊德对梦和癔病进行比较时,他仍然坚持同样的看法,而且对此更为强调:梦的运作与癔病的病状有着共同的来源。"只有当孩提时被压抑的某种无意识的愿望转移到正常思想里时,这种正常思想的不正常的精神工作才会产生"(《释梦》,第508页,着重号为弗洛伊德所加)。

然而刚才作的所有分析(在这方面,《风趣话》只是更容易分析而已,但对《释梦》来说,结果也不会有所不同)却证明了它的反面:弗洛伊德描写的象征机制没有任何特别的地方;他所阐明的(关于风趣的)操作程序正是修辞学所收集的所有语言象征的操作程序。邦弗尼斯特在1956年发表的一篇专论里清楚地看到了这一点:弗洛伊德在描写梦和风趣时不知不觉地又回到"古老的转义目录"上来了。

这并不是说弗洛伊德所作的区分和定义在某本修辞学的论著里全都有过。但他所描写的现象的性质是全然相同的。在某些方面,他处于修辞描写的范围之内(如关于语词的风趣和确定诸如 316
近音词连用、复词、兼用等辞格时);在其他方面,他得出了类似的结果(如他混淆了同时在现场的现象以及部分在现场部分不在现场的现象,为此修辞学家就无法明确地说明辞格与转义的区别);而有的时候,他又指出并描写了修辞学家所没有注意到的语言现象:如移置(尽管我们发现他在使用这词时还没有把握)。考虑到当时(20世纪初)修辞学传统被人忽视,弗洛伊德的功绩就更为突出了:《风趣话》是当时最为重要的语义学著作。

《释梦》的某些段落说明弗洛伊德几乎意识到自己是在描写所有的象征过程,而不只是描写无意识的象征现象。如在关于"梦的运作"这一章的著名的第一页里,弗洛伊德把梦的运作大体上说成是转移(Übertragung),这词准确地翻译了亚里士多德在《诗学》中所说的隐喻。"梦的显意就是以另一种表达方式将梦的隐意传译给我们……梦的内容是以象形文字的形式在我们梦里出现的，其符号必须逐一传译成梦思的语言”（《辞梦》，第241至242页）。紧接着是对象形文字和字谜猜法的描写，这更令人想起亚历山大的克雷芒的描写（见本书第31页起）。弗洛伊德把意象同字谜对立起来：而这正是克雷芒在象征的象形文字的第一和第二等级间所设的对立；大家看到同这个区别平行的还有本义与移用义（即转义）间的对立。而梦就用转义来说话。

至于把梦的手段同亚里士多德的隐喻相对比，这在弗洛伊德的书里就出现过一次。在指出了梦中缺少某些逻辑关系之后，弗洛伊德写道：“形成梦的机制只突出一种逻辑关系，那就是相似、协调、接近，即‘恰似’；梦在表现这种关系时拥有许多手段”（《释梦》，第275页）。这段话的后面有这样一个注释：“见亚里士多德
317 对解释技巧的看法。第91页注二。”注二里还写道：“亚里士多德认为：善于释梦者就是最能把握其中相似处的人……”但大家记得，亚里士多德认为梦和转义都具有这种性能，因为“要想出好的隐喻，须能看出事物的相似之点”（《诗学》，1459a）。此外，弗洛伊德和亚里士多德都认为“相似”包括所有的象征等值，因为亚里士多德所说的 metaphora 包括提喻（synecdoque）和隐喻（métaphore），而弗洛伊德的转移既包括了相似，还包括“协调”和“接近”。

弗洛伊德把同象征表意对称的相反过程称为解释。“隐梦变做显梦的过程叫做**梦的运作**。反过来说。由显梦回溯到隐梦的历程就是我们的释梦工作”（《精神分析引论》，第155页）。另一个著名的说法是：“梦的运作就限于转换”（《释梦》，第432页）。但这不就是所有象征表意的定义吗？

同他自己想的相反，弗洛伊德对普遍象征理论所作的独特贡献并不在于他对梦的运作或风趣技巧的描写：他在这方面的独创性只是局部的；大体来说，他只满足于重现修辞学上的区分，并把它们系统地运用到一个新的领域里。相反，在解释方面，弗洛伊德却真正作出了创新。他的确区分两种解释技巧：**象征技巧**和**联想技巧**，或用他自己的话来说："两种技巧：我们依靠梦者的联想，同时又用释梦者在象征方面的知识来弥补不足之处"（《释梦》，第303页）。而对联想技巧（弗洛伊德认为它比另一种技巧更为重要）的描写和对它的范围的规定是以前从未有人做过的。

象征技巧——附带的——就是像用"释梦的秘诀"一样用一劳永逸地规定好的目录把出现的意象逐个译成隐意。这种技巧只应运用在部分梦中，即如它名字所表示的由（狭义的）象征组成的那部分梦中。弗洛伊德认为象征的特点就在于它的意义不变：象征是通用的。"在使用的象征中，许多总是（或几乎总是）具有不变的意义"（《释梦》，第302页）。"我们可以把梦的元素与梦的解
释间的固定关系称为**象征**关系，而梦的元素本身就是无意识的梦 318
思里的一个象征"（《精神分析引论》，第135页）。然而这种固定的意义并不排斥多样性："同梦的其他元素相比较，我们可以赋予它（象征）一种固定的意义，但这并不一定就是唯一的意义"（《精神分析新论》，第19页）。

弗洛伊德的象征学和民间的释梦秘诀（弗洛伊德也称它们为**译码法**，《释梦》，第91至92页）之间的区别并不在逻辑形式，而在于发现隐意所依据的材料上："在（传统的）象征解释中，象征的秘诀是由释梦者任意选择的；而在此种用言语伪装的梦里，那些秘诀是所有人都知道的，并用常用短语就可找到答案"（《释梦》，第

294页)。是语言中的短语给我们建立了通用的等价关系;神话、民间故事和其他习俗也可起这作用。“这种象征并非梦所专有,而在所有无意识意念里都能见到,特别是在集体的、民间的描述——如民间故事、神话、传说、谚语、格言、常见的文字游戏等——里面尤为常见”(《释梦》,第301页;另一段话列举了“各民族的风俗、习惯、格言和歌曲、诗歌语言和日常语言”。《精神分析引论》,第144页)。

这样,弗洛伊德又一次承认梦的象征作用并不为梦所特有,而认为它是“无意识意念”所特有的。不管是否有通用的、固定的象征,我们还是要指出:对从风俗到诗歌等一系列活动中出现的象征现象,弗洛伊德都毫不迟疑地声称是“无意识的”:这是他坚持认为有一种专门的无意识象征现象所必须付出的代价。我们顺便还可指出:弗洛伊德对“象征”一词的用法同浪漫派的用法是对立的(后者认为固定意义应同寓意一致);当弗洛伊德声称隐念尽管具有象征传递方式,但与一般的思想没有任何不同时,他也是反浪漫派的:浪漫派认为象征的内容不同于符号的内容,所以象征是不可翻译的。

如果构成象征的特征,也就是说构成象征解析技术的特征是它们固定和通用的意义的话,大家可以猜想,联想技巧就可以用它的个体性来确定。这里所说的个体显然不是释梦者,而是梦者。
319 “我在下面介绍的技巧则根本不同于前人的做法,这种释梦工作主要靠梦者本身,它注意的是梦的某个元素使梦者,而不是使释梦者联想起什么”(《释梦》,第92页)。这种技巧就是在梦者叙述完梦之后马上要他说出梦的诸元素在他身上引起的联想;这些联想就被看成是对梦的解释。“我们请梦者把注意力移到梦的内容的不同元素上,然后依次把这些元素引起的联想告诉我们”(《精神分析新论》，第16页）。“我们询问梦者他是怎会做这梦的，然后把他的第一个回答看做是对梦的解释”（《精神分析引论》，第91页）。对梦的这种解释首先包括部分隐意（另一部分隐意靠对象征的理解得到），其次还包括连接隐意和显意的一系列“发挥、过渡与关系”（《精神分析新论》，第18页）。大家可以想象，在梦者生活的某一时期积存着的这些联想并不带有任何普遍性。一个象征能指可以联想起无数的象征所指；反之，一个象征所指也可以用无数象征能指来表示。“不仅梦的元素是由多种梦思确定的，而且每一种梦思又由好几个元素来表示。从梦的某一元素出发，经过联想可以引出好几种梦思；反之，从一种梦思着手，也可引出好几个梦的元素”（《释梦》，第247页）。

我不想评判弗洛伊德的方法正确与否（这可由研究梦的专家来做）；我只想指出这方法的独特之处：这就是[1]突出讲述梦之后马上出现的联想，即强调把能指的邻近关系看成是一种象征关系。明确这种技巧也有助于更好地理解凝聚过程。既然解释就是联想，那么象征话语当然就是“凝聚”的了：凝聚是解释的必然结果。

如果无意识的象征现象存在的话，确定它的也不是里面的程序，这种观点会引出许多后果，这里我就谈一点。一种解释策略可以对终点（要发现的意义），也可以对连接起始本文与终极本文的途径进行编码：它可以是“目的论的”，也可以是“程序性的”。弗
洛伊德根据他对科学的要求，把精神分析解释法说成是发现（而 320
不是预料）最终意义的策略。而我们现在知道弗洛伊德描写的这种解释程序除了用词不同外，就是对所有象征表意进行解释的程

① 这里我先不谈转移所起的作用。见本书第366至369页。

序。精神分析解释法没有任何特殊的程序限制,因此不能用程序的性质来解释获得的结果。如果精神分析真是一种特殊的策略(我就是这么认为的),那它也只是通过事先对所要获得的结果进行编码才有可能。精神分析解释法的唯一可能的定义是:一种从分析对象里发现同精神分析学说内容一致的解释法。

这不仅可以从分析弗洛伊德的实践,有时还可以从他自己的理论阐述里得到证明。大家发现弗洛伊德已经意识到象征能指(显意)和象征所指(隐念)间的关系同转义的两种意义或比喻的两个项间的关系没有丝毫不同。然而并非任何比喻都是如此。弗洛伊德写道:"象征关系的实质就是比喻。但并非任何比喻都能建立这种关系。我们感到这种比喻需要具备某些条件,但又无法说出这些条件属于什么类型。所有能同一件事物或一个过程比拟的东西到梦中不一定就是这件事物或这个过程的象征。另一方面,梦并不是毫无选择地象征任何事物,而是选择梦的隐念中的某些元素。因此象征现象在两个方面都有限制"(《精神分析引论》,第137页)。

事实上,弗洛伊德并没有局限于猜测,特别在隐念的选择上更是如此。在《释梦》中,在大量的意义里他划出了一条界线,对意义的转移规定了一个范围:有些最终的象征所指无法转换成象征能指。"梦往往好像具有多种意义。它不仅能满足好几个愿望,而且一种意义——即对一种愿望的满足——可能隐藏了其他的意义,由近至远,直到追溯到幼童时期的某个愿望。这里我们也可以考虑是否应该用**总是**来代替开始说的**往往**"(《释梦》,第193页)。这时,幼童时期的愿望就终止了整个象征流程。

321 对可能产生的意义的限制把精神分析解释法变成了一种目的

论的解释法。弗洛伊德在别处也提到了这种限制。“梦中具有象征表象的事物为数不多,如人体各部位、父母、儿女、兄弟、姐妹、生死、裸体……梦中大多数的象征都是性的象征”(《精神分析引论》,第137至138页)。这样,精神分析学家的解释策略(这是当代最强有力的一种解释策略)就明确了。它具有“目的论”的性质,这是显而易见的,而且我们不禁会把它同另一种重要的目的论解释策略,即注释圣师著作的解释策略进行对比。除了用词不同外,上面引用的那段话不就令人想起遥远的奥利金所写的《论原理》里的一段话吗?书里是这样描写基督教诠释学家的:在解释时,“这些熟知神的精神的人主要说明有关上帝,即圣父、圣子和圣灵的教义,然后这些渗透了神的精神的人再让我们了解关于上帝的儿子的奥义:例如道是如何化为肉身的,为什么圣子甚至取了奴隶的形态来到尘世等”(卷四,第二章,第7节)。这里同精神分析解释法一样,是对需要发现的意义的预知在指导着解释(这不是说精神分析就是一种宗教)。

可以把弗洛伊德著作里阐述修辞学和象征学的漫长过程概括成一句话:弗洛伊德在这方面的贡献巨大,但它并不在他所想象的地方,也不在他的门徒所认为的地方。然而他的贡献并不因此而逊色。

323 # 第九章　索绪尔著作里的象征现象

在 19 世纪中期，自创词语（glossolalie）离开了宗教，进入到医学领域。上世纪初，德国浪漫主义作家朱斯蒂纽斯·克尔纳*还把“普雷沃斯特通灵者①”的一系列无法理解的声音说成是来自上界的启示。但很快实证主义出现了。到上世纪末，每当有人发出一系列除了自己之外任何人都不懂的声音并坚持认为这属于一种不为人知的语言时，大家就用“自创词语”这术语，或说他在“讲那种话”。英国的欧文教派、瑞典神秘的集体定神、或者一位名叫保罗的有宗教幻象的德国牧师（先不说与他同名的人所皆知的圣保罗）在心理学家和医生眼里都同自称与埃及法老对话的美国怪人勒巴龙（化名）的情况没有本质区别：他们都突然认为自己会说一门外语，实际上他们除了在定神的情况外根本就不会这种语言②。语言学家很快就会发现：这些所谓的语言同声称的方言毫无相同之处，它们只是那人在正常情况下掌握的语言的“变了形”的产物。所以威廉·格林指出：一位最著名的说自创词语的圣希尔德

---

① 见《普雷沃斯特通灵者》，斯图加特-蒂宾根，第二版，1832 年。

② 要了解全貌，请读让·勃蓬（Jean Bobon）所著《精神病理学上的新词与自创词语研究的历史导论》，巴黎-列日，1952 年；萨马兰（W. J. Samarin）所著《人和天使的言语》，纽约，1972 年。

* 朱斯蒂纽斯·克尔纳（1786—1862），德国诗人和唯灵主义作家。

** 苏格兰长老会牧师爱德华·欧文（1792—1834）创立的学派，后改称使徒公教会。

加德*所说的“神的”语言无非就是德语与拉丁语的一种混合物而已。

但有一个情况却需要我们仔细分析一下,因为它引起的反应较为强烈。这就是大家用海伦·史密斯小姐这个化名称呼的年轻女郎,她生活在19世纪末、20世纪初的日内瓦。由于她常处于梦 324
游和通灵的状态而引起了全城心理学家的兴趣,因为这正是当时心理学最喜欢研究的题目。她是一位出色的观察对象,善于合作又十分坦率,另外她从未利用通灵术赚过钱。当她处于通灵状态时,就“说那种话”;这现象使一位观察者十分奇怪,不久以后他就发表了厚厚一本详尽地描写她的情况的书:这就是日内瓦大学的心理学教授泰奥多尔·弗洛诺瓦写的《从印度到火星》[1]一书。

的确,就像弗洛诺瓦所说,史密斯小姐生活在两部“小说”里:在第一部里,她访问火星,并同火星人对话;在另一部小说里,她又在东方经历了一段奇遇,这事部分发生在印度。这样,弗洛诺瓦辨认并记下了两种“语言”:火星语和印度语(或类梵语)。因为对印度语言不够了解,他就请教日内瓦大学里的几位同事,特别是“杰出的东方学家弗尔迪南·德·索绪尔先生[2]”。事情发生在1895年至1898年。

索绪尔对分析“印度”语的迷恋程度简直令人难以置信。他

---

① 巴黎—日内瓦。1900年。

② 这是隆巴尔(E. Lombard)在《论最初的基督教徒里的自创词语及类似现象》(洛桑,1910年,第12页)里的说法。

* 圣希尔德加德(1098—1179),德意志女隐修院院长,神秘主义者,据说曾多次见到异象。

极为认真地评述了史密斯小姐的语言创造，他观看了通灵表演，并对她的情况作了可能的解释。结果弗洛诺瓦论述印度语那章的一半篇幅都是索绪尔的信件摘录。

首先无法解释的现象是史密斯小姐从未学过一个梵语词（她的诚实是不容置疑的；这决不是一个骗局）；然而，她说的印度语极像梵语。这时提出了好几种解释：或者前世她生活在印度；或者当她的身子还在日内瓦的教授面前时，她的灵魂已去印度，并在那里讲印度语。还有一种最能被科学心理学接受的解释法：她通过心灵遥感掌握了其他人的知识。但她周围的任何人都不会梵语，而且索绪尔只是在她初次说自创词语后两年才第一次观看她的表演。最后大家假设史密斯小姐听到过一位日内瓦梵语学生在她隔
325 壁高声背诵过梵语的动词变位，或者不是在她的住处，而是在她偶然散步时见到过一本论述梵语的书，但她已把这事完全遗忘了：这或许是最理想的解释方法，但弗洛诺瓦从未能证实这点。

索绪尔是这样描写这种类梵语的一般特征的：

> 关于这能否真是"梵语"的问题，显然应该回答：**不是**。我们只能说：1. 这是一堆杂乱无章的音节，其中毫无疑问有八个到十个一串的音节可以组成具有意义的句子片段……；2. 其他看来不可理解的音节也都不具有违反梵语的性质，就是说从语音上并不组成同梵语词的一般形式相悖或对立的音节。（第 303 页）

同时，索绪尔又指出了一系列不相容的或矛盾的现象。下面是两个例子：

> 最奇怪的是西摩提尼夫人（这是史密斯小姐的印度替

身)说梵语,而不是普拉克里特语*(印度妇女说普拉克里特语,而不是梵语)……而西摩提尼的方言肯定不是普拉克里特语,倒像是一种很难辨认的梵语。(第297页)

在评述她的另一段话时,他说:

Sumina 不能使人联想起任何词;attamana 最多能使人想起 âtmânam(âtmâ 的宾格),即灵魂;但我马上要说:根据 attamana 出现的上下文,我们并不能用梵语里的这个词,因为它实际上只有在哲学语言里才表示灵魂,而且指普遍的灵魂,它还有别的学术意义。(第299页)

弗洛诺瓦介绍了索绪尔参与的最后一个情节:

前面写的那些内容正要付印,索绪尔先生突然出了一个受人欢迎的巧妙主意……他想给他们(不懂梵语的读者)编
一段表面上像拉丁语的文章,这段文章像西摩提尼的梵语模 326
仿婆罗门的梵语一样尽可能确切地模仿李维**或西塞罗的语言。(第315页)

然后是所说的用准拉丁语写的文章及对它的评述。索绪尔总结说:

这就可得出两个重要的结论:

1. 文章并不混淆"两种语言"。尽管这些都不是拉丁词,但至少我们看不出有希腊语、俄语或英语等第三种语言的介入……2. 即使有些地方由于语词没有意义而

---

* 起源于梵语或与梵语同时发展的中古印度—雅利安诸语言,开始是一些方言,后成为文学语言。现代印度诸语言是由普拉克里特诸语言发展而来的。

** 李维(公元前64/前59—公元17年),罗马著名历史学家,著有《罗马史》142卷,公认他与西塞罗、塔西佗共同奠定了拉丁语的新风格。

> 不伦不类，这文章因为任何地方都不违反拉丁语的规则而具有一种具体的价值。我们先放下拉丁语，回到史密斯小姐的梵语上来：这种梵语里从未出现辅音 f。这种现象尽管是从反面说明问题，但却很重要。f 确实在梵语里不存在；但在随意乱编时，有 20∶1 的可能性会创造出带有 f 的梵语词，因为对不知情的人来说，同别的辅音一样，这个辅音的存在也会是合情合理的。（第 36 页）

f 不出现令人感到困惑，也使人难以理解。弗洛诺瓦最后茫然地说：史密斯小姐未求助秘术的力量就猜到了梵语里这种极为专门的特性（因为一开始就排除了欺骗的可能），这事应如何解释呢？难道只要翻一下论述梵语的书就能做到这点吗？

然而史密斯小姐和未出现 f 的故事并未到此结束。弗洛诺瓦的书一出版就落到了另一位语言学家的手里，他同索绪尔一样也是一位梵语教师；他见到这些奇怪的语言材料欣喜若狂，很快就写出了一本小册子，并在第二年就出版了：这就是维克多·亨利写的《火星语》①一书。

这本书是用来解释火星语而不是解释印度语的，因为前一种语言表现得更为充分，另外亨利很佩服他的杰出的同行索绪尔先生的权威，而后者已经对类梵语部分进行了详细的评述。只有在一个具体问题上他大胆地提出了建议：这就是没有 f 这一点。但
327 这个建议却使人对上面的所有说法恍然大悟了。维克多·亨利是这样写的：

> 史密斯小姐在集中类梵语或火星语的声音时，有一种主

① 巴黎，1901 年版。

> 要的想法占据了她全部的潜意识,这显然就是不要说"法语":她全部注意力应该集中在这一点上。而"法语"这词正以 f 开始,因此对她来说,f 最能代表"法语"这词,于是她就尽可能地回避它……。(第 23 页)

f 这个字母不出现并不是史密斯小姐对梵语有超自然的了解,而是因为她对自己的母语的态度:f 的意义是用截头表音法来确定的,这在文字的历史上早已为人所知了。要发现这种意义,只要同意象征现象的逻辑不一定就是语言的逻辑;或更简单地说:除了语言,还有其他的象征方式,主要在于学会发现它们。f 象征"法语",靠的并不是语言这种符号系统所具有的关系。

然而索绪尔并不同意有不同的象征系统。如果我们重新研究他的评述,就会发现他在面对这个表面看来无法解决的问题时,宁可相信有超自然的力量(史密斯小姐的灵魂转世)而不愿修改他的认识方法——这里涉及到象征的运转原理。他不把这些类梵语的话语同法语联系起来(因为史密斯小姐显然不懂梵语),而让自己局限于同参照物相似的逻辑里:为什么这种语言像梵语,而妇女应该说普拉克里特语(好像史密斯小姐——又名西摩提尼夫人——真正见到了她所描述的、发生在几十个世纪之前并在数千公里之外的仪式一样)?为什么她在日常环境里用哲学术语呢?索绪尔不去用象征关系作解释,而只注意参照语境——最最荒谬的是这个语境纯属幻想,除非承认灵魂真能转世。对象征的审查比通常的科学审查更为严格,而后者是不允许求助于超自然的解
释的。当弗洛诺瓦请索绪尔观看表演以便保证能准确地记下这种 328
类梵语时,他的想法也一样:"索绪尔先生在区分印度语的语音方面比我们内行得多……"(第 301 页)。但要有"印度语的语音",

史密斯小姐就应该去过印度,但她在此生中却从未去过那里……因此,尽管两个都是教授,而且还在日内瓦,但他们都默默地接受了对事情的超自然解释法:而这只是为了不承认除了与理性逻辑混在一起的语言逻辑之外还有一种象征逻辑。只有带分析地"听"就可以代替梵语专家的训练有素的耳朵,并会收获更大。

更令人奇怪的是这本书不断地谈到了潜意识(弗洛诺瓦还正面引用了布罗伊尔*与弗洛伊德的《癔病研究》一书)。索绪尔已经快要找到解决方法了:他在介绍类拉丁语时犯了一个意味深长的笔误。他写道:"文章并不混淆两种语言",然后马上补充:"看不出有希腊语、俄语或英语等第三种语言的介入。"二变成三需要加上母语——即法语;有意思的是后者并没有被例举在可能的语言之内。他在另一处写道:

> 假设西摩提尼想说这句话:我以象头神的名义祝福你。处在这种状态,她唯一不想做的事情就是用法语来表达或发出这些法语词的音,而这些法语词却是她要说的事的主题或基质。她的思想遵循的规律是:这些熟悉的词都要用带有异乡色彩的替换词来表达,而用什么具体方法却无所谓,只要在她看来不像法语就行……。(第304至305页)

索绪尔马上就要找到解决办法了,但最后问题还是没有解决。像以后多次发生的情况一样,他预感到了解决的途径,但无法克服自己的前提的限制,就在发现的大门口止步了。

现在回到史密斯小姐的另一种语言——火星语——上来。

---

* 布罗伊尔(Josef Breuer,1842—1925),奥地利医生,生理学家。被弗洛伊德等人公认为精神分析的主要先驱。1895年与弗洛伊德合著《癔病研究》一书。

用火星语说的话比用印度语说的多。另外史密斯小姐在说完后不久就逐字翻译了这些话;弗洛诺瓦的书里有着两种语言的完整记录。作者在书中已经开始了解释工作,并很快就选择了一种 329 基本的假设:“在我看来,火星语只是幼稚地伪装起来的法语”(第223页)。为了说明这种观点,弗洛诺瓦先是根据语音和书写的特性:“火星语的语音只是法语语音的不完全的翻版”(第227页);书写呢?“这里我们见到的仍然是对我们书写系统的一种简单的模仿”(第228页)。第二点就更显而易见了。弗洛诺瓦依据的是词汇词素系统,特别是这样一个事实:法语的同音异义词在火星语里也同音异义:

> 火星语总是根据听觉上的相似而不顾真正的意义来翻译法语词汇,结果是我们奇怪地发现火星方言和我们的语言有着相同的同音异义特点。(第233页)

因此介词 à 与动词 a 都用同一个词 é 来表示;si,le,de,te 等词的情况也一样。然而无法分析的是火星语的词汇本身:在弗洛诺瓦看来,它完全是任意的。

维克多·亨利的《火星语》这本书就是用来对它的词汇,确切说是对它的组成方式进行解码的。这里要指出一点:5年前,同一位亨利发表了一本题为《语言里的二律背反》的书[1];这是一本普通语言学著作,里面充满了新颖而大胆的想法,该书的第三章同我们研究的问题有着直接的关系。这一章谈的是言语的有意识或无意识性。亨利是这样来解决这个“二律背反”的:“言语是有意识的主体的无意识活动的产物”(第65页);或者说:“如果言语是一

---

① 巴黎,1896年版。

种有意识的现象，言语的手段则是无意识的”（第78页）。在无意识手段的例子里有口误、几个语词或句子的错合、俗词源、转义引起的意义转移等。

这种观点就成了研究火星语的基础，因为亨利认为海伦·史密斯小姐在创造火星语时无意识地使用了一般的言语手段：“直
330 接观察使人们清楚地看到：一位说自创词语的女子创造的言语再现并使我们能掌握正常言语的无意识和潜意识手段……”（第V页）。有些思维途径在意识清醒时是不存在的，但并不应该就此下结论说某个人不能遵循这些途径，因为他还有一个潜意识或无意识的自我。除言语外，潜意识自发表现的另一个场合就是梦。亨利不断用梦的逻辑来说明他的方法。“梦的逻辑并不是清醒的、完全有意识的人的逻辑”（第23页）。“梦的逻辑比清醒者的逻辑来得大胆，但较为模糊”（第48页）。大家看到，这样就产生了索绪尔所不愿承认的另一种逻辑。

亨利采用的方法为所有词源学家所熟知（或推而广之，为所有的修辞学家所熟知，因为词源派生手段只是转义模式在历史上的投射）。在能指方面，大家发现有添加、取消与换位（音移）。在我们更为注意的所指方面，大家又可以看到那些基本的转义[①]。开始是几个提喻：miza 从法语的 maison（房屋）派生而来，在火星语里指“可自行移动的楼阁”（具体化的物质提喻）；chéké 来自法语的 chèque（支票），表示“纸”（扩大性的概念提喻）；épizi 来自法语的 épine（刺），表示“玫瑰色”（这是一个双重提喻：刺表示玫瑰，这是具体

① 这里我用了雅克·杜布瓦（Jacques Dubois）等人所提出的术语，见《普通修辞学》，巴黎，1970年。

化的物质提喻;玫瑰表示颜色,这是具体化的概念提喻)。下面是几个借代:zati 来自法语的 myosotis(勿忘草),表示“纪念品”(用符号代东西);chiré 来自法语 chéri(亲爱的),表示“儿子”(品质代东西);ziné 来自法语的 chine,表示瓷器(出产地代东西)。下面是一个反语:abadâ 来自法语的“abondant”(丰富的),表示“少”……

其他的手段由于所用程序复杂,所以更为有趣。先是错合
(集聚词):火星语里的 nidée 一词是法语 misère(贫困、卑贱)和
hideux(可憎)的结合,表示“丑的”;forimé 是 forme(形式)和 firme
(商行)的结合,指“(文字的)记号”。同样还有用多种文字作的
文字游戏(亨利十分强调海伦·史密斯小姐掌握——尽管很
少——德语和匈牙利语的知识)。如他认为火星语 nazère 来自德 331
语的 Nase,表示“鼻子”,也表示“象鼻子”(法语里为 trompe);在
火星语里它表示动词 tromper(法语:欺骗)的第一人称单数:(je)
trompe(我欺骗)。由于法语里两个“trompe”同音异义,所以在德
语里也可用一个词的相应词来表示另一个相应词(这种手法在文
字的历史上也很普遍,叫做“字谜”)。又如火星语里 tiziné 一词来
自匈牙利语的 tiz,表示“十(指)”;而十个手指正是“两只手”(法
语:deux mains),所以 tiziné 在火星语里表示“明天”*。

这后一个例子已经使我们接近了弗洛伊德对他病人的梦所作的解析。下面两个例子也是多种语言间的转换,它们表现出的复杂思维过程极难确定。在火星故事里有个专有名词 Esenale,大家肯定它指一位在地球上生活过的、名叫 Alexis 的人;但怎样才能从 Alexis 转到 Esenale 呢? -al-这两个字母的结合仍然未动,只是

* 法语里的“明天”为 demain,同 deux mains 发音相近。

在第一个名字里在词首，在后一个名字里则在词尾。exis 使人想起匈牙利语的 csacsi，指“驴”，驴在德语里是 Esel；由于异化作用 l 变成 n，这样 Al-exis 就成了 Esenale。最后一个例子：火星语里 érédutè 指“solitaire”（孤独的）。它是这样演变过来的：先把 érédutè 分解成 éréd——（由于音移，就得到了德语里的 Erde，指“土地”）和-ut-（即音符“sol”[①]），还有-é，变成与它相近的元音 i，sol-i-terre 就成了 solitaire……亨利就这样分析了几乎全部火星语词汇的创造过程。

弗洛伊德说他从癔病病人那里学到了一切。这里我们不知应该欣赏谁：是欣赏维克多·亨利的机智呢，还是欣赏海伦·史密斯小姐的“潜意识自我”的灵巧？显而易见的是：即使可以比较（由于时间上的巧合这种相似之处就更突出了），亨利的书里也只是隐约出现而并未真正贯彻弗洛伊德的精神。把新的语言学纳入象征学轨道（因而使它向新生的精神分析学说开放）的首次机会错过了。还要等待数十年才能出现一次新的机会：《火星语》一书在科学的发展中没有产生任何影响。

但维克多·亨利得出的结论至少是清楚的：“编出来的”、“没
332 有意义的”词实际上来自其他语词；“自创词语”者的言语是一种有理据的言语。他写道：

> 想创造一种不像任何语言的语言的人结果总会暴露或让人猜出秘密装置的机关所在，而这些装置在潜意识自我中同人类言语机置的形成是一致的。（第 7 页）

他还说：

---

① 但 ut 应是 do，而不是 sol……是亨利的疏忽，还是史密斯小姐弄混了呢？

> 人即使愿意也不能发明一种语言:他只有用直接的、间接的或祖传的回忆才能说话。(第140页)

应该马上补充一句:完全无法解释也不是不可能的;我们还遇到过海伦·史密斯小姐在一段时间里所说的这种语言。当她感到别人已从她的火星语中发现了法语的结构,她就转而说起自己发现的另一种"语言",弗洛诺瓦把它称为"超火星语"。这种语言显然无法解释,但这正是它的意义:使人无法理解。把雅各布逊的话略加改动,我们就可说:自创词语者的新词或者是语言的,或者是反语言的,但永远也不会是非语言的。

自创词语的另一个特征吸引了几乎所有专家的注意:这就是大量的叠韵和节律手段。以前和后来的许多人都把象征思维这种手法看成是一种返祖现象,说得好听些就是一种诗学特征。弗洛诺瓦说它"常用叠韵、半谐音和押韵"(第240页),并把这现象同诗相提并论。亨利也指出了这点(他说:"像在所有的原始语言里一样"),并谈到这种"有意并拙劣地押韵的潜意识"(第34页)。隆巴尔写道:"自创词语者像先知和通灵者一样,一般都有着明显的作诗的癖好。如果在世界各国文学里真是诗歌出现在散文之前的话,这就又是一种退化的迹象了"(第140页)。我们从中可以得出这样的结论:同一般的语言相比,在自创词语者的话语这象征体系里,广义上的"句法"(即各个组成部分间的关系)得到加强,而"语义"(各成分同它们所指称的事物间的关系)却常常被削弱了。

索绪尔同象征现象的第一次接触就这样以失败告终了。所以 333
要详细介绍它,乃是因为就我所知,这件事至今还没人重视,也因为它奇怪地预示了索绪尔晚年同象征现象的关系。这并不是对他的责难,即便是回顾也不应如此。从此以后,索绪尔的所有研究都处于草稿的状态，这足以说明他自己对得到的成果是如何不满了。然而索绪尔所没有走通的路却有着典型价值：它预示着一大部分现代语言学也将陷入同样的困境。

尽管确定索绪尔手稿的日期十分困难，我们要研究的第一批草稿许是写于1906年至1909年间用于研究语法失常的那些稿子[1]。说真的，这些文字里引起我们注意的首先是它们竟全然没有涉及同言语的象征性质有关的问题；因为谈的是对诗歌现象的分析，所以这就更令人感到奇怪了。如果可以把单纯注意“句法”现象看成是“形式主义”的话，索绪尔采取的就是一种极端形式主义的立场。他感兴趣的是能指成分的外形（“耦合”、“双音”、“首尾字母对应”，还有他所说的“语音改写”等种种近音连用手法），而从来也不关心象征联想或象征暗示等关系。如作为“语音改写”对象的词不在诗句中，他可能会因此而关心这种联想关系；但是，他马上就把语义层次缩减到零：语音并不“暗示”意义（更不像浪漫派所想的暗示无数意义），而只指一个名字。这样语词就只剩下它的能指了。索绪尔在吠陀梵文、希腊文和拉丁文诗里寻找并发现了的“主题”首先是专有名词。

第二批草稿可能写于1909年至1910年[2]，研究的是《尼伯龙根》和其他传说，里面较多地谈到了象征问题。但在大多数情况下，索绪尔只是在声称这些传说里并没有象征时才用上这个词。
334 现代读者所说的象征只是他自己阅读习惯的无根据的投影。确切

① 部分手稿由斯塔罗宾斯基（J. Starobinski）以《词中词》的书名发表，巴黎，1971年。

② 达尔科·西尔维奥·阿瓦尔（D'Arco Silvio Avalle）以《索绪尔的叙述符号学》为题发表了部分摘录，该文收入《谈本文理论》一书，巴黎，1973年。

地说,这些古代的文章只是由于受到不断的歪曲才成为“象征”的:是流传中的遗漏、疏忽和错误才把现代读者引向象征解释的。

> 史诗作者,或甚至历史作者在叙述两军交锋时也介绍两位首领间的战斗。但他们很快就谈两位首领了。这样,首领A和首领B的决斗就(不可避免地)成了象征,因为这场两人间的战斗代表了整个交战的结果……把一场战役缩小成一次决斗是符号传送中一种自然的现象,这是由叙事的时间长度决定的,因此象征只存在于评论者的想象之中,他事后才来评论,而且判断得并不准确。(第30页)

他还说:

> 大家以为有象征,实际上这些语词开始时光有直接意义,只是在流传中出现了误差而已——象征创造是有的,但它是由流传中的自然错误所产生的。(第31页)象征只有在开始时被说成不是象征才可行……象征解释只在评论家那里才有……对那些直接听别人讲故事的人来说,就像古代叙事诗的吟游者从他前人那里原封不动地接受时一样,哈根把宝物沉入莱茵河全然是事实——因此那里最终并没有任何象征,就像开始时就没有过一样。(同上)

如果说象征只是对那些“判断得并不准确”的人才存在,或者甚至根本就不存在,那是因为索绪尔需要一个范畴才能识别它,而这个范畴他本来是可以在圣·奥古斯丁那里找到的:这就是意向(但圣·奥古斯丁在意向符号之外还承认有非意向符号)。索绪尔同当时心理学的发展一致,认为意向性是构成象征的一个特征;而即使谈到的那些传说对今天的读者来说具有“象征性”,它们也并不带有意向性。

335 象征的意向在这段时间里从来也没有出现过。(第30页)象征创作总是无意的。(同上)象征不同于各类符号,它永远只是创造事物间一种无意识关系的演变结果:它并不是当场就创造出来的,也不是当场就让人接受的。(第31页)

既然不具意向,象征就很难存在。

的确,就在这些笔记里,我们也发现有一段话把象征放在比较重要的位置,并主张必须建立一门符号学。但事实上"象征"一词在这里表示的却是符号的意思:

——传说由一系列意义尚待确定的象征组成。

——这些象征不知不觉地受到所有其他各类象征(如语词这类象征)的变化和规律的约束。

——它们都是符号学的组成部分(第28页)。

这"尚待确定的意义"可以在索绪尔从1907年至1911年间所讲授的普通语言学课里发现。可惜我们并不掌握该教程的讲稿,而只有学生所记的笔记,并且常常是不一致的[①]。这里,范围广的那个词总用符号来表示,象征则成了有理据的符号。除了用词不同外,我们又看到了波尔·罗亚尔、迪博、莱辛等常用的那组对立。例如:

1131. 2. 语言符号完全是任意的,而在某些礼节中……它们却离开了这种任意性,向象征靠近了……。1137. 2. 象征的特点就是它从来也不完全是任意的;象征不是空的。在象征中,概念与符号之间总有某种基本的联系。1138. 2. 天

① 这些笔记发表在恩格勒(R. Engler)所编的《普通语言学教程》的校勘本(威斯巴登,1967年版)里。同我们有关的内容在第1、2两册。该版本的引文前一个数字表示句子的编号,第二个数指所用的笔记本号(相当于恩格勒版的栏号)。

平，司法的象征。

索绪尔的“符号”就是阿斯特，有时也是歌德所说的寓意，他 336
们和索绪尔一样把它同象征相对立。

然而大家知道，对索绪尔来说，任意性并不是符号的一般特性，而是它的根本特征：任意符号是最地道的符号。这个假设对象征在未来符号学里的地位产生了重要的影响：它的地位肯定是微不足道的。由巴利和薛施蔼编写的《教程》在这个问题上尤为绝对：它声称所有符号都应按语言符号的模式来理解，而且整个符号学应该模仿语言学。

> 所以我们可以说，完全任意的符号比其他符号更能实现符号方式的理想；这就是为什么语言这种最复杂、最广泛的表达系统，同时也是最富有特点的表达系统。正是在这个意义上，语言学可以成为整个符号学中的典范，尽管语言也不过是一种特殊的系统①。

手稿里所记的说法则缓和些。“这就是为什么语言……也是最富有特点的表达系统”这句话没有找到任何根据；只有一名学生（里德林格）记下了后一句话，特别是“整个符号学的典范”这个词组；最一致的说法是：“276.4. 语言不光是一个符号系统，而且是最重要的符号系统。”另外，里德林格还记下了一个保留的说法，而巴利和薛施蔼却没有提到这点：“290.2. 但上来就应该指出：语言占据了这门科学（符号学）里最主要的位置；它将是符号学的典范。但这纯属偶然（着重号为托多罗夫所加）：从理论上说，它只是其中的一个特殊系统。”

---

① 《普通语言学教程》，巴黎，1962 年版，第 101 页（中译本商务版第 103 至 104 页）。

所以，是出版者把索绪尔的思想绝对化了；但他们并没有歪曲他的思想。而这种说法清楚地表明了在符号学里没有象征的位置；符号学只接受同语言符号完全一致的其他符号。尽管符号学有着更广的外延，但在内涵上却同语言学完全相同。所以索绪尔
337 就说："1128. 2. 当符号学组织起来后，就要研究非任意的系统是否也属于它的范围。1129. 2. 无论如何，它主要研究的是任意系统。"问题并没有解决，《教程》的编写者也注意到了这一点，他们在自己的手稿边上交换了这些看法："288. 6. 薛：符号学既研究符号又研究象征吗？巴：索绪尔在某处回答过：尚待研究！"

不但非语言的象征在符号学里不配真正占有一席之地，就是语言符号的象征也遭到了忽视：索绪尔认为语言里的象征有象声词与感叹词（惊叹），但他从未考虑过转义与影射（确实，后两类只在他说的"言语"而不是在"语言"中才有）。而莱辛在这方面却会给我们更多的教益。可能导致对符号进行真正分类的唯一暗示一直没有下文。在笔记中我们读到："276. 2. 在语言里，符号**直接**表示概念……"；"276. 5. 可以说几乎所有习俗的基础都是符号，但它们不直接表示事物。"直接与间接这组对立以后不但没有再提到，也没有得到阐述；大家还可发现这组对立只出现在索绪尔的同一段话的两种版本的对比中（没有一位学生把两句话记在一起）。

现在我们认为，索绪尔的著作在拒绝象征现象这一点上前后是完全一致的。在同弗洛诺瓦的通信中，索绪尔对这种现象全然视而不见，这就使他在解释史密斯小姐的言语时遭到了失败。在研究换音造字法时，他只注意到重复现象，而没有注意暗示现象。当他不得不注意时，也只满足于辨认一个词，经常是一个专有名词，这并不能帮助发现象征过程。在研究《尼伯龙根》时，他承认

象征完全是为了把它们归到错误的阅读方法上去:既然它们不具意向性,所以并不是象征。最后,在他上的普通语言学课里,他考虑到符号学的存在,也就是考虑到语言符号之外的符号的存在;但这种说法马上就受到了限制:符号学只研究一种符号——同语言符号一样的任意符号。在索绪尔那里根本没有象征的地位。

奇怪的是,1900 年前后,在人文科学里还几乎感觉不到浪漫主义转换期的影响:在公开或隐蔽地批评象征时,在他们对象征本身的看法上,索绪尔、列维-布留尔,甚至弗洛伊德,尽管程度不 338
同,涉及的方面不同,在他们的思想中都是新古典派而不是浪漫派,都是孔狄亚克的同代人,而不是莫里茨、歌德或施莱格尔的继承人。当索绪尔把系统置于特别重要的地位,并拒绝通过同外部参照物的关系来解释意义时,他是一位浪漫主义者;但当他对象征现象充耳不闻时就不再如此了。

339

第十章　雅各布逊的诗学

当我们想从总体上掌握一位诗学家的作品时,第一个问题就是:什么是文学?

雅各布逊在他的著作中一直提出这个问题,并给以回答;他的一个研究题目甚至就是:《诗是什么?》使人惊奇的是,尽管在术语上略有不同,他的答案总固定不变。雅各布逊在 1919 年写道:[1]

> 我把语言物质的这种表达企图称为诗的唯一的、基本的要素……诗不是别的,而是一种旨在表达的话语。(《诗学问题》,第 20 页,第 14 节)

1933 年时他写道:

> 诗这概念的内容是不固定的,它随着时间而变化,但是诗学功能,诗性(la poéticité),却像形式主义批评家所指出的,是一个独特的成分……但诗性是怎样表现出来的呢?这就是只把语词作为语词,而不把它作为被指称事物的替身或感情的爆发来对待。(《诗学问题》,第 123、124 页)

他在 1960 年又说:

> 单纯作为信息的信息这个目标(Einstellung),重点放在为了自身的信息之上,这就是语言的诗学功能的特征。(《普

① 雅各布逊文章里的引语除了另标出处的以外,都摘自《普通语言学论文集》(巴黎,1963 年)和《诗学问题》(巴黎,1973 年)。

通语言学论文集》,第218页)

语言的诗学用途与其他用途的不同处在于:在诗学用途中,语言是作为自身,而不是作为“别的事物”的透明而及物的介质被感 340
知的。这样确定的项在1919年时是**诗**(la poésie),后来变成了**诗学功能**(le poétique),就是说通过可感知现象掌握的抽象范畴。但定义本身并未改变。诗学语言是一种以自身为目的的语言。

这个定义来自何处?雅各布逊的最近一篇文章证实了读过前几章的读者可能就这问题作出的回答。他考虑自己所受到的影响时写道:

> 但远在这(即1915年他读胡塞尔著作的那一年)之前,约1912年(即他16岁)时,作为已经决定选择语言和诗作为未来研究对象的中学生,我偶然读到了诺瓦利斯的著作。我十分高兴地从这些著作和马拉美的作品里发现了一位伟大的诗人与一位思想深邃的语言理论家之间的紧密结合……所说的俄国形式主义学派在第一次世界大战之前正处于酝酿时期。诗人提出的引起争议的**形式自律**(Selbstgesetzmässigkeit)这概念在这个运动中得到了发展,从最初的机械立场演变成完全是辩证的观点。这后一种观点从诺瓦利斯著名的《独白》中受到了综合的、全面的启发——它一开始就使我十分惊讶,并使我着了迷……①

诺瓦利斯和马拉美这两个名字的确在雅各布逊最初的作品里就已经出现了。而后一个来源又出自前一个,尽管这种联系是间接的:马拉美生在波德莱尔之后,后者十分欣赏爱伦·坡,而坡又

① 《形式与意义》,慕尼黑,1974年,第176至177页。

大量阅读过柯尔律治的作品,后者的理论著作又概述了德国浪漫派,因而也是诺瓦利斯的学说……马拉美向他的法国(或俄国读者)综合地介绍了浪漫派对诗歌的看法,这些看法以前在所谓的法国浪漫派那里却没有引起过反响。在雅各布逊关于诗歌的定义中我们的确可以毫不费力地发现诺瓦利斯和他的朋友们在《独白》和其他断片里提出的不及物性这种浪漫主义思想。是诺瓦利
341 斯,而不是雅各布逊把诗歌说成是“为了表达的表达”……在诺瓦利斯的自足语言(Selbstsprache)和赫列勃尼科夫(介于诺瓦利斯或马拉美和雅各布逊之间的另一个人)的自主话语(samovitaja rech')间的差别甚微。

今天,雅各布逊和俄国形式主义者并不是唯一捍卫浪漫派定义的人。这个定义在被遗忘了近百年后,从20世纪初起竟成了所有先锋派诗歌的口号(尽管这些诗歌流派也反对它们所说的浪漫主义)。这里我只提一个证人:萨特。他在声称“任何人都从未考虑过”“什么叫写作”后,又重复了浪漫派的说法:

> 诗人是拒绝**使用**语言的人……诗人一下子就从作为工具的语言中解脱出来了;他一劳永逸地选择了把语词当作事物而不是符号的诗学态度。因为符号的歧义性意味着我们可以像穿透玻璃那样随意地穿透它,并通过它来追逐所表示的事物,或者把目光转向它的实体性,并把它当作是一种物体。①

常有人想把关于诗的形式主义观点同为艺术而艺术的学说混淆起来。显然两者有着共同的来源(这里称它为“德国浪漫主义”):在雅各布逊身上,这种联系是明显的。至于为艺术而艺术

① 《什么是文学?》,巴黎,1969年(《思想丛书》),第16、17页。

的最早说法，大家知道它们只是德国的思想在法国引起的反响：邦雅曼·贡斯当1804年同席勒谈话后的反响；维克多·库赞1817年拜访了佐尔格后的反响。然而两者之间的差别同样也很大：形式主义诗学涉及的是文学中语言的功能（或者音乐中声音的功能等等）问题；为艺术而艺术涉及的却是文学或艺术在社会生活里的功能问题。因此，雅各布逊完全有理由对那些错误的指责提出抗议：

> 无论是特尼亚诺夫、穆卡洛夫斯基、什克洛夫斯基还是
> 我，我们只主张艺术本身是自足的；相反，我们也指出艺术是
> 社会建筑的一个部分，是同其他部分相互关联的一个组成部 342
> 分……。（《诗学问题》，第123页）

他特别关注的诗的社会功能（如在《诗是什么？》里）就是马拉美所概括的那个功能："赋予所有的语词更纯的意义……。"雅各布逊则说：

> 诗歌保护我们免受威胁到我们表达的爱与恨、反抗与和解、信仰与背弃的侵蚀。捷克斯洛伐克共和国的公民中读过奈兹瓦尔*的诗的不会很多，但只要他们读了并接受了这些诗歌，他们在同友人打趣、在咒骂敌人、表达感情、谈情说爱、批评政治时都会不由自主地采取一种略为不同的方式……①。（《诗学问题》，第125页）

---

① 十年后，艾略特也说了类似的话："诗人之所以为诗人，乃是他对语言负有直接的责任；他首先应该捍卫它，然后是丰富并改进它……不管大家读不读、欣赏不欣赏诗歌，它天长日久就会影响到社会和语言群体的所有成员，影响到整个民族的语言、感受和生活"（《诗歌的社会功能》，《论诗歌及几位诗人》，巴黎，1964年，第17、22页）。

* 奈兹瓦尔（Nezval 1900—1958），捷克诗人，曾受法国象征派诗歌的影响，创作中追求形式，20年代为捷克诗坛追求纯艺术的"诗歌主义"的代表，30年代成为超现实主义小组的领袖。二次大战时改变立场，写了许多反映人民生活和斗争的作品。

另外，雅各布逊对这问题的思考不是一成不变的，这种演化很能说明问题。1919 年时，他完全拒绝复现，拒绝语词和它们的指称物间的关系，认为这如果不是一切诗歌的标准的话，至少也是它的理想。“诗歌同话语的对象是无关的。”“胡塞尔所说的‘对象的口袋’并不存在”（《诗学问题》，第 14、21 页）。1921 年时，他全面地研究了“艺术的现实主义”，揭示了该词的多义性，但在是否存在复现关系上没下结论。十年以后，他把诗学功能同诗歌分开，他认为诗是一种“复杂结构”，诗的自身目的性只是里面的一个组成部分。在研究帕斯捷尔纳克的文章中，他认为“消除对象的倾向”只是在某些诗歌流派，如俄国未来派里才有（“我们在帕斯捷尔纳克和他这一代诗人的诗歌里发现一种把符号从它的对象里彻底解
343 放出来的倾向”，《诗学问题》，第 143 页）。最后，他在 1960 年写道：“诗学功能比参照功能处在更高的地位，但这并不取消参照（外延），而只是使它变得模棱两可”（《普通语言学论文集》，第 238 页）。这样，浪漫主义美学在 40 年左右的时间里就经过了它的全部历程。

为了超越纯自身目的性这理论，雅各布逊（在这方面他同其他形式主义者是一致的）指出了两个主要的方向。首先是研究**理据性**：“有时我们把贯彻始终的理据性，把说明诗歌构造的原因称为现实主义”（《诗学问题》，第 38 页）；因此，我们要研究的不是文学所指的“现实”，而是通过本文使我们感到是在描写现实的这样一种方法。即它的逼真性而不是它的真实性。

其次，我们还要把研究从没有意义的因素（声音、韵律、语法形式）扩大到**语义部分**和“主题结构”；这里研究的对象也不是“现实”，而是它在本文中的表现方式。这类研究的一个杰出的典范就是《对诗人帕斯捷尔纳克的散文所作的旁注》。雅各布逊极为

巧妙地不但把修辞手法、语义或叙述构形（“我们把诗作的基本结构特征作为起点，设法从中作出对帕斯捷尔纳克和马雅可夫斯基的主题研究”，《诗学问题》，第141页），而且把作者的诗学传记（同轶事性传记相对立）都包括到同一个“辞格”中来：“我们就这样把马雅可夫斯基的诗作的语义结构作为出发点，得出了它的真正的脚本，并发现了这位诗人的传记的核心部分”（《诗学问题》，第133页）。

但诺瓦利斯（或萨特）与雅各布逊之间的唯一区别并不在于前两位把诗说成是语言的纯自身目的性，而后者却开始看到摹仿与游戏这两个部分之间的相互作用。还有的是：诺瓦利斯的诗歌或预言般的话语、萨特的论战性的话语同雅各布逊的科学话语有着质的区别。离开了上下文，双方的用词可能很相像，但只要看看这些词的用法，马上就会发现同样明显的不同之处。意义相近，但功能却不同。雅各布逊感兴趣的并不是作出启示或揭露论敌，而是为描写和了解特殊的文学现象奠定基础。

雅各布逊在他的第一篇关于文学的论文里就写过：

> 文学理论的对象不是文学，而是文学性……文学研究要 344
> 成为科学，就应该把手段作为唯一的“角色”（《诗学问题》，第15页）。

50年后，他在《诗学问题》的“后记”里写道：

> 文学性（literaturnost'），换言之，言语到诗学作品的转换以及实现这个转换的系统手段，这就是语言学家在分析诗歌时要发挥的主题。（《诗学问题》，第486页）

科学的对象不是、也从未曾是一个真实的自在之物。因此，涉及文学研究时，它的对象就不是文学作品本身（就像“物体”不是物理、化学或几何的研究对象一样）。这个对象只可能是构思出来的：组成这对象的是按这种或那种观点在一个真实事物的内部可以辨认出的抽象范畴，以及它们间的相互作用规律。科学话语应该说明观察到的现象，但它的**目的**并不在于描写事实本身。雅各布逊后来把对文学的研究称为**诗学**，它的对象不是文学作品，而是文学"手段"。

这个基本的选择就把雅各布逊的话语纳入到科学的轨道。这里要排除两种常见的、互相补充的误会。第一种是"技术人员"产生的误会：他们认为只有数学符号、量的检验和平铺直叙才是科学。他们不理解这些最多也只是科学的手段；科学话语的形成并不需要它们；它要的是对事实采取的某种态度。第二种误会来自"唯美派"：一谈抽象他们就大叫犯了亵渎之罪，说这样就会取消艺术作品珍贵的独特风格。他们忘了个体是无法表达的：只要我们一说话，就会进入抽象领域。我们无法选择是否运用抽象范畴，而只能选择有意或无意地运用它们。

345 一方面说诗学要成为科学，另一方面又谈语义学（雅各布逊在 1973 年写道："当今在言语的各个层次里引起语言学家关心的是语义问题，而如果语言学家想描写诗的各个部分，诗的意义只是整体中不可或缺的一个内容。"《诗学问题》，第 486 页），这样肯定会出现一个问题，值得我们在上面费些笔墨。同语言学的其他部分相反，语义学尚没有被人普遍接受的理论；现在大家还在就它的可能性进行争论。文学批评家的看法在当前的争论里起着重要的作用，但他们却采取怀疑的态度。他们认为，只要一接触意义，在描写和解释（这里就是科学和批评）之间就不再有不可逾越的界线了；对意义的一切命名都是主观的，所以一篇本文在不同的时期，或者光是因为不同的人就会产生许多不同的解释。语言学家对诗作的读解能否排除异议,并在语义问题上得出科学的、可靠的答案呢?

为了更好说明雅各布逊对这问题的微妙态度,我们还是仔细看看他在文学分析上的实践吧。

在研究但丁的 Si vedi li occhi miei(倘使你瞧见我的眼睛)这首十四行诗的一篇文章里,有一部分是论述语义层次的。他在里面提到些什么现象呢?他挑出了 pietà(焦虑)、giustizia(正义)、paura(恐惧)和 virtù(美德)四个词,并指出:"焦虑与恐惧分别是诗人与众人的反应,是同正义—美德所蒙受的苦难不可分的"(《诗学问题》,第 308 页);他还指出:"直接参照与转移参照有规律地交叉出现";以及:"在 pietà 与 virtù 之间有着紧密的联系"(同上)。雅各布逊在分析贝莱* 的一首十四行诗时说:"i'adore("喜爱"的现在时)的现时性代替了动词 pouras("能够"的简单将来时)的潜在特性"(《诗学问题》,第 351 页)。还有:"两个状语,一个——九重天上——表示最远的距离,另一个——尘世间——表示空间最邻近的关系"(《诗学问题》,第 352 页)。谈到波德莱尔的《忧郁》时,他指出:"主语焦虑是个拟人的抽象名词,属于精神领域,同第一分句里的灵车对比。而这个抽象主语的动作和动作的直接宾语却完全是具体的"(《诗学问题》,第 432 页),等等。

是什么把这些不同的语义分析例子连在一起的呢?开始我们可以分出两个系列:属于第一个系列的是所有的组合语义现象,是 346
雅各布逊说的一个语段对另一个语段的相对的、位置的价值(平

* 贝莱(Joachim du Bellay, 1522—1560),法国诗人,与龙萨同为七星诗社的代表,该社宣言《保卫和发扬法兰西语言》的作者。

行关系、对照关系、渐变关系与从属关系等）。第二个序列是在被分析的诗里只有一个项出现的聚合段范围内，由不在现场的（in absentia）而不是由在现场的（in praesentia）事实组成的：我们这样就能发现某个名词是抽象的，另一个名词是具体的；某一节具有本质的特征，另一节则只有偶然性；这里现时的与那里潜在的相对立，如此等等。的确，组合与聚合这两组事实一致的地方就是它们都表示关系。我们不会用别的词来称呼焦虑，但会说它同恐惧相似，并同美德有联系。我们不说贝莱所说的天"指什么"，但会注意到它属于那类遥远的事物，而因此同属于邻近事物的那个对立类别里的其他词形成对比。我们不会说唯一的意义，而总只说那些意义。

因此，在使语义学家与评论家互相对立的争论中，雅各布逊的态度是给每人一个合适的，并只有他才称职的领域。对声称意义的主观性的评论家，雅各布逊隐晦地用这样的事实来进行批驳：意义间的关系可以在语言中和通过语言来确定：语词相互之间在表达意义。对急于占领整个意义领域的语义学家，雅各布逊同样隐晦地用另一个论据去批驳：在前后一致并不容置疑的一段话语里，我们只能描写某些形式关系（包括意义之间的形式关系）；个人的语义内容并不适合用元语言来描写，而只适合于释义，后者则是评论家的事。雅各布逊比他开始表现的要更接近于索绪尔的观点。他认为语言学里只有关系语义学，这种语义学由词汇在组合段和聚合段内部的差别和同一性组成，而把确定一部作品对某个时代、某个阶层或具体感受所表现的意义的任务则留给了解释（评论）。

现在回到雅各布逊所说的作为诗学的研究对象的那些"手段"上来。它们是什么呢？确定它们要看雅各布逊对诗所下的定

义:诗是一种逐渐变得不透明的言语。因此,这就是诗人用来使我 347
们感知言语本身,而不是把言语作为事物或概念的简单替身来对待的所有方法:辞格、时空游戏、独特的词汇、句子构造、修饰语、诗学上的派生与词源、谐音、同义与同音、押韵、拆词等。

诗歌言语的一种倾向——重复的倾向——特别引起雅各布逊的注意。他在1919年写过:因为"一个词的形式除非在语言系统里得到重复,否则就不能被感知"(《诗学问题》,第21页)。1960年时他提过这个问题:"人们是根据什么语言标准来凭经验发现诗学功能的呢?"他是这样回答的:"诗学功能把筛选轴上的等同原则投射到组合轴上"(《普通语言学论文集》,第220页)。这就说明了为什么在他一生的研究中特别注意不同形式的重复现象,特别是对称现象(后者既包括类似,也包括差别)。他喜欢引用G. M. 霍普金斯的这句话:"诗的人为部分——恰切地说也许是所有的人为形式——都可以归结为对称原则"。他自己也说:"在言语的各个层次,诗的人为手法的本质就是周期性的反复"(《普通语言学论文集》,第235页;《诗学问题》,第234页)。

内部协调是实现不及物性的最好方法:德国浪漫派就很熟悉这种联系。A. W. 施莱格尔已经详细地阐述过雅各布逊认为的这种关键说法(即诗的节律证明了话语的目的在于它自身;由于采用了这种手段,言语就不再是任意的了),我把这段话再引用一遍:

> 话语越是散文化,就越失去抑扬的语调,而只是干巴巴地连接在一起。诗的倾向正相反。因此,要说诗是一种目的在自身的话语,说它不为任何外部的事物服务,并说它的时间顺序是由别的因素确定的,它就应该具有自己的时间顺序。只有这样,听者才能从现实中解脱出来,并进到一种想象的时间

> 序列里去；只有这样，他才能感觉到时间前后承接中的有规律的切分，感觉到话语本身的节奏。于是就产生了这样一种奇
> 348 妙的现象：语言以最自由的形式出现，即当它作为单纯的游戏时，它就自觉地摆脱了起着支配作用的任意性，而遵循显然与它内容无关的规律。这个规律就是拍子、韵律和节奏。(《论艺术理论》，第 103 至 104 页)①

在实践中，雅各布逊从本文的三个层次来探讨对称原则：声音或字母层次、韵律层次以及语法范畴层次。但他这样选择主要是出于实用考虑，而不是理论考虑。从 1960 年以来，他就通过具体分析某些诗作来说明这个原则；他故意选择了语言不同、年代相隔较远的诗作。这种普遍取样包括但丁和莎士比亚，普希金和波德莱尔、马哈 * 和诺尔维德 **、佩索阿 *** 和布莱希特……这些分析有着双重目的：因为可以说明他对诗歌机制的假设，所以有着理论上的目的（尽管最初的定理几乎被过多的事实所掩盖了）；因为可以更好地帮助理解欧洲文学传统里的某些关键文章，所以还有历史的目的。大家知道，指出某篇作品的单独的意义就像解释这篇作品的美学效果一样，并不是诗学的任务；但是确切地描写所运用的诗学手段却可以消除错误的解释。只要读一读他就莎士比亚一

---

① 热拉尔·热奈特在对雅各布逊的诗学进行细致分析时（《摹仿论》，巴黎，1976 年，第 302 至 312 页）指出一个模棱两可的地方，但我在这里没有把它考虑进去。许多地方表明雅各布逊把他以为是在捍卫的观点同另一种观点混起来了，实际上这两种立场远非是一致的：雅各布逊既主张纵向的理据性，又主张横向的重复性；他继承了浪漫派的理论，但更倾向于 A. W. 施莱格尔，而不是诺瓦利斯。我们无法否认热奈特指出的事实；然而我的印象是他把这些事实的作用过分夸大了。

* 马哈（K. H. M ˙cha，1810—1836），捷克著名的浪漫派诗人。

** 诺尔维德（C. K. Norwid，1820—1883），波兰诗人。

*** 佩索阿（Pessoa，1888—1935），葡萄牙现代派诗人。

首十四行诗写的论文（与 L. G. 琼斯合写，见《诗学问题》，第 356 至 377 页）的结论我们就可以对此深信不疑了：同他对该诗的言语结构的严格描写相比，以前别人写的十多篇对同一首诗的分析就显得靠不住了。

瓦莱里*曾说："文学是——并且只可能是——言语的某些特 349
性的扩展和运用"；波朗则说："显而易见，一切文学作品本质上都是一部言语的机器，假如愿意也可以说是一座言语的丰碑。"在二三十年前，雅各布逊已经**热衷于研究言语**，因此也必然会投身到文学中来。那些指责他是"形式主义"，或急于声称形式主义已经过时的人并未意识到他们的指责基于一种先入为主的，把"形式"与"内容"（或"思想"）对立起来的二歧式。雅各布逊作出了不断地感知言语、并无论以什么借口都不让它堕入透明的、"自然的"状态的选择，这种选择比市场上流行的这个或那个"思想"在意识形态和哲学上具有远为重要的意义。然而拒绝承认语言的独立性，拒绝了解言语的专门规律，这是一种古已有之的态度，它已成了我们文化的一个部分，并不是一个雅各布逊就能把它击败的。

雅各布逊**既**是语言学家，**又**是诗学家，这并非出自偶然：他是把文学作为语言作品来研究的。要了解文学不能只限于在句子层次上观察语言形式，还要扩大到话语层次。雅各布逊认为：传统上称为**体裁**的话语类型围绕着某些动词范畴的扩展而形成。最广泛的两种文学体裁——抒情诗与史诗（或在另一个也是平行的层次上的诗与散文）——经常吸引着他的注意。德国浪漫主义者让·

---

* 瓦莱里（Poul Valéry，1871—1945），法国诗人、评论家、思想家。

保尔早已指出了类似的关系:过去时与史诗,现在时与抒情诗,将来时与戏剧。雅各布逊在1934年写道:

> 用简单的语法术语来说明这个问题,可以说现在时的第一人称既是抒情诗的出发点,又是它的贯串始终的主题,而在史诗中则是过去时的第三人称在起这种作用。(《诗学问题》,第130页)

以后他又明确指出:

> 以第三人称为中心的史诗充分利用参照功能;转向第一人称的抒情诗则同情感功能紧密相连;用第二人称的诗的标
> 350 记是增强功能,并根据第一人称从属于第二人称或第二人称从属于第一人称的不同而表现出恳求或鼓动的特征。(《普通语言学论文集》,第219页)

而雅各布逊观察动词范畴的跨句单位里的投影的最著名的例子是把隐喻与借代这两类话语、两种修辞格进行比较。1923年,另一位形式主义者鲍里斯·艾亨鲍姆在一本关于安娜·阿赫马托娃(阿克梅派*的一位主要代表)的书里就这样分析了当时的两大诗歌流派——象征派与阿克梅派:

> 象征派正是把重点放在隐喻上("用言语的各种复现手段来表现":安德烈·别雷**)以这种方法来把相隔很远的语义系列进行对比。阿赫马托娃放弃了建立在语词的联想力上

---

* 阿克梅派,20世纪初俄国的一个现代主义诗歌流派。"阿克梅"源自希腊文,即"最高级"、"顶峰"的意思。阿克梅派企图革新美学与俄罗斯象征派诗学,反对热衷于使用隐喻和象征手法,提倡赋予诗歌语言以明确的含义。

** 安德烈·别雷(1880—1934),苏联俄罗斯作家,除小说与诗歌外,还著有《象征主义》等美学著作。

的引申原则。语词不是一个套一个，而是像拼镶嵌画那样一块块互相连接在一起的……使用隐喻时就出现了建立在改写和借代基础上的语词的种种侧面的色彩差别。[①]

雅各布逊在一篇关于帕斯捷尔纳克的论文中推广了这种观点，把它用在两种基本体裁上。他在20年后总结说："隐喻用于诗歌，借代用于散文，这样说较少有人反对"（《普通语言学论文集》，第67页）。

在雅各布逊的语言学著作和研究诗学问题的著作之间并没有明显的界线，也不可能有明显的界线。他的语法研究就像他对韵律的研究一样能引起文学研究专家的兴趣：因为动词范畴在话语结构里有所反映。有人已经试图用双重类型（引文、专名、反义、连接器）或言语功能的理论来继续这种研究；另外有些人可能有朝一日会在"语言学家"雅各布逊的著作里受到启发来进一步了 351
解各种话语：诗歌话语及其他话语。

一切话语范畴都来自语言；但要区分它们，就必须先承认语言内部运转系统的多样性。雅各布逊自始至终在同各种各样的简化论者、同那些想把言语说成只有一种表达系统的人进行斗争。就像我们有一天曾经不得不承认欧洲不是地球的中心、地球不是宇宙的中心一样，在区分自我和他人的同一过程中，在和幼稚的自我中心论作同样的斗争时，不应该再把言语同我们最熟悉的言语部分等同起来，而应该承认言语的"重影"。

相反，同样的辞格、同样的手段在言语之外，如在电影、绘画中也存在。因为言语本身同文学作品一样，也不能成为某门科学的

---

① 转引自艾亨鲍姆的《论诗》，列宁格勒，1969年，第87至88页，第133页。

直接对象。“诗歌的许多特点不单属于语言科学，而且从属于整个符号理论，即普通符号学（sémiologie 或 sémiotique）”（《普通语言学论文集》，第 210 页）。因此是不同类型的符号行为，而不是不同的物质构成了每门科学的对象。隐喻和借代由一个语词的两种意义间的（不同的）理据关系来确定；但所有意象在它本身和它所代表的东西之间都具有某种理据关系；因此，就要分别研究所有有理据的表意关系；而从另一方面看，也要研究一切无理据的表意关系。这样，过去把文学研究引向诗学的同一个动力有朝一日就会使诗学转向符号学和象征学。

如果要我选择雅各布逊生平中的一件事作为他一生的象征，我将选这一件事：一位 18 岁的青年狂热地欣赏三位同时代（比他略为年长的）诗人——赫列勃尼科夫、马雅可夫斯基、帕斯捷尔纳克——的诗句。他决心永不忘记这段经历。尽管这件事并未发生，但必须有它才能理解雅各布逊一生的主要线索。

首先，既要当语言学家，又要深刻地体会大胆的诗歌的内容，这就像是一场赌博。安分守己的办法是搞语言学，但只阅读“普
352 通的”话语；或者相反，热衷于诗歌，但把言语科学放在一边。雅各布逊哪一样都不愿放弃，而他却“赢”了：他的言语理论的与众不同之处就是不承认规范与例外间的对立。一种好的语言理论不但应该能够说明中性的、实用性的散文，而且还应该能说明像赫列勃尼科夫创造的那种最不正规的言语。正是在这一点上，我认为作为语言学家的雅各布逊才是一位特别典型的人物。

这段经历对他的诗学理论来说也具有决定意义。他不仅为这几位诗人写了三篇关键的论文，而且在概括这最初经验的基础上

建立了一套诗的理论。如果分析的是普希金的诗,他是否会取得同样的成功呢?不会的,除非他早生一百年:当代言语是本文结构的一部分,诗歌要及时欣赏。分析另一时代的诗人他决不会获得同样强烈的感受,这种体验也不会以同样的方式决定他对诗的总的看法。他是通过马雅可夫斯基才读懂普希金的诗的;倒过来的话就会产生从我们大学学习起每人都熟悉的那种平庸的结果。年轻的诗歌理论家得出的教训是:应该体验当代的诗歌。

还不止这些。他一生都用来了解事实,这就既要雄心勃勃,又要十分谦虚(这也是所有学者的愿望):态度谦虚,因为他只打算描写和解释别人做过的事;雄心勃勃,因为这里所说的别人叫帕斯捷尔纳克、马雅可夫斯基和赫列勃尼科夫。这就既要放弃省力的非参照话语,又要避免令人厌倦的无谓描写。在这一点上,雅各布逊也是位胜利者:今天,他不仅授人知识,而且引人深思(并令人向往)。

353

几点考虑

1767年浪漫主义转变期的前夕，出现了古典语言学的最后一本伟大著作：博泽的《普通语法》。1835年，当新的体系已经确立之后，出版了可能是现代语言学的最重要的著作：威廉·冯·洪堡的《人类语言构造的多样性》。通过这两个标题所表明的设想间的差距可以看出古典派与浪漫派之间的差距：多样性代替了普遍性，对同一性的肯定让位于对差异的肯定。

承认现象间的不可消除的差别，而不去寻找这些现象多少完美地表现出来的唯一而绝对的本质，这的确是浪漫派的一大发明。这个转变是洪堡有意识地去完成的，这就产生了大家在浪漫主义转变期所观察到的彻底变化：把注意力从摹仿转向创作。从（艺术或言语的）摹仿或复现的角度看，统一性占据主导地位：作品由它们的参照物所决定，这个参照物就是独一无二的世界。但如果认为关键时刻在于创作，即在于创作者与作品之间的关系，是这种关系导致了表达，那么就不得不考虑多样性了：它是表达主体的多样性引起的必然结果。

语言首先是个人的表达。洪堡写道："［言语中的］首要的［因素］当然是说话人自己的个性，它不断地直接同自然接触，甚至在言语中不免要通过表现自我来同自然相对"①（第七卷，第104

① 引文出自第六章所引著作。

页)。但在言语领域里最说明问题的变异极限就是自然语言,最重要的表达是一个民族的表达。洪堡在 1821 年就写过:“民族的精神体现在语言之中”(第四卷,第 55 页;赫尔德在 18 世纪末也 354
说过同样的话),后来他又不断重复这种说法:“语言总是具有民族形式的”(第七卷,第 38 页)。“通过每种语言就可以找到民族性”(第七卷,第 172 页)。这甚至是民族精神的最优先的表达方式,结果是民族精神又通过语言来形成:“由于民族的性格,各种语言都获得某种特性,并反过来对民族的性格起决定性的作用”(第七卷,第 170 页)。

如果语言首先是表达,那么自然语言从本质上来说就是多样的。“不管说话的地方在何处,也不管以什么方式来说话;因为言语长期使用而产生的无数必要特性应该归结成一个统一体,但这只能是个人的统一性,因为言语是植根于人类精神的每根纤维上面的”(第七卷,第 245 页)。因为表达从本质上来说是民族的,多样性也应该是民族的:“自然语言之间的差别比个人之间或方言之间的差别来得重要。”“因为语言构造是民族精神的反映,所以人类语言的构造是各不相同的”(第七卷,第 43 页)。“各种语言都有一种特殊的观察世界的方法”(第七卷,第 60 页)。

除不同语言的共时可变性外,还有不同时期的历时可变性(显然共同并不同历时对立,而是两者一起与泛时或普通语法所蕴涵的非时性相对立)。在时空两个方面,差别都无法消除,并且比同一性更为重要。历史(既不是在时间概念上,也不是在举例说明一种永恒本质的意义上,而是从无法逆转和无法消除的进展的意义上的历史)又是浪漫派(也是赫尔德在维柯之后)的发明。历史(对时间轴上的变化的研究)并不同人类学(对空间轴上的变化的研究)对立;两者都来自突出差别而非突出同一的浪漫主义精神。

A. W. 施莱格尔清楚地阐明了历史在文学研究中起的这种新作用。在古典的概念里,文学只有一种理想,它一般都指过去,所谓“历史”就是一系列为了达到这唯一理想多少还算成功的努力。浪漫派的特点正是拒绝这个唯一的理想:每个时代都有它的精神,因此也有它的理想;浪漫派艺术不是退化了的古典艺术,而是另一
355 类艺术。这里还是用创作关系,即表达关系来说明变化的原因。A. W. 施莱格尔写道:“因为诗是我们整个内心最深刻的表达,所以在不同时代它都应该具有新的和特殊的形象”(《讲稿》,第一卷,第 47 页)。不再是只有一个理想,而有许多理想;任何一个时代都不比别的时代享有更多的特权(就像他的弟弟弗里德里希说的:各个时代就是同一个共和国里的公民)。“不存在诗在某个时代或某些民族里的垄断现象。因此,想要在趣味上实行专制,把某些可能由一个人任意确定的规则到处强加于人则永远只能是枉费心机”(第一卷,第 18 页)。君主专制时代已经过去了,资产阶级革命的精神渗透到艺术和科学之中,随着就出现了历史,即对无法消除的差别的承认。

就是这种新的观点使我们对古今双方都表示尊重:每一方都能“在自己的类型里成为典范”(第一卷,第 19 页,着重号为托多罗夫所加)。古典派的态度是相信表现在希腊作品里的诗的不变的本质,并因而谴责现代诗。“他们大叫只有摹仿古代作家才能真正治愈全人类的精神;他们只重视那些同古代作品多少相像的现代作品,而把其他都看成是蜕化堕落而弃之如敝屣”(同上)。相反,A. W. 施莱格尔阐明的浪漫派观点则是:每个时代都有它自己的理想,艺术家的努力就是为了实现这种理想。“他们思想上

的个性迫使他们去闯出一条特殊的道路，并在他们的作品里留下自己才能的标记”（同上）；他们要我们“承认现代人同古人截然不同的特殊个性”（第一卷，第21页）。在浪漫派观点的影响下就出现了独创性这个概念以及对这概念的强调。

然而洪堡和A. W. 施莱格尔并不是极端的浪漫派。他们都设法使同一性与多样性调和起来。施莱格尔写道：“人性可能根本就是简单的；但所有的观察都表明：在宇宙中没有一种基本的力会简单到不能再分，简单到不再向相反的方向起作用”（同上）；洪堡则说：“个性化极为巧妙地存在于普遍的一致性中，以致我们说整个人类共有一种语言或每人有一种特殊的语言都同样地贴切” 356
（第七卷，第51页）。两人也都试图用恰当的隐喻来解释为什么要服从相反的原则；施莱格尔用的是肉体与精神的隐喻：“诗的精神是不朽的，每次它在人类中出现时都要体现在不同的身体上，都要根据变化了的时代赋予它的食粮来为自己铸造一具形象迥异的身体”（第二卷，第110页）。洪堡则用目的与手段的隐喻：“所有语言的形式在本质上应当是一样的，并且总应该达到一个共同目的。多样性只能存在于使用的手段上，而且要在这个目标所许可的范围内才能存在”（第七卷，第251页）。尽管如此，即使他们想保持平衡，他们传达这个信息的环境使别人还是先听到一个部分，而不是另一部分。同一性已经让位于多样性。

在写古典主义到浪漫主义过渡的“历史”时，认识到多样性和历史这两个概念属于浪漫派思想，属于反古典派思想，这显然会产生重要的后果。我在前几页里试图重建——但如不先采取这种或那种立场，怎么能提出这个设想呢？——过去的概念系统，在我这样的人面前可能会有两种对立的解决办法；这两种办法都出自某种类似的曲解。要么相信事物与概念的永恒不变的本质,那样系统就会支配历史:时间轴上的变化只是初始组合系统预计中的变动,它们并不改变统一的格局。要么假设变化是不可逆转的,差别是不可消除的:那样历史就支配了系统,我们就得放弃统一的概念格局。我们写一篇论文或一段历史。如果在其他情况下在某种意义上说可以自由选择的话,当研究的对象正是论文的观点与历史的观点相对抗的场所时,选择就不再是自由的了。如果某人要写从古典主义到浪漫主义过渡的历史,那么他已经是个浪漫主义者了;如把两种主义看成是同一个本质的简单变体,那人则还是古典主义者。不管选择什么解决办法,总要在两个时代中挑选一个并以它的观点来判断——或曲解——另一个时代。

而对这种荒谬的限制,我可以设想确立一个既非古典主义、又非浪漫主义的第三种立场,再从这种立场来判断双方的观点。

357 这不是在一本书行将结束时再来提出它的纲要,那已为时过迟;而是要把观察他人的目光转过来观察自己,要考虑一下自己的研究究竟想说明什么(这不是指各部分所说的明确的内容,而是指写文章本身,指这篇文章所采取的形式)。它是古典主义的还是浪漫主义的?我是写了一本系统的书,还是写了一本历史的书?或是写了其他什么东西?

促使我相信第三种立场之可能,相信它正在形成,并十分自负地认为这篇专著就是一个明证(这里并没有任何个人的功劳,有些像诺瓦利斯的《独白》那样,意义是透过文章,而不是在文章内部表达出来的——只是比《独白》远为冗长和累赘罢了!),我之所以相信这点,首先就是因为今天有可能来描写浪漫主义的意识形态:描写它,而不是把它当作一种真理来重复。在某些方面和在某些条件下，浪漫主义学说仍然具有革命的力量；它能使实行这种学说的人认为它不是一种普通的学说，而是一种建立了真理的学说。这没有什么可以埋怨的。但是，只要一个人从属于一种学说，他就不可能从整体上按其本来面目去掌握它；相反，要能这样做，他就已经不属于这学说了。开始写这本书时，我是个“浪漫主义者”；到了最后，我就不能还是那样了：我发现自己已经变了。

现在显然不是过去的简单重复，也不是对过去的全盘否定。如果相信浪漫派对自己和对古典派的描写，我们可以设想某种镜子里的形象，设想一种完美的对称，只是每次符号“除去”被符号“加上”代替而已。这个形象是错误的。浪漫派并不是把古典派的命题颠倒过来，不是简单地代之以绝对矛盾的命题。这是从整体上进行的重新组织，而不是逐项的对称。古典派的单个命题不一定全被否定；它们只是获得了另一种功能（看摹仿这个例子大家就会明白了）。变化的（主要）是关系，是等级，孤立的成分都可以在前人著作里找到。

我们今天对浪漫派（再说也对古典派）采取同样的做法。我们的态度的特点并不是在每个成分上都同过去不同。但总体的组织却变了，突出的重点转移了，用迪博的话来说，女仆常常变成了 358
女主人。

古典修辞学（从昆体良到封塔尼埃）认为：言语中只有一种规范；其他都是偏离，不是能指的偏离便是所指的偏离；这种偏离是需要的，然而总有遭到谴责的危险。浪漫主义美学走向另一个极端，认为每一部作品都有自己的规范，每个信息都构成了自己的代码。我今天却相信规范和话语的多元性：既不是一个，也不是无数个，而是好多个。每个社会、每种文化都有一整套可以分类的话语。没有必要用一种话语去谴责另一种话语（就像理查兹说的把冰看作是出了偏差的水一样），但这也不等于说：每篇话语都是个人的，都同其他任何话语不一样。在唯一的话语和无数的话语之间还有：各种类型的话语。

古典修辞学与古典美学（如后者存在的话）赋予艺术与言语一种完全及物的作用，艺术是功能的，它的功能性最终归结到一个目标：摹仿自然。言语也是及时的，它的功能同样也是独一无二的：它用于复现或交际。大家已知道浪漫派的反应：它拒绝一切功能，肯定艺术（莫里茨）和言语（诺瓦利斯）的不及物性。今天我们已不再相信为艺术而艺术了，然而我们并不更赞成艺术单纯在于实用这种思想。在古典派的一统性与浪漫派的无限性（等于没有）之间，多元性这条道路出现了。言语有多种功能；艺术也如此；它们的分布、它们的等级在不同的文化、不同的时期并不相同。

对列维-布留尔、弗洛伊德和索绪尔这些新古典派（各人的方式不同）来说，象征是一种偏离的、或不充分的符号。圣·奥古斯丁也一样，他认为象征只是用不同的方式说出符号所要说的东西。浪漫派的立场尽管相反，但也具有类似的不对称性：在瓦肯罗德尔看来，符号却成了不完美的象征。然而，在圣·奥古斯丁和歌德的著作中还出现了一种分类的观点：承认两者的差别，并用结构的观点加以描写（如直接与间接的对立）。还有一些人——克罗伊策与佐尔格——指出有可能不突出对立中的某项而忽视另一项（当
359 时谈的是象征与寓意的不同），以及不把一个项看作是另一个项的蜕化。今天我们准备肯定异向性：表意方式是多样的，不能把一种方式“析合”成另一种方式；它们间的差别丝毫不会使我们有权作出价值判断：就像 A. W. 施莱格尔说的，每一种表意方式在这种

类型里都可以是个典范。

这只是我通过对古典派与浪漫派立场的比较来确定现在的立场而举的几个例子。这不是一条中间道路，也不是一种调和双方的混合体，我把它看成是从整体上同另两种立场对立的另一种态度（尽管对立的形式可以不同）。既非古典主义，又非浪漫主义，而是分类的、多功能的、异向的——我认为这就是今天我们用来对待过去的态度；或具体地说，这就是导致我写出这本书的观点。历史还是论文？我们像注意符号与象征之间的系统对立一样注意了古典派与浪漫派的历史对立；然而这并不是一种简单的结合。我知道在这问题上自己并没有谈得很多，但要这样做，就要自己设法建立一种“象征理论”——这里已无法开始了；这只有通过建立一门**言语象征学**才可能实现。

361 附录:弗洛伊德论表述

表述的深层结构。效果。作为表述的移置。作为移置的表述。

弗洛伊德关于言语象征的研究并不局限于第八章里说的对话语的描写。了解他对表述的分析(这同本书涉及的问题太不一样,所以无法按照时间顺序收入)对全面掌握弗洛伊德在这方面的贡献也同样是必要的。

表述的深层结构

弗洛伊德强调的第一点:话语的现时表述如果只限于它本身就无法理解。要正确地描写表述过程,光记下言语行为的现时状况并不够,而应该重建表述的历史。因为每次表述都是最初表述经过一系列转换后的结果;因此,每次表述都有它的转换历史。满足于直接观察得到的现时表述就等于把冰山的可见部分当作整座冰山。如果不重建转换的历史,就可能产生严重的误解:在观察者看来完全一样的两次表述却不一定一样。再说,作为说话人和对话人,我们凭直觉也在完成重建的工作。应当使这种直觉理性化。

弗洛伊德举了好几个这类步骤的例子。首先是淫秽话。它的基本结构是这样的:A(男人)对B(女人)说话时想满足他的性欲;C(令人扫兴者)的介入使满足欲望成为不可能。这样就出现了第

二种局势：欲望没有满足，A 对 B 说了些挑衅性的话；他把 C 当成
了盟友。由于女人不在场，或要遵守社交惯例，就产生了新的转 362
换：A 不同 B 而同 C 说话，他对后者讲了淫秽话；B 可以不在，但从先前的听话人变成了话语（暗指的）对象；A 的玩笑使 C 享受到乐趣。或如弗洛伊德所说：“第一个人的利比多冲动因不能通过女人得到满足，就转变成对她的敌意，并把原先使他扫兴的第三者作为盟友”（《风趣话》，第 113 页）。如果只满足于观察淫秽话的表述过程，我们会把 A 定为说话者，C 为听话者。这样，我们忽视了过程中最重要的因素：最初的听话者 B。① 因此，说风趣话并不是一个孤立的现象，而是一系列转换的终点。弗洛伊德说：在这种情况里，表述“设法完善这个未知过程的系列”（同上，第 164 至 165 页）。

第二个例子：可笑的天真话。在淫秽话中，要在现时的听话人之外再找出一个原先的听话人；这里则是由现时的听话人来先后担任两个角色。要真正感觉出天真，我们听话人首先要让自己从说话人的角度看问题，然后再回到自己的立场上来。“我们的确注意到发话人的精神状态，我们置身于他的位置，并设法通过与自己精神状态的比较来了解他的精神状态”（同上，第 216 页）。“现在我们从两个角度来考虑这话：先是从孩子的角度，第二次是从我

---

① 这个表面看起来很简单的转换用形式分析可以分解成三个基本的转换：a）从希求到直陈：寻求乐趣被真实的乐趣所替代；b）命题内的换位：B 和 C 原来是主词，这时变成了宾词（乐趣、挑衅的宾词）；A 的情况则正相反。c）命题间的换位：B 原来同乐趣的谓词联系在一起，现在则同挑衅的谓词联系起来了；C 的情况正好相反。可以简要地标明这过程：

（B 给 A）A 希求+C 挑衅 A→A 挑衅 B+A 给 C

其中括号表示情态句（这里是希求式）；+表示时间上的承接；→表示转换成。

们自己的角度”(同上,第217页)。如果在两者之间没有区别,天真话的可笑后果就表现不出来了。“风趣话要具备这个条件才有效果:对话双方受到几乎相同的抑制或内部抵抗;而我们发现天真话的条件是:只有一方受到抑制,另一方则没有”(同上,第215页)。说有“条件”,这就意味着说话人与听话人的作用都已经记录在话语里了,不应该把它们同在场的说话人和听话人混淆起来,
363 因为在场的说话双方也许能够,也许不能够很好地起到自己的作用(弗洛伊德自己就谈到过“起第三者作用”的必要性。同上,第166页)。对话双方的身份在两个方面成了问题:a)通过在场的对话者,出现了不在场的对话者(转换系列);b)通过在场的对话者,出现了记录在话语里的对话者的作用。

第三个例子:有时单纯猜测出现在表述之前的转换还不够,还要看后面是否要跟一个新的转换;现时的表述只有通过后面的表述才能理解。这就是一般的风趣话:说风趣话的人在使听者得到乐趣时知道自己在第二阶段也能得到这种乐趣。“如果我通过说风趣话使别人发笑,实际上我是利用这第三者在使自己发笑”(同上,第179页)。通过对话者说话人可以享受到他先前得不到的乐趣;不考虑言语行为的这种“后果”就不能正确地理解和描写言语行为。①

对一切表述的原型(最初的表述)我们了解些什么呢?弗洛

① 拉康也强调在描写一种语境时必须跨越话语作品这一层次。因此,即使对话者不说话也不等于他不在场;即使听不到,也还要发现并记下回答来。“只要有一位听众,言语总会导致回答,哪怕听者一声不吭”(第247页)。他还说:“精神分析学家只要在场,即使在他插话之前,就已经具有对话的性质”(第216页)。

伊德虽然没有直接回答这一问题，却在评论滑稽可笑和风趣话之间的不同时指出了一条可以遵循的道路："在滑稽可笑里，一般有两个人介入：除了我自己外，还有我发现有可笑处的那个人；如果我感到有的物体可笑，这就是按照我们复现表象时所熟悉的步骤把这物体拟人化。这两个人物——自我和作为人的物——就足以构成滑稽可笑的过程了；第三者的介入是可能的，但并不是必不可少的。风趣话是用自己的言语、自己的思想来作游戏，它先是不需要作为人的物，但在玩笑的准备阶段，当它不管理性的反对而完成了游戏和实现了无意义后，它就需要一位第三者，以便把自己的成功告诉他。在风趣话中，这第二个人并不等于作为人的物，而等于第三者，等于滑稽可笑的同伙"（同上，第 164 至 165 页）。

因此，风趣话与滑稽可笑在两方面互相对立：a）前者意味着有三个人（三种作用），后者则只有两个（亦可参照第 113 页："带倾向性的风趣一般需要三个人物的介入：说风趣话的人、敌对的或 364
与性有关的玩笑的对象以及在他身上实现了风趣目的——即产生乐趣——的人"）；b）前者意味着使用言语，后者则可不同（事物的可笑）。

根据它们的相同之处，我们可以对所有**语境**的结构提出一种普遍的假设：这种结构基本上是**三角形**的。言语的运用需要三个人，而不是两个人的存在。如果只有**我**和**你**，话语就不是必不可少的。是第三者的出现使话语成为必要，因而这第三者就成了话语的一个标志。这就产生了一种复杂的转换：**你**变成了**他**，第三者却变成了**你**。

怎样确定三者的特征呢？先有**说话人**（拉康说他"从受话人那里接受到的是自己的信息，只是形式相反"。第 41 页）。还有所说的人:因为即使话语涉及无生命的物体,它们也是代表人。大家已经知道,在淫秽话中,女人是话语暗指的对象。但我们也知道:要变成话语的对象,她先应该是一个听话人——把另一位听话人作为对象的另一次表述的听话人,以此类推,直至无穷。话语总要参照前一个话语,参照一个最初的、不可能的听话人。"最初的"表述是一种神话,任何表述都预设有一个更早的表述。

最后还有说话的对方:现时的、我们说话时他能得到乐趣的人;弗洛伊德认为,他同时也是规律的代表:"在玩笑中,同伙似乎有资格决定风趣是否达到了目的,似乎自我反倒对自己的判断没有把握"(第166页)。他是判断言语,接受或拒绝言语,以及掌握标准的人。

有关表述的一切研究应该以此为口号:"寻找第三者!"

效果

罗斯蒙德太太在写给图惠尔太太的一封信里说:"当这不幸的爱情对您影响太大时就会迫使您把它说出来,与其同他说,还不如同我说更好些"(《危险的交往》*,第一卷,第103页)。所以,由于接收者(听话人)不同,话语就会产生不同的效果。弗洛伊德的著作中引用了拉克洛的这段话。这样,话语风趣与否实际上完全取决于听话人的精神状态:"如果全场听众都支持我的对手,那么我对他的最风趣的抨击也不会产生风趣话的效果,而只能是单
365 纯的抨击,它不会引起听众的哄笑,而只能激起他们的不满"(第

---

* 《危险的交往》,法国作家拉克洛(Choderlos de Laclos,1741—1803)的名著,为最早的心理小说之一。

166 页)。同样,一位医生在听精神分析病人的话语时,如让病人的抵抗作用按医生的愿望来作选择,就可改变话语的内容。

说话人的环境同听话人的环境一样,可以改变话语的价值。这里,拉克洛还可以给我们提供些例子。瓦尔蒙"在床上,几乎是在一位女子的怀抱里"给图惠尔太太写了一封信,甚至写信时"还发生了完全不忠实的行为"。了解这一事实后,就会赋予诸如"给您写信时我感到了从未有过的乐趣"、"我已经预料到写不完此信就会被迫中断"(第一卷,第 47 至 48 页)这样的句子完全不同的意义。弗洛伊德举的这种天真话的例子是:如果说话人不真诚或不天真,这话就不风趣了。"这本来确实可以成为一句真正的风趣话的,但它却只能使我们勉强发笑。相反,把它作为天真的例子,我们就会感到这话说得很妙,并会哈哈大笑了"(同上,第 212 至 213 页)。他还说:"天真的性质纯粹是由接受者的观点确定的……"(同上,第 215 页:这里是双方的作用)。

要指出两点。首先,同前一节分析的例子不同,这次我们涉及的不是作用,而是角色,是表述或感受到话语的真正的人。不再是记录在话语里的作用,而是说话人真正的、当场的(从广义上说的)行为。第二,这样引起的变化并不真正影响话语的意义,而只影响所说话语在听话人身上产生的效果。在举的两个例子里,是以后的行为产生了变化:听话人笑或不笑。因此,应该仔细地把效果同意义区分开来。

推而广之,在说话人与听话人之间能看出不少相似之处。关于风趣话,弗洛伊德指出:"风趣话在第一个人那里战胜了抑制,而出于习惯,(第三者)应该能够在自身恢复这种抑制"(同上,第 173 页;但大家看到这并不是可能存在的唯一情况:相反,天真话语却意味着对话双方的不同）。在治疗时，心理分析医生要完成同患者一样的运作。“患者应该叙述脑子里想到的一切，排除一切促进他进行挑选的逻辑上的或情感上的反抗；同样，医生应该能够解释他听到的一切，以便从中发现无意识中隐藏的东西，但是不要用自己的审查来代替患者已放弃的选择”（《精神分析的技术》，第66页）。话语的发出完全同话语的接收一样包含着（意味着）选择。

366 **作为表述的移置，作为移置的表述**

有一种语境特别引起了精神分析学家的注意：这就是分析治疗时的语境。在这种情况里，有一种现象显得尤为重要，弗洛伊德称它为**移置**（尽管这词有时也指治疗之外的情况）。移置大体上就是指分析者进入到患者的话语里去。我们认为这种情况特别有趣：这是把表述引入话语，把**你**（听话人1）分成**他**（话语的对象）和**你**（听话人2）。

让我们仔细地研究一下这种言语环境的各个组成部分。弗洛伊德在《五次精神分析》里是这样下的定义：“移置……是随着分析的深入而应该唤醒、应该变得有意识的运动与幻觉的重印和复本；这类现象的特点是用医生这人替代原先知道的人”（引自拉普朗什与蓬塔里斯所著《精神分析词汇》，以下简称L与P，第494页）。因此，应该注意三个成分：A. 未被“唤醒”、尚无“意识”的“运动与幻觉”；B. 医生这人，即听话人，因而是表述的一个成分。C. 介入了这个表述成分的患者的话语。移置就是B在C里面重复（和代表）A。

根据弗洛伊德赋予它们的特征，我们逐个研究这三个成分。成分A涉及到“无意识欲望”和“幼儿原型”（L与P，第492页）。

“在移置中再现的是分析对象同双亲形象的关系”(同上,第494页)。“幼时冲突的主要内容在移置中现实化了”(同上,第496页;见弗洛伊德的《精神分析论文集》,第19页:移置中再现的“内容总是幼小时性生活的,因而也是恋母情结及其分支的片段”)。

成分B(有时移置就指这个成分)涉及医生这人;如现场环境里的其他因素进入话语,它们对听话人来说只不过是借代:“有关当时环境的一切因素相当于向医生这人的移置”(《精神分析技术》,第98页)。把表述的因素引入话语是一种具有两面性(且不说是矛盾性)的现象:这既是对以前某个东西的重复,又导入了现在这时间。“弗洛伊德发现向医生身上移置的机制是在有些受到压抑的、特别重要的内容将要揭开时启动的。从这意义上说,移置……标志着无意识冲突的临近”(L和P,第495页;着重号为托多罗夫所加)。谈到“重复”时,应该(像L与P一样)说明“移置 367
的表现并不是单纯重复,而是象征等同,被移置对象的象征等同”(第497页)。大家必然还会注意到:是现在标志着过去,唯一代表了永恒。考虑到两名对话者的积极参与态度,我们可以把这类话语称为人际话语。弗洛伊德自己也倾向于把它说成是一种作为行动的话语:他在“重复”和“付诸行动”之间划了等号。

同这人际话语相对的就是我们的第三个成分C,换句话说就是不包括表述成分的“平常的”话语(实际上表述成分渗入所有的话语,只是程度有所不同而已;但也不可忽略这些不同)。以前弗洛伊德使用重复这个字眼,现在他却用追忆、回想等说法,因此这是一种无人称的话语。一方面是作为叙事的言语,另一方面是作为行动的言语(“病人回忆不起来的这段情感生活,他在同医生的谈话时又复苏了”:《精神分析五讲》,第61页。托多罗夫加的着重号。）弗洛伊德经常强调这组对立，并把它归结成说与做之间的对立。因此，他谈到成分 B 时说：“这里，患者对被他遗忘或抑制的东西**一点也记不起来**，而只是把它**付诸行动**。忘却的事实并不是以回忆的形式，而是以行动的形式重新出现的”（《精神分析的技术》，第 108 页）。“抗拒的力量越大，就越会用付诸行动（重复）来替代回忆”（同上，第 109 页）。患者“可以说是在我们面前付诸行动，而不是用话来告诉我们”（《精神分析简论》，第 44 页）。信息的言语不断同行动的言语对立。

这样人际话语与无人称话语成了一组对立。它为话语的分类提供了基础（显然可以把它同邦弗尼斯特的话语与历史的对立相比较）。根据弗洛伊德举的例子，我们可以试着找出每个术语的特性。“被分析者说自己不记得对父母的权威曾表现出无礼或不顺从，但对分析者却表现出这种态度。在对他幼小时性方面的问题进行调查时，他不记得因为某些性行为而产生过强烈的羞耻感，也不怕被发现；但是，他对自己接受的治疗却感到羞愧，并坚持要求对此严守秘密”（《精神分析的技术》，第 108 至 109 页）。

这里描写了两类言语行为的特征：一类是并未发生的叙述幼时的经历，而真正实现的是另一类，即对分析者所说的话。要注意：

a）两种情况涉及的都是言语行为，都是话语；

368 b）第一类话语集中在过去，第二类集中在现在；

c）因此，第一类话语不涉及表述语境。里面可能出现的**我**不是说话的**我**（尽管是“同一个”人，即同一名字）；这个**我**只有削弱了的指示**价值**。相反，第二类话语涉及到表述的参加者，涉及到听话和说话的人。

d)第一类话语总是等于同样的行动:回忆、叙说;而第二类话语可以有不同的功能:无礼、不顺从、慌乱、抑郁、辛酸、羞愧、害怕等,似乎可以无止境地例举下去了。弗洛伊德把这些归结为两类:无动作或有动作。

人际话语的另一个例子是:"要承认某个被禁止的欲望很不容易,要向欲望的对象承认则更加困难"(同上,第56页)。

可以这样来概括所有的差别:无人称话语设法把话语与表述明确地分开;人际话语则趋向于把两者结合起来。

这是个根本的区别。我们在这里不能同意拉普朗什和蓬塔里斯的观点,他们对这划分表示了某种程度的保留:"我看不出为什么患者在讲述过去的某件事或某个梦时,精神分析医生就没有牵扯进去;而当患者在某件事里责怪精神分析医生时,后者便牵扯进去了。同'行动'一样,患者说话也是一种联系方式,它的目的可以是取悦精神分析医生,也可以是同他保持一段距离,等等;同说话一样,行动也是一种传递信息的方法"(第498页)。的确,两种方式都是话语(我们不用"通信工具"这一说法),也都是行动。但不应该用功能的(外部的、目的论的:"旨在……")标准来拒绝弗洛伊德的结构的(内部的)对立。

精神分析者的任务是把移置这现象如实地让患者了解("每次都猜到它","把它的意义翻译给患者"《五次精神分析》,第88页);是强迫患者意识到它的第二性。这个任务十分艰巨,因为这时面临的是对真实性和原始性所抱的特别强烈的幻想。弗洛伊德在谈到这任务时指出:"真正生活里没有相像的东西"(《精神分析的技巧》,第124页)。

精神分析的治疗过程就可归纳成这样的图式:无人称话语1

→人际话语→无人称话语2;在这方面它只是模仿了一切叙事作品的基本图式(如果不说它为叙事作品提供了原型的话),即:平衡1→不平衡→平衡2。移置(人际话语)的出现等于平衡的中断;话语中出现激发移置的因素则相当于新的平衡的建立。因此,精神分析治疗在某种意义上就是先导入、再排除邦弗尼斯特所说
369 的"言语中的主体性"(具有把话语与表述混合起来的趋势的话语),先导入、再排除言语中的个人的、特殊的因素(拉康说:"对患者来说,只有把个人的状况同普遍的状况结合起来治疗才有所进展"。第226页)。无人称话语就是正常状态,就是健康的心理。幸好总会有一个表述行为(确切说是无人称话语的表述行为)需要表述,所以"进展"永远也没有止境。说就是做,但说永远也不能完全排斥做。

让我们还回到移置上来。弗洛伊德认为移置的特点即当前的环境模仿了过去的环境("这只是过去的某些环境以及幼时反应的一再重复而已"。《精神分析的技术》,第126页;"[病人的]感情并不由现时的环境所引起,也不针对医生这人,而只是再现了他以前已经遇到过的一种环境。"《精神分析引论》,第42页),这很可能在所有的言语环境中都有,因而就不能作为一种区分标志。弗洛伊德在论述"对移置的爱好"时已经清楚地看到了这种危险:"这也是一切爱好的特点:没有哪一种爱好不是在童年时就具有了原型的"(《精神分析的技术》,第126至127页)。所以,同他有时声称的(移置"偏离了……正常的、理智的范围",同上,第52页)相反,弗洛伊德最后在移置中发现了典型的言语环境:"同在病人与医生的关系中一样,移置也自动地产生于所有的人际关系中"(《精神分析五讲》,第62页);他还说:"移置……支配着个人

同他周围人之间的所有关系”(《我和精神分析》,第53页)。移置的环境也许是一种“新版本”(“单纯重印”或“修订本”),但我们永远也不会得到原版本。

所引书目(都在巴黎出版)

弗洛伊德:《精神分析概论》,大学出版社,1950年。

《精神分析五讲》,Payot出版社,1966年。

《五次精神分析》,大学出版社,1966年。

《精神分析论文集》,Payot出版社,1951年。

《精神分析引论》,Payot出版社,1965年。

《我和精神分析》,Gallimard出版社,1968年。

《风趣话及其与无意识的关系》,Gallimard出版社,1953年。

《精神分析的技巧》,大学出版社,1967年。

拉康:《文集》,Seuil出版社,1966年。

拉普朗什和蓬塔里斯:《精神分析词汇》,大学出版社,1968年。

人 名 索 引

（条目后的数字系原书页码，本书边码）

图书在版编目(CIP)数据

象征理论/(法)托多罗夫著;王国卿译.—北京:
商务印书馆,2004(2023.3重印)
ISBN 978-7-100-03467-8

Ⅰ.①象… Ⅱ.①托… ②王… Ⅲ.①符号论—
美学 Ⅳ.①B83-069

中国版本图书馆CIP数据核字(2002)第010819号

XIÀNG ZHĒNG LǏ LÙN
象　征　理　论
〔法〕茨维坦·托多罗夫 著
王国卿 译

商　务　印　书　馆　出　版
(北京王府井大街36号　邮政编码100710)
商　务　印　书　馆　发　行
北京虎彩文化传播有限公司印刷
ISBN 978-7-100-03467-8

2004年5月第1版　　开本850×1168 1/32
2023年3月北京第4次印刷　　印张13⅜
定价:68.00元